Rouse's Greek Boy

A Reader

Rouse's Greek Boy

A Reader

W. H. D. Rouse

Edited by Anne Mahoney

focus an imprint of
Hackett Publishing Company, Inc.
Indianapolis/Cambridge

Copyright © 2010 Anne Mahoney

Cover: © istockphoto / Francesco Ridolfi

ISBN 13: 978-1-58510-324-9
ISBN 1-58510-189-324-1

Previously published by Focus Publishing / R. Pullins Company.

Focus an imprint of
Hackett Publishing Company, Inc.
P.O. Box 44937
Indianapolis, Indiana 46244-0937

www.hackettpublishing.com

Printed in the United States of America

Table of Contents

Preface to the Focus edition

Rouse's reader, originally called *A Greek Boy at Home*, is a supplement to his First Greek Course. It begins quite simply, but the grammar becomes more complicated as the book goes on. The first chapter assumes the reader knows the first and second noun declensions, the present indicative active of thematic verbs including contract presents, the present of εἰμί, and the major pronouns. The imperfect and the second aorist are introduced at chapter 5 and the first aorist at chapter 6. The book may be used as a supplement with any first-year Greek text. The vocabulary is, as Rouse notes in his preface, "very mixed," but the most essential words are not only introduced but repeated many times. Thus students will learn the core vocabulary of Greek prose; it won't hurt them if they have also met some words they may only meet in Aristophanes or in, say, *Daphnis and Chloe*.

Although Rouse's students learned Latin before coming to Greek, this reader does not assume knowledge of Latin. The story of Thrasymachus's life and education is engaging, and introduces the idioms and style of connected Attic prose.

I have revised the "Hints for using the book" to conform to modern practice: for example, Rouse invariably refers to students as "boys."

Readers may wonder whether Rouse's character Thrasymachus is related to the character in C. W. E. Peckett and A. R. Munday's text *Thrasymachus*. As Peckett and Munday acknowledge Rouse's assistance and include some of his Chanties, I dare say their Thrasymachus, who hears stories from Homer himself, is an ancestor of ours, who lives in classical Athens.

Boston, 9 October 2009

Rouse's Preface to the 1909 edition

This book is meant to be used with my First Greek Course, instead of the reading exercises given there: that is, the grammar is taken in the same order. The earlier chapters of the grammar are provided with a number of exercises, in which the same vocabulary is generally repeated: it is hoped that in this way the subject matter may be revised without the need of reading the same exercise over and over again *ad nauseam*. Thus the first reading-exercise (II.) has four sections, No. III. has nine, No. IV. has thirteen. It is just at first, when everything is strange, that the pupil wants to move slowly. If he reads all these exercises, with regular repetition of the paradigms, he ought to know the first part of the grammar well; if he learns it before, the master may pass on, or if he does not, no harm is done even then, since there is something new in each section.

The Roman numbers correspond to the sections in the First Greek Course; the exercises with Arabic numbers assume that all the grammar has been worked through.

I should be grateful to any one who will tell me exactly what effect this plan has on his boys, and at what stage exactly each boy (or group of boys) proves to have mastered the grammar. Similar information about the vocabulary will also be welcome; and in particular, I wish to learn how far revision of a given piece is needed — how much, for instance, is learnt of the numerals after just reading aloud the exercises pp. 12–15.

One or two dialogues are given early in the book (II. β, III. ε, IV. β): these are meant to show how the matter of any exercise may be driven home by word of mouth. In these the illusion of the narrator is not kept, and the same may be said of IV. θ-κ; it would have been more in order to place these in the Appendix, but they are probably more conveniently placed where they are.

I have been so fortunate as to find a number of Thrasymachus's school verses on a set of wax tablets; these are given in Appendix 3-18. In places the text was corrupt, but it has been restored by the help of Prof. J. P. Postgate and Prof. R. S. Conway, whom I thank most sincerely for their help, here and elsewhere in the book. The verses are very creditable for a schoolboy.

The material of the book has been gathered from all manner of sources, wherever anything could be found to illustrate Greek life or to interest the reader. Some of the authors drawn on are Homer, Hesiod, Herodotus, Aeschylus, Plato, Demosthenes, Aristotle, Menander, Aesop, Dion Chrysostom, Aelian, and the novelists. I have used these with the greatest freedom. The syntax and accidence is intended to conform to the normal Attic, but the vocabulary has generally been left alone. Those therefore who think that only Attic words should be uttered by the tender lips of youth will not be satisfied. For my part, I do not think a tinge of Homer or Hesiod will contaminate the taste of anybody. Moreover, the young have a marvellous power of forgetting, and the master may use his discretion as to what he will let them forget.

My duty is done when I have warned him that the vocabulary is very mixed.

The vocabulary is so arranged that the words earliest met with are explained in English, but as soon as a few Greek words are learnt these are used to explain the others. In case of need, the master can always help: but there should be no need. If this idea is new to any reader, he may be surprised to see how little English is needed to teach the Greek language. I may remind him that the vocabulary is a record of what has actually been done, not what might possibly be done: the whole of the book represents the results of careful trials.

— W.H.D. Rouse

Hints for Using the Book

I. Reading

Rouse intended this book to be read aloud and explained in class. His procedure is as follows: On the first reading the class should look at the text, without referring to the vocabulary. The teacher should read aloud, one sentence at a time, explaining each new word, in English at first, then in simple Greek once the class knows enough Greek words. Of course progress will be slow at first, until the core vocabulary becomes familiar.

After the teacher has read a passage, the students may read it aloud, either in chorus or one at a time.

No student must ever pass anything he or she does not understand without asking for an explanation, and the student must not be satisfied until the difficulty is cleared up. This is a cardinal principle without which nothing can be done. The teacher must ascertain that the class does understand, both by asking questions and by asking them to read the passage aloud. Rouse insists that all questions should be asked and answered in Greek, with English used only when all else fails; he ran his own classes almost entirely in Greek from the very first day. But teachers must find their own balance between Greek and English, depending on our own program and students.

Rouse suggests that the students may write out a translation of what has been read in class for homework, or translate orally in class the next day. For variety, or to avoid translation, other exercises can also be assigned to review the reading: students might summarize the passage in simple Greek; re-write from a different point of view, for example changing Thrasymachus's "I" to the third person; re-write in a different tense, for example telling the story as a prophecy about the future; or even illustrate the passage.

Sometimes, the teacher may tell one of the episodes aloud, with the students' books closed, and ask questions as the story goes along. After this students may again be asked to summarize or write out the story.

Of course, the book may also be assigned for reading outside class, or parts may be read in class and parts as homework.

II. Reproduction

For Rouse, this is as essential as the reading. He proposes three ways for students to reproduce the text:

(1) Questions on the text in Greek, answered in Greek (a) with books, (b) without books, both orally and in writing.

(2) The same story retold in Greek, with the aid of an English translation (a) orally, (b) in writing. The English is to be used as a guide to help the memory, and the story as told need not represent it exactly. (An excellent exercise, comments Rouse.)

(3) The story re-written in Greek without this help. In Rouse's experience this exercise is too hard before the third term; his students would be in the second half of the book by then. He also proposes assigning similar topics as themes for composition.

As the teacher explains new vocabulary or grammar (in Greek, of course), the students should write the explanation in their notes. Rouse insists that students should be able to do this by ear, though new vocabulary may also be written on the blackboard. The teacher should then verify that the students have correctly transcribed the explanation, perhaps by walking around and looking at their notes. This is slow at first, but as Rouse observes, this procedure will help the students spell Greek correctly, accents, quantities, and all. This procedure requires that the teacher be able to pronounce accurately; a teacher who isn't confident about pronunciation may prefer to write the explanation, or at least its key phrases, on the board for students to copy. Writing out the notes also forces the teacher to speak slowly.

Rouse suggests that the students not use the vocabulary at first, relying on writing the new words in their notes. But the teacher may keep the vocabulary close at hand. As Rouse says, "it will serve to help the master until he has had practice enough to give his explanations on the spur of the moment."

In the questions and answers about the reading there is room for new idioms when the teacher wishes to introduce them. Thus the simple ἆρ' οἶσθα; or μανθάνεις; or συνίης; may be replaced by τί δοκεῖ σοι; ἆρα φανερόν; ἆρα δῆλον; τίνι οὐ φανερόν; and so forth. Students may answer not only with μανθάνω and so forth, but with οὐδενὶ ᾧτινι οὐ φανερόν, οὐκ ἔσθ' ὅπως οὐκ οἶδα, and so on. It is surprising how many idioms may become perfectly familiar by this incessant drill.

Similarly, as soon as the numerals have been learned (in chapter 4), references to page and line in the book may be given in Greek, for example ὅρα σελίδα τριακοστὴν καὶ στίχον τέταρτον.

With a little ingenuity, the lessons may be made to include anything the teacher wants to teach.

Finally, Rouse cautions the teacher that it is not enough for him or her to speak. The pupils must also speak, and the more they speak the better.

Rouse's suggestions and cautions come from his experience and that of Mr. W. H. S. Jones, his friend and colleague.

I Preliminary

Read chapter I of Rouse's First Greek Course, and practice the alphabet.

Most of the grammar for chapter II of this story is found in chapter II of the text, except for εἰμί in chapter III and the pronouns in chapter IV. The remaining chapters up through chapter XX use the grammar of the corresponding chapter of the textbook. Chapters from 21 through 45 and the Appendix assume knowledge of the whole of the textbook; they are marked with arabic numerals to show they do not correspond to chapters in the text.

II Ὅστις εἰμὶ ἐγώ

ἐγὼ μέν εἰμι παιδίον Ἑλληνικόν, οἰκῶ δ᾽ ἐν ἀγροῖς. ἐνταῦθα γὰρ ἐν τοῖς ἀγροῖς γεωργός τις Θράσυλλός ἐστιν, ὃς γεωργεῖ καὶ ἔχει χωρίον. ἆρ᾽ ἐρωτᾷς, τίς μὲν ἐγώ, τίς δ᾽ ὁ Θράσυλλος; λέγω δή. τέκνον γάρ εἰμι ἐγὼ τοῦ Θρασύλλου. καὶ μὴν ἄλλα γε ἔχει τέκνα ὁ Θράσυλλος· καὶ γὰρ ἐγώ εἰμι τέκνον αὐτοῦ, καὶ ἔχω ἀδελφόν τε καὶ ἀδελφήν· ὀνομάζουσι δ᾽ ἐμὲ μὲν Θρασύμαχον, τὸν δ᾽ ἀδελφὸν ὀνομάζουσιν Θρασύστομον, τὴν δ᾽ ἀδελφὴν Ἑλένην ὀνομάζουσιν. ἐσμὲν οὖν τέκνα τοῦ Θρασύλλου, ἐσμὲν δὲ καὶ τῆς Εὐρυδίκης τέκνα.

ποῦ δ᾽ οἰκοῦμεν; ὅπου; ἔστι δὴ χωρίον ἐν ἀγροῖς, καὶ ἐν τῷ χωρίῳ οἰκία· ἡμεῖς μὲν οἰκοῦμεν ἐν τῇ οἰκίᾳ, ὁ δὲ Θράσυλλος γεωργεῖ ἐν τῷ χωρίῳ. ἆρ᾽ ἐρωτᾷς, τί ἐστι χωρίον; ἆρ᾽ οὐ δῆλον; ὁ γεωργὸς γὰρ ἔχει χωρίον, τὸ δὲ χωρίον τόπος ἐστὶν ἐν ᾧ γεωργεῖ γεωργός. χώρα μὲν γάρ ἐστι τόπος, καὶ χωρίον ἐστὶ χώρα μικρά· λέγω δὲ οὕτως, ἐπειδὴ οὐκ εἶ σὺ Ἑλληνικὸν παιδίον. ἆρα δῆλόν σοι νῦν ἐστιν ὃ λέγω; τὸ δὲ χωρίον ἔχει ἀγροὺς οὐκ ὀλίγους.

IIα Τὸ χωρίον

λέγω δή σοι, ὦ φίλε, ὅτι ἐν χωρίῳ οἰκοῦμεν, καὶ ὅτι τέκνα ἐσμὲν τοῦ Θρασύλλου καὶ τῆς Εὐρυδίκης ἐγώ τε καὶ Θρασύστομος καὶ Ἑλένη. ἐν δὲ τῇ οἰκίᾳ ἡμῶν οἰκεῖ τις καὶ ἄλλη· ἡ δ᾿ ἐστὶ τροφός, καὶ ὀνομάζουσι τὴν τροφὸν ἡμῶν Λαδίκην. ἆρ᾿ ἐρωτᾷς, ποῖόν τί ἐστι τροφός; καὶ δὴ λέγω. τροφὸς γὰρ τρέφει τὰ μικρὰ τέκνα. ἡ οὖν τροφὸς ἡ ἡμετέρα οἰκεῖ μεθ᾿ ἡμῶν ἐν τῇ οἰκίᾳ.

οὐκ ἄδηλόν πού ἐστί σοι ὅτι οἰκοῦμεν ἅμα, ἐγώ τε καὶ ὁ Θράσυλλος ὁ γεωργός, καὶ ὁ ἀδελφός μου Θρασύστομος, καὶ ἡ ἀδελφὴ Ἑλένη, καὶ ἡ Εὐρυδίκη, ἧς τέκνα ἐσμέν, καὶ ἡ Λαδίκη, ἡ τροφός ἐστιν. καὶ ἐν ᾧ χρόνῳ λέγω σοι, μανθάνεις ἕκαστα· δῆλον οὖν δή πού ἐστι, διὰ τί λέγω πολλάκις ἕκαστα. καὶ ἐν ᾧ ἐγὼ λέγω, σὺ ἀκούεις.

ἔπειτα λέγω περὶ τοῦ ἡμετέρου χωρίου. τὸ γὰρ ἡμέτερον χωρίον λόφοι περιέχουσιν. ἆρ᾿ ἐρωτᾷς τί ποτ᾿ ἐστὶ λόφος; λέγω δή. λόφος γάρ ἐστι τόπος ὑψηλός, ἡ δὲ γῆ ἣν γεωργοῦμεν οὔκ ἐστιν ὑψηλή, ἀλλ᾿ ἔστιν ὁμαλή. ἆρα νῦν δῆλον ὅ τι ἐστὶ λόφος; εἰ μὴ δῆλον, λέγω ἄλλως δή. ἔστι γάρ τοι λόφος μάλιστα ὑψηλὸς ἐν Ἑλβετίᾳ, ὃν ὀνομάζουσι Λόφον Λευκόν· ἔστι δὲ καὶ ἐν Σκωτίᾳ λόφος Νέβις, καὶ ἐν Ἰβερνίᾳ λόφοι Πυρηναῖοι, καὶ ἄλλοι ἐν Ἰταλίᾳ Ἀπεννῖνοι· νῦν που δῆλόν ἐστί σοι. ἀλλὰ οἱ λόφοι οἱ ἡμέτεροι οὔκ εἰσιν οὕτως ὑψηλοὶ ὡς οἱ Πυρηναῖοι· μικροὶ γὰρ μᾶλλόν εἰσιν οἱ ἡμέτεροι. περιέχουσιν οὖν οἱ λόφοι τὸ χωρίον ἡμῶν κύκλῳ, ὑψηλοὶ μέν, ἀλλ᾿ οὐχ οὕτως ὑψηλοὶ ὡς καὶ ἄλλοι. ἐν μέσῳ δὲ τῶν λόφων τὸ χωρίον ἐστίν, ἐν ᾧ γεωργοῦμεν.

καὶ οὐ μόνον τὸ ἡμέτερον χωρίον ἐστὶν ἐνταῦθα, χωρία δ᾿ ἐστὶν ἐγγὺς ἄλλα. ἐκ δεξιᾶς μὲν τὸ ἡμέτερον, ἐξ ἀριστερᾶς δὲ τὰ ἄλλα· καὶ ἐν μέσῳ ὁδός. ἡ οὖν ὁδός ἐστιν ἐν μέσῳ τοῦ θ᾿ ἡμετέρου χωρίου καὶ τῶν ἄλλων, καὶ τὰ χωρία ἐν μέσῳ τῶν λόφων. δῆλον δή σοί ἐστι νῦν τὰ περὶ τοῦ τόπου, ὡς νομίζω.

IIβ Διάλογος

πηλίκον ἐστὶ τὸ χωρίον; μικρόν ἐστι τὸ χωρίον.

τίς τροφός ἐστι τῆς Ἑλένης; Λαδίκη τροφός ἐστι τῆς Ἑλένης.

τίς ἐστι τέκνον Θρασύλλου; Θρασύμαχός τε καὶ Θρασύστομός ἐστον τέκνω τοῦ Θρασύλλου, καὶ δὴ καὶ ἡ Ἑλένη τέκνον ἐστὶν ἄλλο.

ποῦ οἰκεῖ ὁ Θράσυλλος; ἐν χωρίῳ οἰκεῖ.

ἐν πηλίκῳ δὲ χωρίῳ οἰκεῖ ὁ Θράσυλλος; ἐν μικρῷ οἰκεῖ χωρίῳ ὁ Θράσυλλος.

τίς δ᾽ οἰκεῖ ἐν τῷ χωρίῳ μετὰ τοῦ Θρασύλλου; ὁ Θρασύστομος καὶ ὁ Θρασύμαχος καὶ ἡ Ἑλένη οἰκοῦσι μετὰ τοῦ Θρασύλλου ἐν τῷ χωρίῳ.

ἆρα ἔχει Λαδίκη τὸ χωρίον; οὐχ ἡ Λαδίκη ἀλλ᾽ ὁ Θράσυλλος ἔχει τὸ χωρίον.

ποῦ οἰκεῖ ἡ τροφός; μετὰ τῶν ἄλλων οἰκεῖ ἡ τροφός.

τί περιέχει τὸ χωρίον; λόφοι περιέχουσι τὸ χωρίον.

τί δ᾽ ἐν μέσῳ ἐστὶ τῶν χωρίων; ὁδός ἐστιν ἐν μέσῳ τῶν χωρίων.

ἆρ᾽ ἐστὶν ἐξ ἀριστερᾶς τὸ χωρίον τοῦ Θρασύλλου; οὔκ ἐστιν ἐξ ἀριστερᾶς τὸ χωρίον τοῦ Θρασύλλου, ἀλλὰ ἐκ δεξιᾶς.

ποῖοι δ᾽ εἰσὶν οἱ λόφοι; ὑψηλοί εἰσιν οἱ λόφοι.

ΙΙγ Τὸ χωρίον

οὔκ ἐστι μέγα τὸ χωρίον ἐν ᾧ οἰκῶ, ἀλλὰ μικρόν ἐστιν. ἐγὼ δ᾽ οὐκ ἔχω τὸ χωρίον, ἀλλὰ ὁ Θράσυλλος ἔχει τὸ χωρίον ἐν ᾧ οἰκοῦμεν. οὐδ᾽ ἐστὶν τέκνον μου ὁ Θράσυλλος, ἀλλ᾽ ἐγὼ τέκνον εἰμὶ τοῦ Θρασύλλου. ἡ δ᾽ Εὐριδίκη οὔκ ἐστιν ἀδελφή μου, ἀλλ᾽ ἡ Ἑλένη· εἰμὶ δὲ υἱὸς τῆς Εὐρυδίκης, οὐ τῆς Ἑλένης· ἡ γὰρ Ἑλένη ἀδελφή ἐστί μου, καὶ τέκνον τοῦ Θρασύλλου. τροφὸν δ᾽ ἔχομεν τὴν Λαδίκην· ἡ δ᾽ ἐστὶ τροφὸς καὶ ἐμὴ καὶ Ἑλένης. οἰκοῦμεν ἡμεῖς ὁμοῦ, οἰκεῖ δὲ καὶ ἡ τροφὸς μεθ᾽ ἡμῶν, ἡμεῖς δὲ μετὰ τῆς τροφοῦ. ὀνομάζω μὲν ἔγωγε τὴν τροφὸν μάμμην, ἡ δ᾽ Ἑλένη ὀνομάζει τὴν τροφὸν μάμμην, καὶ δὴ καὶ ὁ ἀδελφός· οἱ δ᾽ ἄλλοι ὀνομάζουσιν τὴν τροφὸν Λαδίκην.

λόφους δ᾽ ἔχει ὑψηλοὺς κύκλῳ τὸ χωρίον ἡμῶν· οἰκοῦμεν δ᾽ ἐν μέσοις τοῖς λόφοις, οἵπερ περιέχουσι κύκλῳ τὸ χωρίον. ἐν μέσῳ δὲ τοῦ θ᾽ ἡμετέρου χωρίου καὶ τῶν ἄλλων ὁδός ἐστι τις· ὁρῶ δ᾽ τὸ μὲν ἡμέτερον χωρίον ἐκ δεξιᾶς, τὰ δ᾽ ἄλλα ἐξ ἀριστερᾶς.

III Κῆπος

τοῦτ' ἐστὶ τὸ χωρίον ἐν ᾧ γεωργεῖ ὁ Θράσυλλος, καὶ οὗτοί εἰσιν οἱ λόφοι, οἳ περιέχουσι τὸ χωρίον· αὕτη δ' ἡ ὁδὸς ἡ ἐν μέσῳ τῶν χωρίων, καὶ ταῦτ' ἐστὶ τὰ χωρία τὰ ἐν μέσῳ τῶν λόφων. καὶ δὴ καὶ αὕτη ἐστὶν ἡ οἰκία ἡ ἐν μέσῳ τῷ χωρίῳ· οὗτος δὲ κῆπός ἐστιν ἐγγὺς τῆς οἰκίας.

ἆρα δῆλόν σοι ὅ τι ἐστὶ κῆπος; ἆρα τοῦτό μ' ἐρωτᾷς; λέγω δὴ τοῦτο ὥσπερ καὶ τὰ ἄλλα· καὶ ἐν ᾧ χρόνῳ λέγω, σὺ μανθάνεις ἕκαστα. κῆπος γάρ ἐστι τόπος, ἐν ᾧ φυτεύομεν δένδρα καὶ ἄλλα φυτά. ἅπερ δὲ φυτεύομεν ἐν τῷ κήπῳ, ταῦτα ἐσθίομεν, ἢ τὸν καρπὸν αὐτῶν. ἄλλα μὲν γὰρ δένδρα οὐ φυτεύομεν, μόνα δὲ ταῦτα τὰ δένδρα, ἃ φέρει καρπόν· καὶ τὸν καρπὸν ἐσθίομεν τῶν δένδρων. τὰ δὲ δένδρα ἃ καρπὸν φέρει, ταῦτ' ὀνομάζομεν καρποφόρα δένδρα, ἢ καὶ ἀκρόδρυα. λέγω δὴ συκᾶς καὶ ἐλαίας καὶ ἄλλα τοιαῦτα δένδρα. τούτων δὲ τῶν δένδρων ἡ μὲν συκῆ φέρει σῦκα, ἡ δ' ἐλαία φέρει ἐλαίας· ἐσθίομεν δὲ καὶ τὰ σῦκα καὶ τὰς ἐλαίας, ἐκ δὲ τῶν ἐλαιῶν ποιοῦμεν ἔλαιον. καρποὺς δὲ φέρει τὰ δένδρα ἄλλα ἄλλους. λάχανα δὲ καὶ φυτεύομεν καὶ ἐσθίομεν· ταῦτα δ' ἐστὶ σκόροδα καὶ κρόμμυα καὶ ῥάφανοι καὶ κύαμοι καὶ σέλινα καὶ ἄλλα.

IIIα Ἄγρια δένδρα

ταῦτ' ἐστί τοι δένδρα ἥμερα· ἔστι δὲ καὶ ἄγρια δένδρα ἐπὶ τῶν λόφων. καὶ δὴ ἐρωτᾷς, τί ποτ' ἐστὶν ἄγριον καὶ τί ἥμερον· λέγω οὖν σοι καὶ ταῦτα, καὶ μανθάνεις σὺ ἐν ᾧ λέγω. τὰ μὲν ἥμερα δένδρα ταῦτ' ἐστίν, ἅπερ φυτεύομεν ἐν τῷ κήπῳ· ὥσπερ καὶ τὰ ἥμερα ζῷα ταῦτ' ἐστίν, ἅπερ τρέφομεν ἐν τῇ οἰκίᾳ καὶ ἐν τῷ χωρίῳ. ἀλλὰ τὰ ἄγρια δένδρ' ἐστὶ ταῦθ', ἃ μὴ φυτεύομεν, ὥσπερ καὶ τὰ ἄγρια ζῷα ταῦτ' ἐστίν, ἃ μὴ τρέφομεν. ἐπὶ οὖν τῶν λόφων ἐστὶ τὰ ἄγρια δένδρα, καὶ δὴ καὶ τὰ ζῷα τὰ ἄγρια. ποῖα δ' ἐστὶ τὰ δένδρα τὰ ἄγρια; ἔστι μὲν ἄλλα, περὶ ὧν ὕστερον· νῦν δὲ λέγω ἔνια αὐτῶν· ἔστι μὲν πεύκη, ἔστι δὲ φηγός, ἔστι δὲ καὶ ἰτέα καὶ πτελέα· ὅπου δὲ πολλὰ δένδρα ὁμοῦ ἐστιν, ταύτην ὕλην ὀνομάζομεν. ἕκαστον δὲ δένδρον κλάδους ἔχει, ἕκαστος δὲ κλάδος φύλλα. ἡ δ' ὕλη πολλὰ δένδρ' ἐνέχει, καὶ φηγοὺς καὶ ἰτέας καὶ πεύκας καὶ πτελέας· καὶ τὰ δένδρα πολλοὺς ἔχει καὶ κλάδους καὶ φύλλα. ταῦτ᾽ ἐστὶν ὑψηλὰ τὰ δένδρα· τὰ δὲ μὴ ὑψηλά, δρυμοὺς λέγομεν. ὑψηλὰ μὲν τὰ δένδρα, ταπεινοὶ δὲ οἱ δρυμοί.

IIIβ Ζῷα

ἄγρια οὖν ταῦτα τὰ δένδρα, ἄγριοι δὲ καὶ οἱ δρυμοί. ἐν δὲ τῇ ὕλῃ καὶ δὴ καὶ ἐν τοῖς δρυμοῖς μάλιστα οἰκεῖ τὰ ἄγρια ζῷα, περὶ ὧν ὕστερον. θηρεύομεν γὰρ τὰ ζῷα τὰ ἄγρια, καὶ ἔστιν ἃ αὐτῶν ἐσθίομεν. καὶ περὶ μὲν τῆς ὕλης τοσαῦτα.

οἰκεῖ δ᾽ ἐν τοῖς δένδροις ζῷα ἄλλα, ἅπερ ἔχει πτερά· ταῦτα δὲ οἰκεῖ ἐν τοῖς δένδροις καὶ ἀντὶ οἰκιῶν οἰκοδομοῦσι καλιάς. ὀνομάζομεν δὲ ὀρνίθια ταῦτα τὰ ζῷα. τὰ οὖν ὀρνίθια οἰκοδομοῦσι καλιάς, ὥσπερ καὶ οἱ ἄνθρωποι οἰκοδομοῦσιν οἰκίας· ἡ καλιὰ γάρ ἐστιν ἀντὶ οἰκίας ὀρνιθίῳ, ἐν ᾗ οἰκεῖ τὰ νεόττια. καὶ ὥσπερ ἄνθρωποι παιδία τίκτουσιν, οὕτως καὶ τὰ ὀρνίθια τίκτει ᾠά. φανερὸν δήπου ἐστί σοι, τοῦθ᾽ ὃ λέγομεν ᾠόν· ἔστι γὰρ μικρὸν καὶ στρόγγυλον, καὶ τὰ μέν ἐστι λευκὰ τῶν ᾠῶν, τὰ δ᾽ οὔ. τρέφομεν δὲ καὶ ἥμερα ὀρνίθια, ἅπερ τίκτει ᾠὰ ἡμῖν· ταῦτα δὲ τὰ ᾠὰ λευκά. καὶ τῶν ἡμέρων ὀρνιθίων τὰ ᾠὰ ἐσθίομεν· τῶν δ᾽ ἀγρίων ὀρνιθίων τὰ μὲν ἐσθίομεν, τὰ δ᾽ οὔ.

IIIγ Ὠιᾰ

τὰ δ᾽ ᾠὰ ζητοῦμεν ἐν τῷ χωρίῳ ἡμῶν καθ᾽ ἡμέραν· εὑρίσκομεν δ᾽ οὕτως. τὰ μὲν ἄριστα τῶν ἡμέρων ὀρνιθίων τίκτει καθ᾽ ἑκάστην ἡμέραν ᾠόν· καὶ πρῶτον μὲν τίκτει τὸ ᾠὸν ἐν τῇ καλιᾷ, ἔπειτα δὲ κλώζει μέγα. ἐν ᾧ δὲ χρόνῳ κλώζει τὸ ὀρνίθιον, ἀκούομεν ἡμεῖς· καὶ εὐθὺς ζητοῦμεν τὸ ᾠόν, καὶ ἐκ τῆς καλιᾶς λαμβάνομεν, καὶ φέρομεν εἰς τὴν οἰκίαν· ἡ δ᾽ Εὐρυδίκη λαμβάνει τὸ ᾠὸν εὐθύς, καὶ μετὰ ταῦτα ἕψει μετ᾽ ἄλλων ᾠῶν, καὶ ἡμεῖς ἐσθίομεν. τὸ δ᾽ ὀρνίθιον κλώζει οὐχ ἧττον. τῇ δ᾽ ὑστεραίᾳ ἡμέρᾳ τὸ αὐτὸ ποιεῖ τὸ ὀρνίθιον, τὸ δ᾽ αὐτὸ ποιοῦμεν καὶ ἡμᾶς· οὐδὲ θαυμάζει τὸ ὀρνίθιον, ὅπου ποτ᾽ ἐστὶ τὰ ἄλλα ᾠά· κλώζει δ᾽ ὁμοίως καὶ καθ᾽ ἡμέραν τίκτει. ὢ τοῦ φιλανθρώπου ὀρνιθίου· οὕτω γὰρ φιλεῖ τοὺς ἀνθρώπους, ὥστε καθ᾽ ἡμέραν τίκτει ᾠὸν αὐτοῖς τροφήν· τοῦτο δὲ ποιεῖ δήπου ἀντὶ τῆς τροφῆς ᾗ τρέφομεν αὐτὸ ἡμεῖς. οὕτω δὴ τροφὴν μὲν παρέχομεν, τροφὴν δὲ λαμβάνομεν. λέγομεν δὲ τὸ δῶρον, ὅπερ λαμβάνομεν ἀντὶ τροφῆς, τροφεῖα.

IIIδ Ἄγρια ὀρνίθια

καὶ περὶ μὲν τῶν ἡμέρων ὀρνιθίων τοιαῦτα· περὶ δὲ τῶν ἀγρίων ἄλλος ἐστὶ τρόπος. ταῦτα γάρ, ὡς καὶ λέγω, οἰκοδομεῖ τὰς καλιὰς ἐν δένδροις ὑψηλοῖς· ἡμεῖς δὲ οὐ τροφὴν παρέχομεν τούτοις τοῖς ὀρνιθίοις, παρέχει δ' ἡμῖν τροφὴν ταῦτα, ἀλλ' οὐχ ἑκουσίως. ὅσοι δὲ λαμβάνουσί τι οὕτως ἀπ' ἀκουσίων, κλέπται εἰσὶ καὶ κλέπτουσιν· ἡμεῖς οὖν κλέπται ἐσμέν. ἀλλ' ὅμως οὐ σκληροί ἐσμεν τοῖς ὀρνιθίοις· λείπομεν γὰρ ἔστιν ἃ τῶν ᾠῶν ἐν ταῖς καλιαῖς ἑκάστοτε. καὶ οὗτος δή ἐστιν ὁ τρόπος τοῦ ζητεῖν τὰ ᾠὰ ταῦτα, λέγω τὰ τῶν ἀγρίων ὀρνιθίων. περιπατοῦμεν γὰρ κατὰ τὴν ὕλην· κάτωθεν δὲ σκοποῦμεν, εἴ που καλιά τίς ἐστιν. καὶ ἰδού· ὁρῶμεν ἤδη καλιὰν ἐπ' ἄκρου τοῦ δένδρου. ἀναβαίνω οὖν ἐγὼ ἐπὶ τὸ δένδρον, ἀναβαίνει δ' ὁ ἀδελφός. καὶ ἰδού· ἐπὶ κλάδου καλιά, καὶ ἐν τῇ καλιᾷ ᾠά· λαμβάνομεν οὖν ᾠά, καὶ καταβαίνομεν εὐθὺς κατὰ τὸ δένδρον. τὰ δ' ᾠά, ὅσα ἐσθίομεν, ὀνομάζομεν ᾠὰ ἐδώδιμα.

πολλαὶ δὲ τῶν καλιῶν ἐπὶ κλάδων εἰσὶν οὕτως ὑψηλῶν, ὥστε οὐ πάρεστιν ἀναβαίνειν ἐκεῖσε· ταῦτα οὖν μένει ἐν ταῖς καλιαῖς. τὸ δ' ὀρνίθιον ἐπῴζει, τοῦτ' ἔστι, καθίζει ἐπὶ τῶν ᾠῶν· οὕτως μὲν δή ἐστι θερμὰ τὰ ᾠά, εἰ δὲ μή, ψυχρά τ' ἐστὶ καὶ ἀποθνήσκει. τὰ δὲ ᾠὰ θερμὰ μέν ἐστι, μετὰ χρόνον δ' ὀλίγον, τέκνον ἐστὶν ἐν τῷ ᾠῷ. λέγομεν δὲ τὸ τέκνον τοῦ ὀρνιθίου νεόττιον. τὸ δὲ νεόττιον τὸ ἐν τῷ ᾠῷ θραύει μὲν τὸ ἔξω τοῦ ᾠοῦ, καὶ ἰδού, ἐκπηδᾷ· τὸ δὲ ὀρνίθιον φέρει αὐτῷ καθ' ἡμέραν τροφήν. τὸ δὲ ἀνοίγει μὲν τὸ ῥυγχίον, ἐσθίει δὲ τὴν τροφήν. μετ' ὀλίγον δὲ φύει πτερὰ τὸ νεόττιον, καί ἐστιν ὀρνίθιον ἤδη.

ἆρ' ἐρωτᾷς με, πότερον ἀναβαίνει καὶ ἡ ἀδελφὴ ἐπὶ τὰ δένδρα; ἀναβαίνει· ἀλλ' οὐκ ἐπὶ τὰ ὑψηλὰ δένδρα· κόρη γάρ ἐστιν αὕτη, αἱ δὲ κόραι οὐκ ἀναβαίνουσιν ἐπὶ τὰ δένδρα τὰ μάλιστα ὑψηλά. οὐ γὰρ οὕτως ἰσχυραί εἰσιν αἱ κόραι ὡς ἡμεῖς. οὐδ' αὖ ἡ τροφὸς ἀναβαίνει· γεραιὰ γάρ ἐστιν, αἱ δὲ γεραιαὶ οὐκ ἰσχυραί. οὐδὲ πρέπει γ', ὡς λέγει· ἀλλ' ἔμοιγε δοκεῖ, ὅτι οὐκ ἐθέλει· νωθρὰ γὰρ ἔμοιγε δοκεῖ. ἀλλ' οὐκ ἔγωγε νωθρός, ἀλλὰ νεανικός. αἱ δὲ κόραι καὶ αἱ γεραιαὶ ἐσθίουσι γοῦν τὰ ᾠά, εἰ καὶ μὴ ἀναβαίνουσιν ἐπὶ τὰ δένδρα· πρὸς τοῦτό γε δὴ οὐ νωθραὶ δοκοῦσιν. τί σοὶ δοκεῖ, ὦ φίλε; ἆρ᾽ ἐστὶν οὕτως καὶ παρ᾽ ὑμῖν;

IIIε Διάλογος

ποῖα δένδρ᾽ ἐστὶν ἐπὶ τῶν λόφων; ὑψηλά τε καὶ καλὰ δένδρα ἐπὶ τῶν λόφων ἐστίν.

ποῖά ἐστι τὰ καρποφόρα δένδρα; ταῦθ᾽ ἅπερ καρποὺς φέρει καρποφόρα δένδρα ἐστίν.

τὰ δ᾽ ἀκρόδρυα ποῖα; καρποφόρα δένδρα ὀνομάζουσι καὶ ἀκρόδρυα.

ποῖον καρπὸν φέρει ἡ συκῆ; σῦκα φέρει ἡ συκῆ.

τί δ᾽ ἐστὶ τὸ σῦκον; καρπός ἐστι τῆς συκῆς τὸ σῦκον.

ποῦ ἐστι τὰ ᾠὰ τῶν ὀρνιθίων; ἐν ταῖς καλιαῖς ἐστι τὰ ᾠὰ τῶν ὀρνιθίων.

τί δ᾽ ἐστιν ᾠόν; τὰ ὀρνίθια τίκτει ᾠά· τὸ δ᾽ ᾠὸν μικρόν ἐστι καὶ στρογγύλον, καὶ ἐν τῷ ᾠῷ ἐστι τὸ νεόττιον.

τὸ δὲ νεόττιον τί ἐστιν; τέκνον ἐστὶν ὀρνιθίου τὸ νεόττιον.

IIIζ Παιδία

ἔστι τις κώμη πέλας τῆς οἰκίας ἡμῶν· ἐν δὲ τῇ κώμῃ οἰκίαι εἰσὶ πολλαί, καὶ ἐν ταῖς οἰκίαις πολλὰ παιδία· καὶ παιδίσκοι καὶ κόραι ἔνεισιν ἐν τῇ κώμῃ. οἱ δὲ παιδίσκοι καὶ αἱ κόραι παίζουσιν. ἄλλοτε δύο στίχοι εἰσίν, ἕτερος μὲν στίχος παιδίσκων, ἕτερος δὲ κορῶν. καὶ ὁ ἕτερος στίχος ἐναντίον ἐστὶ τοῦ ἑτέρου. καὶ ᾄδουσιν οἱ στίχοι. ὁ μὲν ἕτερος στίχος ᾄδει·

πῶ μοι τὰ ῥόδα, ποῦ μοι τὰ ἴα, ποῦ μοι τὰ καλὰ σέλινα;

ὁ δ᾽ ἕτερος στίχος ᾄδει·

ταδὶ τὰ ῥόδα, ταδὶ τὰ ἴα, ταδὶ τὰ καλὰ σέλινα.

καὶ ἐν ᾧ ᾄδουσι, χορεύουσιν πρὸς ἀλλήλους· προχωρεῖ μὲν ὁ ἕτερος στίχος, ἀναχωρεῖ δὲ ὁ ἕτερος.

αἱ δ᾽ αὖ κόραι παίζουσιν καὶ ὧδε. μία μὲν καθίζει ἐν μέσῳ, αἱ δ᾽ ἄλλαι κύκλῳ περιτρέχουσι καὶ χορεύουσι, καὶ ᾄδουσι·

χέλει-χελώνη, τί ποιεῖς ἐν τῷ μέσῳ;

ἡ δ᾽ ἐν μέσῳ ᾄδει·

πλέκω τὰ ἔρια καὶ κρόκην Μιλησίαν.

παίζει δὲ τὰ παιδία πολλὰ καὶ ἄλλα, περὶ ὧν ὕστερον.

IIIη Καλιαί

ἆρ᾽ ἀγνοεῖς ὅτι ἀναβαίνω πολλάκις ἐπὶ τὰ δένδρα, καὶ ζητῶ τὰ ᾠὰ τῶν ὀρνιθίων; αὖθις οὖν λέγω σοι ταῦτα· λήθη γὰρ ἔχει τοὺς ἀνθρώπους ῥᾳδίως. λέγω αὖθις καὶ τοῦτο· ὅτι οἰκοδομεῖ τὰ ὀρνίθια καλιάς, ἐν δὲ ταῖς καλιαῖς ἐστι τὰ ᾠὰ ἃ ζητῶ. τὰς δὲ καλιὰς οἰκοδομεῖ τὰ ὀρνίθια, τὰς μὲν ἐπὶ τῶν δένδρων τῶν ὑψηλῶν, τὰς δὲ ἐν τοῖς δρυμοῖς τοῖς ταπεινοῖς, τὰς δὲ καὶ ἐν τῇ πόᾳ· τὰ δὲ ἐν τοῖς δρυμοῖς ᾠὰ εὑρίσκει καὶ ἡ ἀδελφή, ἀλλ᾽ οὐκ ἀναβαίνει ἐπὶ τὰ ὑψηλὰ δένδρα ὥσπερ ἐγὼ ἀναβαίνω· αὖθις γὰρ λεκτέον ὅτι οὔτ᾽ ἰσχυραί εἰσιν αἱ κόραι οὔτ᾽ ἀνδρεῖαι, ὥστε διὰ τοῦτο οὐκ ἀναβαίνουσιν ἐπὶ τὰ δένδρα τὰ ὑψηλά. οὐδ᾽ ἡ τροφὸς ἀναβαίνει οὐδαμῶς· πῶς γὰρ δή; γεραιὰ γάρ ἐστι.

IIIθ Κώμη

τὸ χωρίον ἐν ᾧ οἰκοῦμεν ἐγγύς ἐστι κώμης· ἆρα γιγνώσκεις ὅ τι ἐστὶ κώμη; λέγω δή. ἐν τῇ κώμῃ οἰκίαι εἰσίν, οἱ δὲ ἐν τῇ κώμῃ ἄνθρωποι, κωμηταί. καὶ ἐν τῇ ἡμετέρᾳ κώμῃ ἀγορά ἐστιν· μικρὰ μὲν ἡ κώμη, μικρὰ δὲ καὶ ἡ ἀγορά· καὶ δὴ καὶ τὸ χωρίον ἡμῶν μικρόν. καὶ ἐν τῇ ἀγορᾷ ἀγοράζουσι μὲν οἱ ἀγορασταί, πωλοῦσι δὲ οἱ πωληταί. ἐγὼ δέ, ὃς λέγω, μικρός εἰμι· ἀλλ᾽ ἡ τροφός μου οὐκ ἔστι μικρά. οὐδὲ οἱ λόφοι μικροί, οἳ περιέχουσι τὸν τόπον κύκλῳ· ὑψηλοὶ γάρ εἰσιν οἱ λόφοι. ἀλλὰ οἱ ὑψηλοὶ λόφοι μικρὰν κώμην περιέχουσι. λέγω δὴ πολλάκις τὰ περὶ τῆς κώμης· ἡ μνήμη γὰρ ἡ τῶν ἀνθρώπων οὐ ῥᾳδίως κατέχει τοῦτο, ὃ λέγομεν ἅπαξ. οὕτως λέγει ὁ διδάσκαλος. οὐ δήπου νῦν ἀγνοεῖς οὔτε τὰ περὶ τῶν λόφων οὔτε τὰ περὶ τῆς κώμης, οὔθ᾽ ὅπως ὀνομάζομεν τὴν τροφὸν ἡμῶν, οὔθ᾽ ὅτι Ἑλένη ἡ ἀδελφή μου, οὔθ᾽ ὅτι ἐγὼ υἱός εἰμι τοῦ τε Θρασύλλου καὶ τῆς Εὐρυδίκης. τίς δῆτα ἀγνοεῖ;

IV Ὀικία

ὥρα νῦν λέγειν σοι τὰ περὶ τῆς οἰκίας. μικρὰ μέν ἐστιν ἡ οἰκία ἡμῶν, μικροτάτη μὲν οὖν· τί μήν; οὐ γὰρ πολλοί ἐσμεν, οὐδὲ πλούσιοι.

πρῶτον μὲν ἐκ τῆς ὁδοῦ ὁρῶμεν τοῖχον μέγαν, καὶ ἐν τῷ τοίχῳ πύλας· τῆς δ᾽ ἡμέρας ἀνοικταί εἰσιν αἱ πύλαι. ἐντὸς δὲ τῶν πυλῶν βλέπομεν αὐλὴν μεγάλην, καὶ ἐν τῇ αὐλῇ τὰ ὀρνίθια, καὶ δὴ καὶ ἴσως ἕν τι τῶν ζῴων, ἢ ἵππον ἢ ὄνον ἢ ἡμίονον. ἆρ᾽ ἀγνοεῖς ποῖα ἄττα ἐστὶ ταῦτα; οὐκ ἔχω λέγειν καλῶς, ὅμως δὲ λέγω. ὁ μὲν ἵππος ἕλκει τὴν ἅμαξαν. ὁ δ᾽ ὄνος ὅμοιος μὲν ἵππῳ ἐστί, διαφέρει δέ· καὶ γὰρ μικρότερός ἐστι, καὶ μιαρὰν ἔχει τὴν φωνήν, καὶ ἐσθίει ἀκάνθας. ὁ δ᾽ ἡμίονος τέκνον ἐστὶν ἵππου καὶ ὄνου. δοκεῖς δὴ νῦν οὐκ ἀγνοεῖν ὅ τι λέγω. ταῦτ᾽ οὖν ἐν τῇ αὐλῇ βλέπεις· ὀρνίθια καὶ ἴσως ἵππον ἢ ὄνον καὶ ἅμαξαν.

ἐξ ἀριστερᾶς δὲ τῆς αὐλῆς καὶ ἐκ δεξιᾶς οἰκίσκοι εἰσὶ μικροὶ ἢ δωμάτια, ἐν οἷς ἔχομεν τοῖς ζῴοις τὴν τροφήν, καὶ δὴ καὶ ἄλλα πολλά. ἐναντίον δὲ βλέπεις τὸν πρόδομον· οὐκ ἔστι κλειστὸς ὁ πρόδομος, ἀλλ᾽ ἀνοικτός· σκιὰν δ᾽ ἔχει, ὥστε μὴ καίειν ἡμᾶς τὸν ἥλιον. περαιτέρω δὲ τοῦ προδόμου ἡ οἰκία ἤδη ἐστίν, καὶ ἐν τῇ οἰκίᾳ τράπεζαι καὶ κλῖναι καὶ δίφροι, περὶ ὧν λέγω τοιάδε. ἐπὶ μὲν τραπέζης ἐστὶν ὅσα ἐσθίομέν τε καὶ πίνομεν, σιτία λέγω καὶ οἶνον καὶ τὰ ἄλλα· καθίζομεν δὲ ἐπὶ τῶν δίφρων. ἐπὶ δὲ τῶν κλινῶν καθεύδομεν. καθεύδομεν δὲ καὶ ἔνδον καὶ ἐν τῷ προδόμῳ καὶ ἐπὶ τῆς στέγης—τὸ γὰρ ἄνωθε τῆς οἰκίας στέγην ὀνομάζομεν—καὶ δὴ καὶ ἔξω.

ἐσθίομεν δὲ τρὶς τῆς ἡμέρας. ἑῷοι μὲν ὀλίγον πάνυ ἐσθίομέν τε καὶ πίνομεν· ἔπειτα πρὸ τῆς μεσημβρίας ἀριστῶμεν· εἶτα τῆς ἑσπέρας δειπνοῦμεν. τὸ μὲν πρῶτον ὀλίγον ἐστί, καὶ οὐκ ὀνομάζομεν αὐτὸ οὐδέν· τὸ δὲ δεύτερον λέγομεν τὸ ἄριστον, τὸ δὲ τρίτον ἐστὶ τὸ δεῖπνον. μετὰ ταῦτα λαλοῦμεν μετ᾽ ἀλλήλων, καὶ καθεύδομεν.

IVα Κῆπος

καὶ κύκλῳ περὶ τὴν οἰκίαν ἀγροὶ μέν εἰσιν, οὓς γεωργοῦμεν, καὶ ἄλλος ἐστὶ τόπος ἐν ᾧ αἱ ἄμπελοι, ἔστι δὲ καὶ κῆπος, ἐν ᾧ κηπεύομεν. καὶ περὶ μὲν τῆς γεωργίας ὕστερον λεκτέον ἐστί· περιέχει δὲ ὁ κῆπος τὴν οἰκίαν, ἐν δὲ τῷ κήπῳ πολλὰ καὶ ἄλλα πάρεστι βλέπειν, καὶ δὴ καὶ λάχανα καὶ πόαν καὶ ἴα καὶ ῥόδα. καὶ ἀπὸ τῆς ἀμπέλου δρέπομεν σταφυλάς· καὶ τῶν σταφυλῶν τὰς μὲν ἐσθίομεν, τὰς δὲ ξηραίνομεν, τὰς δὲ πατοῦμεν ἐν τῇ ληνῷ, καὶ ποιοῦμεν οὕτως οἶνον. δρέπομεν δὲ καὶ σῦκα ἀπὸ τῶν συκῶν, καὶ ἐλαίας ἀπὸ τῶν ἐλαιῶν. περὶ τούτων ὕστερον λεκτέον μοι· νῦν γὰρ οὐ πάρεστιν. οἴμοι· φεῦ· ὡς πολλάκις λέγω τὸ αὐτό· καὶ γὰρ οὐ γιγνώσκετε οὔπω τὴν Ἑλληνικὴν γλῶτταν. ἀλλὰ ῥᾳδία μᾶλλον δοκεῖ εἶναι καθ' ἡμέραν, ὡς νομίζω. πῶς γὰρ οὔ; ἐγὼ μὲν οὐ δεινός εἰμι λέγειν, σὺ δέ που δεινὸς εἶ μανθάνειν.

IVβ Διάλογος

τί κῆπός ἐστιν; τόπος ἐστὶ κῆπος ἐν ᾧ δένδρα καὶ ἄλλα φυτὰ φυτεύομεν.

τί φυτεύετε ἐν τῷ κήπῳ; συκᾶς φυτεύομεν ἐν τῷ κήπῳ, καὶ ἐλαίας.

τί ἄλλο φυτεύετε πρὸς τούτοις; λάχανα φυτεύομεν παντοῖα.

τί δρέπετε ἀπὸ τῶν συκῶν; σῦκα δρέπομεν ἀπὸ τῶν συκῶν.

ἀπὸ δὲ τῶν ἐλαιῶν τί δρέπετε; ἐλαίας δρέπομεν ἀπὸ τῶν ἐλαιῶν.

ἀπὸ δὲ τῶν λαχάνων τί δρέπετε; ἀπὸ τῶν γε λαχάνων οὐδέν.

ποῖα δ' ἅττ' ἐστὶ τὰ λάχανα; σκόροδα καὶ κρόμμυα καὶ ῥάφανοι καὶ κύαμοι καὶ σέλινα, ταῦτ' ἐστὶ λάχανα.

πρὸς τί οὖν χρήσιμά ἐστι τὰ λάχανα; πρὸς τὸ ἐσθίειν ἐστὶ χρήσιμα τὰ λάχανα.

καὶ δὴ καὶ ἐν τῇ οἰκίᾳ τί ἔνεστιν; δίφροι ἔνεισι καὶ κλῖναι καὶ τράπεζαι.

ὁ δίφρος δὲ τί ἐστιν; καθίζομεν δὴ ἐπὶ δίφρου.

ἆρα καὶ ἐν τῇ τραπέζῃ καθίζετε; τὰ σίτια μὲν οὖν ἐσθίομεν ὅσα ἐστὶν ἐπὶ τῆς τραπέζης.

καὶ ἐπὶ τῶν κλινῶν τί ποιεῖτε; καθεύδομεν ἐπὶ τῶν κλινῶν.

IVγ Αἱ Ἀθῆναι

ἐνθένδε ὁρῶμεν τὰς Ἀθήνας· φανεραὶ γάρ εἰσιν αἱ Ἀθῆναι ἀπὸ τῆς κώμης, ἐν ᾗ οἰκῶ μετὰ τοῦ ἀδελφοῦ καὶ τῆς ἀδελφῆς καὶ τοῦ Θρασύλλου καὶ τῶν ἄλλων, καὶ δὴ καὶ ἐν ταῖς Ἀθήναις φανερός ἐστι ναὸς τῆς Ἀθήνης, ὅς ἐστιν ἐπὶ τῆς πέτρας ἣν ὁρᾶτε. ἡ μὲν γὰρ Ἀθήνη θεός ἐστίν, ἡμεῖς δὲ σέβομεν τὴν Ἀθήνην· σέβομεν δὲ καὶ ἄλλους θεοὺς ἐγχωρίους, περὶ ὧν ὕστερον. καὶ πολλάκις ἄγομεν ἑορτὰς καὶ Ἀθήνησι καὶ κατ' ἀγρούς· ᾄδομεν, χορεύομεν, σφάζομεν ἱερά, ἐσθίομεν, πίνομεν· τί δ' οὐ ποιοῦμεν ἐν ταῖς ἑορταῖς; ἐν τοῖς Παναθηναίοις πομπή ἐστι λαμπροτάτη· ἐν τοῖς Διονυσίοις φοιτῶμεν εἰς τὸ θέατρον· καὶ αἰεὶ χαίρομεν.

IVδ Ἀριθμός

ἀριθμῶ μὲν τοὺς ἐν τῇ οἰκίᾳ ἀνθρώπους· καὶ πέντε ἐσμέν. ἀριθμῶ δὲ τὰ τῆς οἰκίας οἰκήματα, καὶ δέκα ἐστίν. ἀριθμῶ δὲ καὶ τοὺς δίφρους ὅσοι ἔνεισι· καὶ οὗτοι εἴκοσίν εἰσι μάλιστα. τὰς δὲ κλίνας ἀριθμῶ· εἰσὶ δ' ἕξ. τὰς δὲ τραπέζας ἀριθμῶ· τρεῖς εἰσιν. πόσους ἔχεις ὀφθαλμούς; ἀριθμῶ τοὺς ὀφθαλμούς· ἔχω δὲ ὀφθαλμὼ δύο ἔγωγε, δύο δ' ἔχεις καὶ σύ, καὶ δὴ καὶ ἕκαστός τις, εἰ μή γ' οἱ τυφλοί· ὁ γὰρ τυφλὸς οὐκ ἔχει ὀφθαλμούς, ἢ οὐχ ὁρᾷ γε τοῖς ὀφθαλμοῖς· ἡμῶν δ' οὐδεὶς τυφλός. καὶ εἰσὶν οἳ τυφλοί εἰσι τὸν ἕτερον ὀφθαλμόν· τούτους λέγομεν ἑτεροφθάλμους. ὤμους δὲ ἔχει ἕκαστος δύο. καὶ δακτύλους ἔχω εἴκοσι, δέκα μὲν ἄνω, δέκα δὲ κάτω. ἀλλ' οὐκ ἔχω νῦν λέγειν τὰ ἄλλα ὄργανα· ἄλλῳ γὰρ ὀργάνῳ ἀκούω, ἄλλῳ δὲ ὀργάνῳ βαδίζω, ἄλλῳ δὲ ἐσθίω, καὶ τὰ λοιπὰ οὕτως.

IVε Τὰ ἐν οἰκίᾳ

οὐκ ἀγνοεῖς δὴ ὁπόσα δωμάτιά ἐστιν ἐν τῇ ἡμετέρᾳ οἰκίᾳ· λέγω γὰρ αὖθις ὅτι δέκα. εἰσὶ δὲ καὶ ἐν αὐτῇ δίφροι, ἐφ' ὧν καθίζομεν, καὶ κλῖναι, ἐν αἷς καθεύδομεν, καὶ τράπεζαι, ἐφ' ὧν ἐστι τὰ σιτία καὶ ὁ οἶνος· τὰ μὲν σιτία ἐσθίομεν, τὸν δ' οἶνον πίνομεν. ποτήρια δ' ἐστὶν ἡμῖν ἐξ ὧν πίνομεν, λεκάναι δ' ἐξ ὧν ἐσθίομεν τὰ σιτία. καὶ μὴν ποῖά γ' ἐστὶν ἡμῖν τὰ σιτία; ἄρτος μὲν καὶ μᾶζα, μετὰ ταῦτα τυρὸς λευκός, καὶ ᾠά, καὶ ὀρνίθεια, καὶ δὴ καὶ ἄλλα ἐστὶν περὶ ὧν λεκτέον ἐστὶν ὕστερον· οὐ γὰρ νῦν πάρεστιν. τὰ δ' ἐκ τοῦ κήπου ἐσθίομεν· λάχανα λέγω καὶ ὀπώραν, σταφυλάς τε καὶ σῦκα καὶ ἐλαίας. ἆρα ἀγνοεῖς τὴν περὶ σύκων παροιμίαν; αὕτη δή ἐστιν ἡ παροιμία· "οὐ σῦκον σύκῳ ὁμοιότερον." καὶ δὴ ἐγὼ ὅμοιός εἰμι τῷ ἀδελφῷ· ὁρᾷ τις νώ, καὶ λέγει· "ὁμοιότερός ἐστι τῷ ἀδελφῷ ὁ Θρασύμαχος ἢ σῦκον σύκῳ." οἷον γὰρ ἄλλο σῦκον, τοιοῦτο καὶ ἄλλο.

IVζ Διδάσκαλος

οὐκ ἔχομεν ἡμεῖς, ὥσπερ καὶ ὑμεῖς, οἶκον μέγιστον ἐν ᾧ διδάσκουσι πολλοὶ διδάσκαλοι· παρ' ὑμῖν γάρ ἐστιν οἶκος ὃς πολλὰ ἔχει δωμάτια, ἄλλα μὲν μεγάλα, ἄλλα δὲ μικρότερα· εἰσὶ δὲ καὶ διδάσκαλοι πολλοί, εἷς μὲν ἀρχιδιδάσκαλος, ἕτεροι δ' ὑποδιδάσκαλοι. ἐμοὶ δ' ἐστὶ παιδαγωγὸς μέν, ὃς δοῦλός ἐστι, καὶ ἄγει με εἰς τὴν κώμην παρὰ τὸν διδάσκαλον· διδάσκει δ' ὁ διδάσκαλος ἢ ἐν τῇ ἑαυτοῦ οἰκίᾳ, ἢ ἐν τῇ αὐλῇ, ἢ ὑπὸ τῶν δένδρων ἔξω. ὑμεῖς μὲν γράφετε καλάμοις ἐν παπύρῳ, ἢ γύψῳ ἐν τῷ τοίχῳ· ἡμεῖς δὲ γράφομεν στύλῳ ἐν πινακίῳ, ἢ ξύλῳ ἐπὶ τῆς γῆς. ἆρ' ἀγνοεῖ, ποῖα ἄττα ἐστὶ τὰ πινάκια ἡμῶν; λέγω δή. ξύλινα μέν ἐστι ταῦτα τὰ πινάκια, ἔστι δ' ἐπ' αὐτῶν μάλθα ἐν ᾗ γράφομεν τοῖς στύλοις· καὶ μετὰ ταῦτα λεαίνομεν τὴν μάλθαν, καὶ λεία ἐστὶν ἤδη· ὥστε γράφομεν πολλάκις ἐν τῇ αὐτῇ μάλθῃ. οὕτως οὐ δεῖ ἡμῖν πολλῶν πινακίων, τὰ δὲ αὐτὰ πινάκια ἱκανά ἐστιν. ἆρ' ἀγνοεῖς τὴν μάλθαν, ὅ τι ἐστί; ἦ που δεινὸς εἶ σύ γε μανθάνειν.

IVη Τὰ τοῦ διδασκαλείου

γράφομεν δὴ οὕτως. γάμμα ῥῶ ἄλφα φῖ οὖ μῦ εἶ νῦ, τοῦτ' ἐστί, γράφομεν· εἶ πῖ ἰῶτα, ἐπί· ταῦ οὖ ὖ, τοῦ· πῖ ἰῶτα νῦ ἄλφα κάππα ἰῶτα οὖ ὖ, πινακίου. γράφομεν δὲ καλῶς· οὐ γὰρ ἐθέλομεν πληγὰς λαμβάνειν. καὶ γὰρ ἔχει ξύλον ὁ διδάσκαλος, ᾧ παίει ἡμᾶς ἐνίοτε· ἀλλ' οὐ πολλάκις παίει τὰ παιδία τῷ ξύλῳ, ἐπεὶ εὔκολός ἐστιν. οἱ δὲ δύσκολοι διδάσκαλοι πολλάκις παίουσι τὰ παιδία, ἐν ᾧ χρόνῳ διδάσκουσιν.

πρὸς δὲ τούτοις μανθάνομεν ἀναγιγνώσκειν τὰ τῶν ποιητῶν, καὶ δὴ καὶ ἐκμανθάνομεν, ὥστε λέγειν ἄνευ πινακίου καὶ ἄνευ βιβλίου. ποιητῶν τοι ὁ μέγιστός ἐστιν Ὅμηρος. μανθάνομεν δὲ ἀναγιγνώσκειν τὰ τοῦ Ὁμήρου, καὶ τὰ Ἰλιακὰ καὶ τὴν Ὀδυσσείαν, περὶ ὧν ὕστερον λεκτέον ἐστίν. μαθηταί ἐσμεν καλοί, καὶ μανθάνομεν εὖ, ἐπεὶ οὕτως εὔκολός ἐστιν ὁ διδάσκαλος· ὁ δὲ σοφώτατός τίς ἐστι, καὶ δυνατός ἐστι λέγειν πάντα τὰ Ὁμηρικὰ ἄνευ βιβλίου.

IVθ Ἀριθμός

ἀριθμοῦμεν δ' οὕτως. εἷς, δύο, τρεῖς, τέτταρες, πέντε, ἕξ, ἑπτά, ὀκτώ, ἐννέα, δέκα. μετὰ ταῦτα ἕνδεκα, δώδεκα, τρεῖς καὶ δέκα, τέτταρες καὶ δέκα, πέντε καὶ δέκα, ἑκκαίδεκα, ἑπτὰ καὶ δέκα, ὀκτὼ καὶ δέκα, ἐννέα καὶ δέκα, εἴκοσιν.

καὶ μετὰ τὰ εἴκοσιν· εἷς καὶ εἴκοσι, δύο καὶ εἴκοσι, τρεῖς καὶ εἴκοσι, τέτταρες καὶ εἴκοσι, πέντε καὶ εἴκοσιν, ἕξ καὶ εἴκοσιν, ἑπτὰ καὶ εἴκοσιν, ὀκτὼ καὶ εἴκοσιν, ἐννέα καὶ εἴκοσι, τριάκοντα.

μετὰ δὲ τὰ τριάκοντα· εἷς καὶ τριάκοντα, δύο καὶ τριάκοντα, τρεῖς καὶ τριάκοντα, τέτταρες καὶ τριάκοντα, πέντε καὶ τριάκοντα, ἕξ καὶ τριάκοντα, ἑπτὰ καὶ τριάκοντα, ὀκτὼ καὶ τριάκοντα, ἐννέα καὶ τριάκοντα, τετταράκοντα.

μετὰ δὲ τὰ τετταράκοντα· εἷς καὶ τετταράκοντα, δύο καὶ τετταράκοντα, τρεῖς καὶ τετταράκοντα, τέτταρες καὶ τετταράκοντα, πέντε καὶ τετταράκοντα, ἕξ καὶ τετταράκοντα, ἑπτὰ καὶ τετταράκοντα, ὀκτὼ καὶ τετταράκοντα, ἐννέα καὶ τετταράκοντα, πεντήκοντα.

μετὰ δὲ τὰ πεντήκοντα· εἷς καὶ πεντήκοντα, δύο καὶ πεντήκοντα, τρεῖς καὶ πεντήκοντα, τέτταρες καὶ πεντήκοντα, πέντε καὶ πεντήκοντα, ἕξ καὶ πεντήκοντα, ἑπτὰ καὶ πεντήκοντα, ὀκτὼ καὶ πεντήκοντα, ἐννέα καὶ πεντήκοντα, ἑξήκοντα.

λέγομεν δὲ τῷ αὐτῷ τρόπῳ περὶ τῶν ἑβδομήκοντα, ὀγδοήκοντα, ἐνενήκοντα, ἑκατόν.

καὶ δὴ καὶ τῷ αὐτῷ τρόπῳ μετὰ ταῦτα λέγομεν· εἰσὶ γὰρ δια-κόσιοι, τρια-κόσιοι, τετρακόσιοι, πεντακόσιοι, ἑξακόσιοι, ἑπτακόσιοι, ὀκτακόσιοι, ἐνακόσιοι, χίλιοι.

IVι Πολλαπλασιῶσις

πολλαπλασιοῦμεν δ᾽ οὕτω τοὺς ἀριθμούς. ἅπαξ ἕν ἐστιν ἕν, δὶς ἕν ἐστι δύο, τρὶς ἕν ἐστι τρία, τετράκις ἕν ἐστι τέτταρα, πεντάκις ἕν ἐστι πέντε, ἑξάκις ἕν ἐστιν ἕξ, ἑπτάκις ἕν ἐστιν ἑπτά, ὀκτάκις ἕν ἐστιν ὀκτώ, ἐνάκις ἕν ἐστιν ἐννέα, δεκάκις ἕν ἐστι δέκα, ἑνδεκάκις ἕν ἐστιν ἕνδεκα, δωδεκάκις ἕν ἐστι δώδεκα, τρισκαιδεκάκις ἕν ἐστι τρία καὶ δέκα, τετταρεσκαιδεκάκις ἕν ἐστι τέτταρα καὶ δέκα, πεντεκαιδεκάκις ἕν ἐστι πέντε καὶ δέκα, ἑκκαιδεκάκις ἕν ἐστιν ἑκκαίδεκα, ἑπτακαιδεκάκις ἕν ἐστιν ἑπτὰ καὶ δέκα, ὀκτωκαιδεκάκις ἕν ἐστιν ὀκτὼ καὶ δέκα, ἐννεακαιδεκάκις ἕν ἐστιν ἐννέα καὶ δέκα, εἰκοσάκις ἕν ἐστιν εἴκοσιν.

τῷ δ᾽ αὐτῷ τρόπῳ καὶ περὶ τοῦ τριακοντάκις, τετταρακοντάκις, πεντηκοντάκις, ἑξηκοντάκις, ἑβδομηκοντάκις, ὀγδοηκοντάκις, ἐνενηκοντάκις, ἑκατοντάκις, χιλιάκις, μυριάκις.

καὶ δὴ καὶ ἅπαξ δύο ἐστὶ δύο, δὶς δύο ἐστὶ τέτταρα, τρὶς δύο ἐστὶν ἕξ, τετράκις δύο ἐστὶν ὀκτώ, πεντάκις δύο ἐστὶ δέκα, ἑξάκις δύο ἐστὶ δώδεκα, ἑπτάκις δύο ἐστὶν τέτταρα καὶ δέκα, ὀκτάκις δύο ἐστὶν ἑκκαίδεκα, ἐνάκις δύο ἐστὶν ὀκτὼ καὶ δέκα, δεκάκις δύο ἐστὶν εἴκοσι, ἑνδεκάκις δύο ἐστὶ δύο καὶ εἴκοσι, δωδεκάκις δύο ἐστὶ τέτταρα καὶ εἴκοσιν.

καὶ τῷ αὐτῷ δὴ τρόπῳ· ἅπαξ τρία ἐστὶ τρία, δίς τρία ἐστὶν ἕξ, τρὶς τρία ἐστὶν ἐννέα, τετράκις τρία δώδεκ᾽ ἐστί, πεντάκις τρία πέντε καὶ δέκα, ἑξάκις τρία ὀκτὼ καὶ δέκα, ἑπτάκις τρία ἕν καὶ εἴκοσιν, ὀκτάκις τρία τέτταρα καὶ εἴκοσιν, ἐνάκις τρία ἑπτὰ καὶ εἴκοσιν, δεκάκις τρία τριάκοντα, ἑνδεκάκις τρία τρία καὶ τριάκοντα, δωδεκάκις τρία ἕξ καὶ τριάκοντα.

οὐδ᾽ ἄλλῳ τρόπῳ τὰ λοιπά· ἅπαξ τέτταρα, δὶς τέτταρα· καὶ ἅπαξ πέντε, δὶς πέντε, τρὶς πέντε· καὶ δὴ καὶ τοὺς ἄλλους τῶν ἀριθμῶν ἀριθμοῦμεν τῷ αὐτῷ τρόπῳ· σὺ δὲ λέγε δὴ ἄνευ βιβλίου οὕτως.

λοιπὸν δή ἐστι λέγειν τὰ μετὰ τοὺς χιλίους· οὕτω δὲ λεκτέον ἐστίν. δισχίλιοι, τρισχίλιοι, καὶ τὰ ἄλλα μεχρὶ τῶν ἐνακισχιλίων· ἀντὶ δὲ τῶν δεκάκις χιλίων λέγομεν μυρίους, καὶ δισμυρίους, καὶ τὰ ἄλλα οὕτως.

IVκ Μερισμός

διαμερίζομεν δ' αὖ τοὺς ἀριθμοὺς ὧδέ πως.

πόστον μόριον ἢ πόστη μοῖρά ἐστι τὸ ἓν τοῖν δυοῖν; ἡμίσεια μοῖρά ἐστι τὸ ἓν τοῖν δυοῖν.

πόστη μοῖρα τὸ ἓν τῶν τριῶν; τρίτη μοῖρα τὸ ἓν τῶν τριῶν.

πόστη μοῖρα τὸ ἓν τῶν τεττάρων; τετάρτη μοῖρα τὸ ἓν τῶν τεττάρων.

πόστη μοῖρα τὸ ἓν τῶν πέντε; πέμπτη μοῖρα τὸ ἓν τῶν πέντε.

πόστη μοῖρα τὸ ἓν τῶν ἕξ; ἕκτη μοῖρα τὸ ἓν τῶν ἕξ.

πόστη μοῖρα τὸ ἓν τῶν ἑπτά; ἑβδόμη μοῖρα τὸ ἓν τῶν ἑπτά.

πόστη μοῖρα τὸ ἓν τῶν ὀκτώ; ὀγδόη μοῖρα τὸ ἓν τῶν ὀκτώ.

πόστη μοῖρα τὸ ἓν τῶν ἐννέα; ἐνάτη μοῖρα τὸ ἓν τῶν ἐννέα.

πόστη μοῖρα τὸ ἓν τῶν δέκα; δεκάτη μοῖρα τὸ ἓν τῶν δέκα.

πόστη μοῖρα τὸ ἓν τῶν ἕνδεκα; ἑνδεκάτη μοῖρα τὸ ἓν τῶν ἕνδεκα.

πόστη μοῖρα τὸ ἓν τῶν δώδεκα; δωδεκάτη μοῖρα τὸ ἓν τῶν δώδεκα.

οὕτω δὴ τῷ αὐτῷ τρόπῳ λέγομεν περὶ τῶν ἄλλων μοιρῶν· εἰσὶ δ' αὗται· τρισκαιδεκάτη, τετταρεσκαιδεκάτη, πεντεκαιδεκάτη, ἑκκαιδεκάτη, ἑπτακαιδεκάτη, ὀκτωκαιδεκάτη, ἐννεακαιδεκάτη, εἰκοστή. καὶ μετὰ ταῦτα· εἰκοστὴ πρώτη, εἰκοστὴ δευτέρα, εἰκοστὴ τρίτη, καὶ τὰ λοιπά. μετὰ ταῦτα δέ· τριακοστή, τριακοστὴ πρώτη, τριακοστὴ δευτέρα. λέγε δὲ σὺ τοὺς ἄλλους ἀριθμοὺς αὐτός. καὶ δὴ καὶ τετταρακοστή, τετταρακοστὴ πρώτη, τετταρακοστὴ δευτέρα, καὶ τὰ ἄλλα οὕτως. λοιπὰ δ' ἐστὶ ταῦτα· πεντηκοστή, ἑξηκοστή, ἑβδομηκοστή, ὀγδοηκοστή, ἐνενηκοστή, ἑκατοστή· καὶ δὴ καὶ δια-κοσιοστή, τρια-κοσιοστή, τετρακοσιοστή, πεντακοσιοστή, ἑξακοσιοστή, ἑπτακοσιοστή, ἐνακοσιοστή, χιλιοστή, καὶ δισχιλιοστή μέχρι τῆς ἐνάκις χιλιοστῆς καὶ μυριοστῆς καὶ δισμυριοστῆς.

τῷ αὐτῷ τρόπῳ λέγομεν καὶ μόριον τρίτον, ἢ ἑκατοστόν, ἢ χιλιοστόν· σὺ δ' αὐτὸς οἷός τ' εἶ ταῦτα λέγειν καὶ ἄνευ ἐμοῦ, οὐ γὰρ δήπου μῶρος εἶ, ὦ μαθητά. λέγε οὖν ἐφεξῆς.

IVλ Κόπος

οἴμοι, ὡς χαλεπὰ ταῦτα μανθάνειν. οὐ μὲν οὖν χαλεπά ἐστιν, ἀλλὰ
ἐν ᾧ τὰ αὐτὰ ἐπαναλαμβάνομεν πολλάκις, κόπον ἔχομεν μέγιστον.
φεῦ τοῦ κόπου. οἴμοι τοῦ κόπου τούτου. διὰ τί ὄχλον παρέχει
τοσοῦτον ὁ ἀριθμός; κόπος κόπον λύει, ὥσπερ ἡ παροιμία λέγει·
ἄλλος κόπος τελευτᾷ, ἰδοὺ ἄλλος, ἔργον ἐπ᾽ ἔργῳ, ὄχλος ἐπ᾽ ὄχλῳ.
ἀλλ᾽ οὕτω γὰρ κελεύουσιν οἱ θεοί· ἄνευ κόπου καὶ ἔργου οὐ δυνατόν
ἐστιν ἀγαθὸν ἔχειν οὐδέν. καὶ δὴ καὶ μάλιστα παιδίοις πρέπει ταῦτα
καὶ νέοις, ὥσπερ ἡ παροιμία λέγει·

ἔργα νέων, βουλαὶ δὲ μέσων, εὐχαὶ δὲ παλαιῶν.

τοῖς μὲν γὰρ νέοις τὴν ἡλικίαν πάρεστιν ἔργα ἀναγκαῖα· τοῖς δὲ
μέσοις τὴν ἡλικίαν βουλαί, τοῖς δὲ παλαιοῖς εὐχαί. ἄνευ ἔργων οὐκ
ἀκούουσιν οἱ θεοὶ τῶν νέων τὰς εὐχάς, ἀκούουσι δὲ τὰς εὐχὰς τῶν
παλαιῶν, ἐπειδὴ οὐχ οἷοί τ᾽ εἰσι ποιεῖν ἄλλο οὐδέν. θάρρει οὖν, ὦ
φίλτατε· καλὸς γάρ ἐστιν ὁ τῶν ἔργων καρπός, εἰ μὴ νῦν γε, ἀλλὰ
ὕστερόν ποτε. ὥστε ἀριθμοῦμεν αὖθις ἄσμενοι, καὶ γράφομεν τῷ
ξύλῳ ἐπὶ τῆς γῆς, ἢ τῷ στύλῳ ἐπὶ τοῦ πινακίου, ἢ τῷ καλάμῳ ἐπὶ τῆς
παπύρου· καὶ μανθάνομεν τὰ Ὁμηρικὰ καὶ λέγομέν τε καὶ ᾄδομεν.

IVμ Τὰ αὐτά

ἐσμὲν οὖν ἐν τῇ οἰκίᾳ πέντε ἄνθρωποι, ὅ τε Θράσυλλος καὶ ἡ
Εὐρυδίκη, καὶ τὰ τρία παιδία, δύο μὲν ἀδελφοί, μία δὲ ἀδελφή.
διδάσκει δ᾽ ἡμᾶς ἀριθμεῖν ὁ διδάσκαλος ἡμῶν, ἀριθμοῦμεν δ᾽ ἡμᾶς
αὐτοὺς καθ᾽ ἡμέραν, ἀριθμοῦμεν δὲ καὶ τὰ μόρια ἡμῶν. ἔχομεν
γὰρ ἕκαστος μίαν κεφαλήν, ὥστε ὁμοῦ ἔχομεν πέντε κεφαλάς·
ὀφθαλμοὺς δ᾽ ἔχομεν ἕκαστος δύο, ὥστε δέκα ὁμοῦ ἔχομεν
ὀφθαλμούς· δακτύλους δ᾽ ἔχομεν ἕκαστος εἴκοσιν, ὥστε ἑκατὸν
δακτύλους ἔχομεν ὁμοῦ. τὰ δ᾽ ἄλλα μόρια ὕστερον.

διδάσκει δ᾽ ἡμᾶς ὁ διδάσκαλος ᾄδειν καὶ λέγειν καὶ γράφειν· τῇ
μὲν φωνῇ ᾄδομεν, τῇ δὲ γλώττῃ λέγομεν, γράφομεν δὲ καλάμῳ ἐν
βιβλίοις.

V Τὰ μετέωρα

παρ' ἡμῖν ἄλλοτε μὲν λάμπει ὁ ἥλιος καὶ φέγγει ἡ σελήνη καὶ τὰ ἄστρα, ὥστε εὐδία ἐστίν, ἄλλοτε δὲ ὕει καὶ ἀστράπτει καὶ βροντᾷ ἢ ἄνεμος πνεῖ λαβρός. ὥστε ῥεῖ πολὺς ὁ ποταμός, ἡμεῖς δὲ ἐν τούτῳ τῷ χρόνῳ καθίζομεν ἐν τῇ οἰκίᾳ καὶ ἀναμένομεν. χθὲς ἄνεμος ἦν λαβρότατος καὶ ὑετὸς καὶ ἀστραπὴ καὶ βροντή. ἡμεῖς δὲ ἐντὸς ἐκαθίζομεν. ἤστην δὲ δύο τινὲ φίλω παρ' ἡμῖν, ἔλεγεν δὲ ὁ ἕτερος, "ἰδού, ὡς ὁμοίω ἐστὸν τὼ ἀδελφώ· οὐ γὰρ σῦκον σύκῳ ὁμοιότερον." ὁ δὲ ἕτερος λέγει, "ἀλλ' οὐχ οὕτως ὅμοιός ἐστιν οὗτος ἐκείνῳ, ὡς ἐκεῖνος τούτῳ." οἱ δ' ἄλλοι ἐγέλασαν, ἐπειδὴ ἤκουσαν τοῦ ἀνθρώπου.

Vα Ἀστραπή

χθὲς ἤστραπτεν· ἡ δ' ἀστραπὴ μεγάλη ἦν καὶ φοβερά· ἦν δὲ πύελός τις ἐν τῇ αὐλῇ, ἐξ ἧς πυέλου οἱ χοῖροι τρώγουσιν· ἦν δ' ἐν τῇ πυέλῳ ὑετός, ὃς κατέπεσεν ἀπ' οὐρανοῦ. ἡ δ' ἀδελφὴ ἡ ἐμὴ εἶδεν ἐν τῇ πυέλῳ ὥσπερ τὴν ἀστραπήν, ἣ ἦν ἐν τῷ οὐρανῷ, καὶ φόβῳ ἐβόα. ἡ δὲ τροφὸς εἶπε, "θάρρει, φίλη κεφαλή. ἀστραπὴ ἐκ πυέλου οὐδὲν βλάπτει, κατὰ τὴν παροιμίαν." ἡ δ' ἐθάρρει εὐθύς. οἱ δὲ χοῖροι ὅμως ἐν φόβῳ ἦσαν· ἠγνόουν γὰρ ὅτι οὐδὲν βλάπτει ἡ ἐκ τῆς πυέλου ἀστραπή· καὶ ἐκόϊζον δεινῶς· ὥσπερ γὰρ βοῶμεν ἡμεῖς οἱ ἄνθρωποι, οὕτω καὶ κοΐζουσιν οἱ χοῖροι. ὅ τι δ' ἐν τῷ νῷ αὐτῶν ἔνεστιν, οὐ δῆλον ἔμοιγε, οὐδὲ δῆλον πότερον ἔχουσι νοῦν ἢ οὔ. συντρέχουσι γοῦν ἐν ᾧ ἡμεῖς καλοῦμεν, καὶ τρώγουσιν ὅσα ὁρῶσιν ἐν τῇ πυέλῳ· ὥστε οὐ δοκοῦσιν ἄνευ νοῦ εἶναι παντελῶς. τί γὰρ ἄλλο δυνατὰ ποιεῖν ἐστι τὰ παιδία τὰ μικρά; βοῶσιν, ἀκούουσιν, τρέχουσιν, ἐσθίουσι, πίνουσι· φωνοῦσι δ' οὔ. οὕτως δὴ ὅμοια τὰ παιδία τοῖς χοίροις.

VI Φιλόσοφος

ὁ ἀδελφός μου αἰεὶ κλαίει, ἐγὼ δὲ αἰεὶ γελῶ· ὥστε οἱ φίλοι καλοῦσιν ἐμὲ μὲν Δημόκριτον, ἐκεῖνον δὲ Ἡράκλειτον. οὗτοι γὰρ οἱ ἄνθρωποι φιλόσοφοι ἦσαν, διότι ἐφίλουν δὴ τὴν σοφίαν· ὁ δὲ Δημόκριτος ἐγέλα τοῖς ἀνθρώποις, διότι μῶροι δή εἰσιν, ὁ δ᾽ Ἡράκλειτος ἔκλαιεν τὴν κακὴν τύχην αὐτῶν. ἐμοὶ μὲν δοκεῖ ἡ τύχη τῶν ἀνθρώπων οὐ πάνυ κακή, ὥστε γελῶ. ἔχω γὰρ ὑγίειαν καὶ ἰσχυρός εἰμι, ἔχω δὲ ἅλις σιτίων, οἰκῶ δ᾽ ἐν καλῇ οἰκίᾳ· ἔστι γὰρ ἡμῖν, ὥσπερ λέγει ἡ παροιμία, ἀγαθῶν θάλαττα. ἐγὼ δὲ τοῦ ἀδελφοῦ γεραίτερός εἰμι, ὥστε οὐ τοσοῦτον ἔχει ὁ ἀδελφός, ὅσον ἐγώ· κλαίει διὰ τοῦτ᾽ ἄρα. λέγω δὲ αὐτῷ, "θάρρει, ὦ ἄδελφε· ἀγαθὸν καὶ μᾶζα μετ᾽ ἄρτον, κατὰ τὴν παροιμίαν." ὁ δέ φησιν, "ἄχρι κόρου σκώπτεις· σῖγα. τὰ δίκαια αἰτῶ, ἴσον ἔχειν σοι. ἐσμὲν γὰρ καὶ ἐγὼ καὶ σὺ υἱὼ τοῦ Θρασύλλου."

VIa Βασκανία

εἰ δ᾽ ὁ ἀδελφὸς ἔκλαυσε χθές, τήμερον ἐγὼ κλαίω· ἀλγῶ γὰρ τὴν κεφαλήν. καὶ μὴν ἡ τροφὸς λέγει εὐθύς, "ὦ φίλτατε, τί πάσχεις; τίς σ᾽ ἐβάσκηνεν; ἀλλὰ φίλτρον γε εὑρήσω· μή, μή." καὶ δὴ καὶ ᾄδει ἐπῳδήν τινα, καὶ πτύει τρὶς ἐς τὸν κόλπον τὸν ἐμόν, καὶ κοιμᾷ με ἐπὶ κλίνης, καὶ κλῄει μοι τοὺς ὀφθαλμούς, καὶ λέγει· "ὦ φίλη κεφαλή, λέγω δὴ τῆς λύπης παραμύθιον. εἰσὶ γάρ τινες ἄνθρωποι οἳ βασκαίνουσι τοὺς ἄλλους· τοιούτους γὰρ ἔχουσιν ὀφθαλμούς, ὥστε βλέπουσι μὲν πρός τινα, ὁ δ᾽ εὐθὺς ἀλγεῖ τὴν κεφαλήν· οὐδ᾽ ἐστὶ φίλτρον οὐδὲν εἰ μὴ ᾠδή τις μυστική, οἵαν νῦν δὴ ᾖσά σοι ἐγώ."

VII Δῆμοι

τὸ χωρίον ἐν ᾧ οἰκοῦμεν ἐγώ τε καὶ οἱ ἄλλοι, ἐν Ἀχαρναῖς ἐστιν. αἱ δ᾽ Ἀχαρναί εἰσι δῆμος τῶν Ἀθηνῶν. ἆρ᾽ ἐρωτᾷς με, τί ποτ᾽ ἐστὶ δῆμος; ἆρ᾽ ἀγνοεῖς; λέγω δή. ἡ γῆ ἡ τῶν Ἀθηνῶν ἡ μέν ἐστι πεδίον, ἡ δὲ λόφοι. καὶ ἔν τε ταῖς Ἀθήναις καὶ ἐν τῷ πεδίῳ καὶ δὴ καὶ ἐν τοῖς λόφοις πολλοί εἰσι δῆμοι, ἃ μόριά ἐστι τῶν Ἀθηνῶν· τὰ δὲ τῶν Ἀθηνῶν μόρια τὰ μέν ἐστιν ἐν ταῖς Ἀθήναις αὐταῖς, τὰ δ᾽ ἐν ταῖς κώμαις καὶ κατὰ τὸ πέδιον καὶ κατὰ τοὺς λόφους. πολλοὶ δ᾽ εἰσὶν οἱ δῆμοι· ἕκαστος δ᾽ ἄρχει αὐτὸς ἑαυτοῦ, αἱ δ᾽ Ἀθῆναι κύριαί εἰσι τῶν δήμων, ὅσοι ὑπάρχουσιν. ὀνομάζομεν δὲ δημότας τοὺς ἐν ἑκάστῳ δήμῳ· οἱ δὲ δημόται ἄρχουσιν αὐτοὶ ἑαυτῶν. ὁ μὲν πρῶτος τῶν δημοτῶν δήμαρχός ἐστιν· ἐν ἑκάστῳ δὲ δήμῳ ταμιεύει ταμίας· ἔστι δὲ καὶ δημοτικὰ ἱερὰ καὶ ἱεροποιοί, καὶ πρυτανεῖον δημοτικὸν ἐν ᾧ ἐστιν ἑστία δημοτική. ἐν τοῖς ἱεροῖς ἱερὰ ποιοῦμεν τοῖς θεοῖς καὶ σέβομεν αὐτοὺς καὶ προσκυνοῦμεν· ἐν δὲ τῷ πρυτανείῳ δειπνοῦμεν ἐνίοτε.

VIIα Ἀχαρναί

ἐνθένδε ἀπὸ τοῦ δήμου τῶν Ἀχαρνῶν ὁρῶμεν τὰς Ἀθήνας· αἱ δ' Ἀθῆναι μακρὰν ἄπεισιν τῶν Ἀχαρνῶν, στάδια ἑξήκοντα. ἔχομεν δὲ δημότας πολλούς, ὥστε ἔνεισιν ἐν ταῖς Ἀχαρναῖς τρισχίλιοι ὁπλῖται. ὁ δὲ ὁπλίτης τοι στρατιώτης ἐστίν, ὃς ὅπλα φέρει χαλκᾶ ἢ σιδηρᾶ. καὶ γὰρ οἱ πολῖται οἱ ἐν ἀγροῖς ἐν μὲν μάχῃ εἰσὶ στρατιῶται, ἐν δ' εἰρήνῃ ἐργάται. ὁ αὐτὸς οὖν ἄλλοτε μὲν ἐργάτης ἐστίν, ἄλλοτε δὲ στρατιώτης· καὶ ἀμύνουσι τοὺς πολεμίους ταῖς τ' Ἀχαρναῖς καὶ ταῖς Ἀθηναῖς. ἡ δὲ γῆ ἡ ἡμετέρα καρποφόρος ἐστίν· φύει καὶ δένδρα καρποφόρα καὶ πυροὺς καὶ κρίθας· τὰ δ' ἄλλα δένδρα κατακόπτομεν, καὶ καίομεν. οὗτοί εἰσιν οἱ λόφοι οἳ περιέχουσι τὰς Ἀχαρνάς, καὶ ἐκεῖνά ἐστι τὰ δένδρα ἃ κατακόπτομέν τε καὶ καίομεν. ὁρᾷς δὲ καὶ κύκλῳ ἀγροὺς καὶ χωρία πολλά, ἐν οἷς ἡ γῆ φύει τὰ καρποφόρα δένδρα καὶ τὸν σῖτον. τὰ δὲ χωρία γεωργοῦσιν οἱ γεωργοί.

VIII Ὁ μῶρος

ἔστι τις μῶρος ἐν τῇ ἡμετέρᾳ κώμῃ, ὃν Κόβαλον ὀνομάζει τὰ παιδία· ὁ δὲ μῶρος μισεῖ τὰ παιδία. οὐκ ἔχει νοῦν ὁ μῶρος, ἡμεῖς δὲ τὰ παιδία ἔχομεν. χθὲς ἠρώτησέ τις αὐτόν· "ὦ Κόβαλε, πόσον χωρεῖ ἡ πεντακότυλος λήκυθος;" ὁ δ' ἔφη, "πότερον οἶνον λέγεις ἢ ἔλαιον;" καὶ ἐν ᾧ χρόνῳ ἐγελῶμεν, ἄλλος τις ἐρωτᾷ αὐτόν· "ὦ Κόβαλε σοφώτατε, ἆρα σιωπᾶν οἷός τ' εἶ;" οὔ φασι γὰρ οἵους τ' εἶναι σιωπᾶν τοὺς μώρους. ὁ δ' εἶπεν, "μάλιστά γε." ὁ δέ, "διὰ τί οὖν, ἔφη, οὐ σιωπᾷς;" ὁ δ' ἔφη, "καὶ δὴ σιωπῶ· τί μήν; σὺ δ', ὦ κάκιστε, λέγεις." "ἀλλὰ μήν, ἦ δ' ὅς, οἷός τ' εἰμὶ σιωπᾶν." καὶ ὁ μῶρος, "καὶ ἐγώ," φησίν. ὥστε τότε γοῦν ἔδοξεν εἶναι σοφὸς ὁ ἄνθρωπος ἀντὶ μώρου· τὸ δὲ παιδίον σιωπῶν μόλις, καὶ σοφὸς ἔδοξεν ἅμα καὶ μῶρος. ἆρ' οὐκ ἔστι θαυμάσιον τοῦτο; ἔμοιγε δοκεῖ.

VIIIα Ὁ μῶρος μάλ᾽ αὖθις

οὐκ ἄρ᾽ ἦν μῶρος ὁ μῶρος, ὅνπερ ὀνομάζομεν Κοβάλον, δοκεῖ γὰρ εἶναι οὐκ ἄνευ νοῦ. ἐπώλησε γοῦν ὄνον τῷ Θρασύλλῳ, ὁ δ᾽ ὄνος εὐθὺς ἀπέθανον, καὶ ὁ Θράσυλλος ἀπαντήσας τῷ Κοβάλῳ, μετ᾽ ὀργῆς λέγει, "ὦ μιαρέ, ἀπέθανεν ἤδη ὁ ὄνος ὃν σύ μοι ἐπώλησας." ὁ δ᾽ εἶπεν, "φεῦ φεῦ· ἐν ᾧ παρ᾽ ἐμοὶ ἦν, ὦ Θράσυλλε, οὐδὲν τοιοῦτον ἐποίησεν, οὐ μὰ τοὺς θεούς. ἀλλ᾽, ὦ τάν, παθὼν μανθάνεις, ὥσπερ ἡ παροιμία." ὁ δὲ Θράσυλλος δι᾽ ὀργῆς ὢν παίει αὐτόν, καὶ βοᾷ, "μανθάνεις ἄρα καὶ σύ, ὦ τάν, παθών." ὁ δὲ μῶρος, γελάσας, "ἀλλ᾽, ἦ δ᾽ ὅς, συγγνώμην ἔχε μοι· ἥμαρτον γὰρ πωλήσας σοι τοιοῦτον ὄνον, οἷος ἔμελλεν ἀποθανεῖν. ἀλλ᾽ οὐ γὰρ εἶχον ἀθάνατον· εὑρήσω δ᾽ ἀνύσας." εἰπὼν δὲ ταῦτα ἀπέδρα. ὁ δὲ Θράσυλλος ἔφη, "εἴθ᾽ εὕροις, ὦ θαυμάσιε," καὶ ἀπῆλθεν οἴκαδε.

VIIIβ Πόλεμος

πολλάκις ἀγγέλλει ἡμῖν ἄγγελος, ὅτι πόλεμός ἐστι ταῖς τ᾽ Ἀθήναις καὶ τῶν πολεμίων ἔστιν οἷς· ἔχομεν γὰρ πολλοὺς πανταχοῦ πολεμίους, τούς τ᾽ ἐν τοῖς Μεγάροις καὶ τοὺς ἐν τῇ Αἰγίνῃ καὶ τοὺς ἐν τῇ Βοιωτίᾳ, πλὴν τῶν ἐν ταῖς Πλαταίαις· οἱ γὰρ τῶν Πλαταιῶν πολῖται φίλοι εἰσὶ καὶ σύμμαχοι πάλαι τοῖς Ἀθηναίοις. οὐδεὶς οὖν φόβος ἐστὶν ἡμῖν ἀπὸ τῶν Πλαταιῶν· ἀλλ᾽ ἀπὸ τῆς ἄλλης Βοιωτίας καὶ ἀπὸ τῶν Μεγάρων καὶ ἀπὸ τῆς Αἰγίνης ἐστὶ φόβος αἰεί. οἱ δὲ μάλιστα πολέμιοι πάλαι εἰσίν τε καὶ ἦσαν οἱ Πέρσαι. οἰκοῦσί τοι ἐν Ἀσίᾳ οἱ Πέρσαι· καὶ δὴ καὶ ποτ᾽ ἦλθον δεῦρο καὶ ὁ Δαρεῖος καὶ ὁ Ξέρξης· οὗτοι δ᾽ ἦρχον τῶν Περσῶν. καὶ τὸν μὲν Δαρεῖον ἐνικήσαμεν· ὁ δὲ Ξέρξης πρῶτον μὲν ἐνίκησεν ἡμᾶς, ἔπειτα ἡμεῖς ἐνικήσαμεν τὸν Ξέρξην. περὶ τούτων δὲ ὕστερον λέξω σοι.

VIIIγ Μάχη

νεωστὶ ἦλθεν ἄγγελος εἰς τὴν κώμην, ὃς εἶπεν, ὅτι οἱ Βοιωτοὶ εἰσέβαλον εἰς τὴν Ἀττικήν, μετὰ πεντακοσίων ὁπλιτῶν· φέρειν ἄγειν ἔφη τὰ ζῷα, καὶ τὰ ἄλλα, ὅσα ἔνεστιν ἐν τοῖς χωρίοις καὶ ταῖς κώμαις. παρεσκευάζομεν οὖν καὶ ἡμεῖς τοὺς ὁπλίτας· ἦσαν δὲ σχεδὸν δισχίλιοι, καὶ ἐπῆλθον δρόμῳ ἐπὶ τοὺς πολεμίους. μετὰ τρεῖς ἡμέρας κατῆλθον· πολλοὶ μὲν τραυματίαι ἦσαν, πολλοὶ δ᾽ ἀπέθανον ἐν τῇ μάχῃ· ἀλλ' ἐνίκησαν τοὺς Βοιωτούς, καὶ ἀπέκτειναν τοὺς πολλούς, εἰς τετρακοσίους, τοὺς δ' ἑκατὸν ἐζώγρησαν. ἐπειδὴ δ' ἑωρῶμεν τοὺς πολεμίους, πολὺ ἐχαίρομεν· καὶ τῇ ὑστεραίᾳ ἐπωλοῦμεν τοὺς αἰχμαλώτους, ὥστε δοῦλοι ἦσαν. ταῦτα μὲν δὴ ποιοῦμεν τοὺς πολεμίους.

VIIIδ Ῥαψῳδός

φοιτῶσι παρ' ἡμᾶς ἐνίοτε καὶ ῥαψῳδοί· οἱ δὲ ῥαψῳδοί τοι ἔχουσι λέγειν πάντα τὰ τοῦ Ὁμήρου ἄνευ βιβλίων. ἄλλοι τῶν ῥαψῳδῶν οὐχ ὁρῶσιν τὸν ἥλιον, ἀλλὰ τυφλοί εἰσιν· ὀφθαλμοὺς μὲν ἔχουσιν, ὡς δοκεῖ, ἀλλ' οὐχ ὁρῶσιν. διὰ ταῦτα οὐδὲν ἔργον ἐστὶν αὐτοῖς ἄλλο ἢ τὸ ῥαψῳδεῖν. ἔχουσι δὲ καὶ σκῆπτρα, οἷς παίουσι τὴν γῆν ἐν ᾧ χρόνῳ περιπατοῦσιν· οὐ γὰρ καλόν ἐστιν ἔρρειν ἐκ τῆς ὁδοῦ· καὶ βλέπουσιν οὐδέν. εἷς τις δὴ ῥαψῳδὸς ἑσπέρας πάρεστι. παίει τὴν θύραν τῷ σκήπτρῳ, καὶ βοᾷ· "τίς ἔνδον;" ὑπακούει τις τῶν οἰκετῶν, καὶ ἀνοίγει τὴν θύραν, καὶ ἐρωτᾷ, "τίς πόθεν εἶ σύ, καὶ τί ἐθέλεις;" ὁ δὲ λέγει πρὸς ταῦτα, "ἐγὼ μέν εἰμι ῥαψῳδός, καὶ ἐθέλω μένειν παρ' ὑμῖν τήμερον· σιτίων δεῖ μοι καὶ οἴνου καὶ ὕπνου· ἀνθ' ὧν ἀκούετέ μου, ἐγὼ δὲ ῥαψῳδῶ τὰ Ὁμηρικά, ὅσα ἐθέλετε." πρὸς ταῦτα λέγει ὁ οἰκέτης, "κάθιζε δή, ὦ ξένε, καὶ ἔσθιε καὶ πῖνε ὅσα ἐθέλεις· ἔχομεν γὰρ ἅλις. καὶ μετὰ τὸ δεῖπνον ῥαψῳδεῖ μὲν σύ, ἡμεῖς δὲ ἀκούομεν ἄσμενοι."

VIIIε Πλοῦτος καὶ πενία

ἆρα φανερόν ἐστί σοι, ὅ τι μέν ἐστιν ὁ πλοῦτος, ὅ τι δ' ἡ πενία; ἀκούοις ἄν. ὅταν τις ἔχῃ ὅσα ἂν ἐθέλῃ, πλοῦτον ἔχει· ὅταν δὲ μὴ ἔχῃ ἅλις, πενία. πλούτου μὲν παρόντος τρυφῶσιν οἱ ἄνθρωποι, πενίας δὲ παρούσης ἰσχυροί εἰσιν. ἡ δὲ πενία τὰς τέχνας διδάσκει, κατὰ τὴν παροιμίαν· ἀντὶ γὰρ τοῦ τρυφᾶν καὶ ἀντὶ τοῦ ἡσυχάζειν, δεῖ τοὺς μὲν γεωργοὺς γεωργεῖν, τὰς δ' ἐν τῇ οἰκίᾳ τελεῖν τὰ ἔργα. οἱ μὲν οὖν ἀροῦσι τῷ ἀρότρῳ, καὶ σπείρουσι, καὶ ἀμῶσιν· αἱ δὲ λίνον ποιοῦσι κλώθουσαι ἔρια, καὶ ὑφαίνουσι, καὶ ῥάπτουσιν. ἡμεῖς δὲ τὰ παιδία μετέχομεν τούτων τῶν ἔργων, καὶ μοῖραν ἔχομεν· μανθάνομεν δὲ καὶ παίζομεν. πρὸς δὲ τούτοις ἀναβαίνομεν ἐφ' ἵππους καὶ ἱππεύομεν, καὶ διατρέχομεν. ἑσπέρας δὲ καθίζομεν παρ' ἑστίᾳ, καὶ ἡ τροφός, ἥτις παλαιά ἐστι τὴν ἡλικίαν, λέγει μύθους παλαιοτέρους ἑαυτῆς· ἡμεῖς δ' ἀκούομεν ἄσμενοι.

VIIIζ Ψιττακός

φεῦ τῆς εὐτυχίας· ἔχω γὰρ δῶρον κάλλιστον. ἆρ' ἐρωτᾷς ὅ τι ἐστὶ τὸ δῶρον; ἄκουε δή, ἵνα συγχαίρῃς ἐμοί. ξένος μὲν γάρ τις ἦλθε, τρίτῃ ἡμέρᾳ αὐτῇ, φέρων ἐν οἰκίσκῳ θαυμάσιον ὀρνίθιον, θαυμασιώτατον μὲν οὖν. ἔστι γὰρ μέγα τὸ ὀρνίθιον, καὶ τὰ μὲν πράσινον, τὰ δὲ ξανθόν· ἔχει ῥύγχιον μέγα καὶ καμπύλον· ἔχει δὲ καὶ μεγάλην τὴν φωνὴν καὶ ἀνθρωπίνην. οὐ πιστεύεις; τὰ ὄντα λέγω· ἀνθρωπίνη τῷ ὄντι ἡ φωνή, νὴ τοὺς θεούς. ἔφασκε δ' ὁ ξένος ψιττακὸν εἶναι τὸ ὀρνίθιον. φεῦ τῆς εὐφωνίας· λαλεῖ τὸ θηρίον ὡς ἄνθρωπος· τὰ ὄντα λέγω. ἄκουε, ἵνα πιστεύῃς. ἐπειδὴ γὰρ τάχιστα ἦλθεν ὁ ξένος, βοᾷ ὁ ψιττακός· "χαίρετε." ἡμᾶς δ' εὐθὺς φόβος κατέλαβεν· ὁ δ' εἶπεν, "οὐδεὶς φόβος, ὦ ἄνθρωποι· χαίρειν κελεύει ὑμᾶς ὁ ψιττακός, φιλὸς ὢν θεοῖς· οἱ γὰρ θεοὶ ἐποίησαν αὐτὸν λαλεῖν φωνῇ ἀνθρωπίνη." καὶ ὁ Θράσυλλος θαυμάζων εἶπε, "τί δὴ τοῦτ' ἐστίν, ὦ τάν; οὐ γὰρ ἠκούσαμεν ἡμεῖς οὐδέποτε ὀρνιθίου λαλοῦντος φωνῇ ἀνθρωπίνῃ. τί ἄλλο λέγει;" ὁ δὲ ξένος, "πολλά, ἦ δ' ὅς· πεινῶν γὰρ κελεύει σιτία φέρειν, διψῶν δὲ ποτὸν φέρειν κελεύει· μὴ φερόντων δ' ἡμῶν, λοιδορία ἐστὶ πολλή." ὁ δὲ Θράσυλλος ἐπῄνεσέ τε τὸν ψιττακὸν τῆς εὐφωνίας, καὶ εἶπεν· "ὦ ξένε, ἆρα πωλεῖς μοι τὸ ὀρνίθιον;" ὁ δέ, "καὶ μάλα, ἔφη, δέκα δραχμῶν." λαβὼν οὖν τὰς δέκα δραχμὰς ἀπῆλθε μὲν ἄσμενος, ἡμῖν δὲ κατέλιπε τὸν ψιττακόν, πολλὰ λαλοῦντα, οἷα τάδε· "ὦ κατάρατε, ποῖ φεύγεις; κάρυον, κάρυον, κάρυον· πεινῶ, πεινῶ· διψῶ, διψῶ· φερέτω τις κάρυον, φερέτω τις οἶνον. φεῦ τοῦ καταράτου ἀνθρώπου, φεῦ τοῦ πονήρου· ἄπαγε, ἄπαγε." ἡμεῖς δ' ἐθαυμάζομεν ἀκούοντες. ἐγὼ δ' εὐθὺς ἐποίησα τὸν ψιττακόν.[1]

IX Ἄγροικοι

πολλοὶ ἐργάται εἰσὶν ἐν τῷ χωρίῳ ἡμῶν, μισθὸν δὲ δίδωσιν αὐτοῖς ὁ δεσπότης. ἄλλος μὲν ἀρότης ἐστὶ καὶ ἀροῖ τὴν γῆν τῷ

---

1 ὅρα τὸ μέλος ὑπὸ τῷ κεφαλαίῳ "ψιττακός" ἐν τοῖς παρέργοις.

ἀρότρῳ· ἄλλος δὲ μακέλην ἔχων σκάπτει, ἢ δίκελλαν ἔχων στρέφει
τὸν χόρτον· ἄλλος δ' ἀξίνῃ κατατέμνει τὰ δένδρα, ἢ συλλέγει
φρυγανισμόν· ἄλλοι δὲ φυλάττουσι τὰ πρόβατα καὶ τὰ ἄλλα ζῷα.
τοῖς μὲν προβάτοις οὐ δίδομεν τροφήν· αὐτὰ γὰρ αὑτοῖς εὑρίσκει
ῥᾳδίως τὴν τροφὴν κατὰ τὸν νομόν· δίδομεν δὲ τοῖς ἵπποις καὶ
τοῖς ὄνοις καὶ τοῖς ἡμιόνοις καὶ τοῖς χοίροις. τοῖς μὲν δὴ ἵπποις
διδόασι κριθὰς καὶ χόρτον, τοῖς δὲ χοίροις διδόασι τὰ λείψανα τῆς
ἀνθρωπίνης τροφῆς. ταῦτα δὲ τὰ λείψανα τιθέασιν ἐν πυέλοις, οἱ δὲ
χοῖροι, κοΐζοντες καὶ γρυλλίζοντες καὶ λέγοντες γρῦ γρῦ, καθιᾶσι
τὰ ῥυγχία εἰς τὰς πυέλους, καὶ τρώγουσιν ὅ τι ἂν ἐμβάλωμεν.
ἡμεῖς δ' οὐχ οὕτως ἐσθίομεν, ἀλλὰ κατὰ κόσμον· εἰ δὲ μή, πληγὰς
λαμβάνομεν. οὐδὲ λέγομεν γρῦ γρῦ.

IXα Γεωργός

πότερον ἀγνοεῖς τί ἐστιν ἄροτρον καὶ τὰ λοιπά; νομίζω ἔγωγε·
ὥστε λέγω δή. τὸ μὲν ἄροτρόν ἐστιν ὄργανον τοῦ γεωργοῦ, ᾧ
ἀροῖ τὴν γῆν· ἀρῶν δὲ τὴν γῆν τί ποιεῖ; καθίησι μὲν τὸ κάτω τοῦ
ἀρότρου, ὃ σιδηροῦν ἐστιν, εἰς τὴν γῆν· ἕλκει δὲ τὸ ἄροτρον ζῷόν
τι, καὶ ὁ ἀρότης ἔχων τὴν ἐχέτλην ἐλαύνει τὸ ζῷον. οὕτως ἐλαύνει
ὄγμον ἐν τῇ γῇ. μετὰ τοῦτο ἄλλος ἐλθὼν σπείρει τὸν σῖτον· τὸν
δὲ σῖτον, ὅταν ᾖ ἐν ἀκμῇ, θερίζει θεριστής. τὸ δ' ὄργανον τοῦ
θεριστοῦ δρέπανόν ἐστιν· ὅπερ ἐστί τοι μάχαιρά τις καμπύλη, ᾗ
τέμνει τὸν σῖτον. τελευτῶντες δέ, ἐπειδὰν τάμωσι, δέουσι δεσμοῖς
τοὺς καλάμους τοῦ σίτου, καὶ ἀποτιθέασιν ἐν ἀποθήκαις. μακέλη
δ' ἄλλο ὄργανόν ἐστιν, ᾧ ὀρύττουσι σκάπτοντες, ὥστε φυτεύειν
δένδρα καὶ ἄλλα τοιαῦτα ἐν τοῖς κήποις. ὅταν δὲ κατατέμνωσι τὰ
δένδρα, ἀξίνην ἔχουσιν ὄργανον τοῦ κατατέμνειν. ταῖς δ' ἀξίναις καὶ
φρυγανισμὸν κατατέμνουσιν, ὅς ἐστι ξύλα πρὸς τὸ καίειν.

IXβ Πίθηκος

εἴδομεν τήμερον θαυμάσιόν τι, θαυμασιώτατον μὲν οὖν, οἷον
οὐδεὶς πρότερον εἶδεν, ὡς νομίζω, οὐδεπώποτε. ἦλθε γὰρ ξένος τις
Αἰγύπτιος, ὃς εἶχε ζῷον ὅμοιον μὲν ἀνθρώπῳ, μικρὸν δέ· φεῦ· ὡς
ἐγελῶμεν ἰδόντες τὸ ζῷον. καὶ τοῦτο τὸ ζῷον ἔφασκεν εἶναι ὁ ξένος
πίθηκον. οὗτος τοίνυν ὁ πίθηκος μικρότερος ἦν παιδίου καὶ πάνυ

μικροῦ· εἶχε δὲ χλαῖναν μικράν, καὶ δὴ καὶ βλαύτας, καὶ πέτασον ἐπὶ τῆς κεφαλῆς. κόμας δ' εἶχεν ὁ πίθηκος κατὰ τὸ πρόσωπον ὅλον, καὶ ἔβλεπε δόλιον· ἔφασκε δ' ὁ ἄγων πολυμήχανόν τ' εἶναι, καὶ κλέπτην. ἵστησι δ' ὁ ἄγων τὸν πίθηκον ἐγγύς μου· ἐγὼ δὲ δίδωμι αὐτῷ κάρυον· ἰδού, τίθησι τὸ κάρυον ὁ πίθηκος μεταξὺ τῶν ὀδόντων, καὶ πιέζει τὸ κάρυον τοῖς ὀδοῦσιν, καὶ συνθραύει· τὸ μὲν ἔξω τοῦ καρύου ἀποβάλλει, τὸν δὲ κόκκον κατεσθίει ὥσπερ καὶ ἄνθρωπος. ἐπεὶ δ' ἔφαγε τάχιστα τὸν κόκκον, τίθημι παρ' αὐτῷ ποτήριον οἴνου· ὁ δὲ πίθηκος εὐθὺς λαβὼν τὸ ποτήριον πίνει τὸν οἶνον, καὶ τὸ ποτήριον καταβάλλει χαμαί. μετὰ ταῦτα τίθησι τὸν πέτασον χαμαὶ ὕπτιον, ὥστε τὸ κοῖλον τοῦ πετάσου ἄνω εἶναι· ἵνα δὴ εἰσβάλωμεν καὶ ἄλλα κάρυα. ἡμεῖς δὲ μόνον οὐκ ἐξεθάνομεν γελῶντες.

ἔπειτα μετὰ ταῦτα ἐρωτῶ τὸν ἄγοντα· "ποῖόν τι, ὦ ξένε, λέγεις τοῦτο τὸ ζῷον; θαυμασίως γὰρ ὡς ὅμοιόν ἐστιν ἀνθρώπῳ." ὁ δὲ ξένος, "καὶ μήν, φησίν, μιμηλότατόν γ' ἐστὶ τὸ ζῷον· καὶ ὅ τι ἂν ἐκδιδάξῃς, τοῦτο καὶ ποιεῖ ἀκριβῶς. χορεύει γοῦν, ἐὰν μάθῃ, καὶ αὐλεῖ, ἐὰν ἐκδιδάξῃς. ἐγὼ δὲ καὶ πίθηκον εἶδον ἡνίας κατέχοντα καὶ ἄμαξαν μικρὰν ἐλαύνοντα. ἔστιν ὅτε καὶ μὴ διδακτὸς ταὐτὰ ποιεῖ ἅπερ οἱ ἄνθρωποι. ἦν γάρ τις τροφὸς ἐν Αἰγύπτῳ ἥτις ἔλουε παιδίον ἐν σκάφῃ. ἡ δὲ πρῶτον μὲν κατατίθησι τὴν σκάφην χαμαί· ἔπειτα δὲ λύει τὰ σπάργανα τοῦ παιδίου, εἶτα λούσασα τὸ παιδίον τίθησιν αὐτὸ ἐν τόπῳ τινὶ ἡσύχῳ, καὶ ἀποχωρεῖ. ὁ δὲ πίθηκος ἰδὼν ταῦτα, ἀποχωρησάσης τῆς τροφοῦ, εἰσθρῴσκει εἰς τὴν οἰκίαν διά τινος θύρας· ὡς δ' εἶδεν ἐρημίαν οὖσαν ἐν τῇ οἰκίᾳ, αἴρει τὸ παιδίον ἐκ τῆς εὐνῆς, καὶ λύει τὰ σπάργανα ὥσπερ καὶ εἶδε τὴν τροφὸν λύουσαν· ἰδὼν δὲ σκάφην τινα ἣ ἔτυχε ζέουσα, κατατίθησι τὸ παιδίον εἰς τὴν σκάφην τὴν ζέουσαν, καὶ μέντοι καὶ ἀπέκτεινεν αὐτὸ κάκιστα."

πρὸς ταῦτ' ἐγώ, "φέρ' ἴδωμεν, φημί, ἔχομεν γὰρ καὶ ἡμεῖς παιδίον ἔνδον." ἡ δὲ τροφὸς εὐθὺς βοᾷ, "εὐφήμει, ὦ Θρασύμαχε, μὴ πλήγας λάβῃς." καὶ ἐγὼ μὲν ἐσιώπων· ὁ δὲ ξένος ἔλεγεν, "ἐὰν σύ, ὦ κάκιστε, οὕτως λέγεις περὶ τοῦ ἀδελφοῦ, ἴσως ἂν μεταλλάττοιεν τὴν μορφήν σοι οἱ θεοί, ὥστε πίθηκον σ' εἶναι αὐτόν." καὶ ἐγὼ ἐβόων, "φεῦ· μὴ γένοιτο τοῦτό γε· σκώπτων γὰρ ταῦτ' εἶπον." ὁ δ' ἔλεγε, "καὶ δὴ καὶ σκώπτοντες ἂν ποιοῖεν τοῦτο οἱ θεοί." μετὰ ταῦτα φόβος μ' εἶχε πολύς, μὴ οἱ θεοὶ ἀκούσαντες μεταλλάττοιέν μ' ὥστε πίθηκον εἶναι.

IXγ Θάλαττα

ὅταν ᾖ γαλήνη, γελᾷ ἡ θάλαττα ὥσπερ προσκαλοῦσα ἡμᾶς·
ἡμεῖς δὲ ἔστιν ὅτε καθέρπομεν πρὸς τὸν αἰγιαλόν, καὶ δὴ καὶ
πλέομεν ἐν πλοίῳ. ἡμέρα ἕκτη αὕτη, καὶ κατήλθομεν πρὸς τὸν
αἰγιαλόν· εὕρομεν δ' ἄνθρωπόν τινα καθίζοντα ἐπὶ πέτρου, ὃς
μάλα σκυθρωπὸς ἐδόκει εἶναι. καὶ ἐγώ, "χαῖρε, ἔφην, ὦ τάν· διὰ τί
σκυθρωπὸς ὢν προσβλέπεις οὕτω τὴν θάλατταν; ἆρ' οὐ γαλήνη;"
ὁ δ' ἔφη, "γαλήνη δή· ἀλλὰ διὰ τί; ὅτι σύκων ἐπιθυμεῖ ἡ θάλαττα."
πρὸς ταῦτ' ἐγώ, "ποίων σύκων, ὦ θαυμάσιε; τίς γὰρ δή ποτ' ἤκουσε
τὴν θάλατταν σύκων ἐπιθυμοῦσαν;" καὶ ὅς, "λέξω σοι, ἔφη, ἐὰν
ἐθέλῃς ἀκούειν. ἐγὼ γὰρ πρὶν μὲν ἦν βουκόλος, καὶ εἶχον βοϊδίων
ἀγέλην· ἀλλ' οὐκ ἤρεσέ μοι τὸ βουκολεῖν· ἤθελον γὰρ πλουτεῖν
ταχέως. ἐπώλησα οὖν τὰ βοΐδια καὶ ἠγόρασα σῦκα· πωλήσας δὲ τὰ
βοΐδια, καὶ ἀγοράσας τὰ σῦκα, ἐπὶ πλοῖον ἐπιβαίνω ἔχων τὰ σῦκα,
καὶ πλέω ἐπὶ Βυζαντίου, ἔμπορος δὴ ὤν. ἀλλ' ἄνεμος μέγας ἔπνει,
καὶ κατέδυσε τὸ πλοῖον, καὶ ἐναυάγησα· τὰ δὲ σῦκα φροῦδα ἦν
ἤδη. λαβούσης δ' τῆς θαλάττης τὰ σῦκα, πάλιν ἦν γαλήνη. ὥστε
δοκεῖ μοι ἡ θάλαττα σύκων ἐπιθυμεῖν, ὅταν ᾖ γαλήνη." πρὸς ταῦτ'
ἐγώ, "σοφὸς μέν, ἔφην, ὁ Πίττακος καὶ οἱ ἄλλοι τῶν ἑπτά· σὺ δ', ὦ
μακάριε, σοφώτερος εἶ αὐτῶν." ὁ δ' εἶπεν, "εἶεν δὴ σοφοὶ ἔμουγ'
ἕνεκα· εἰ γὰρ ἔχοιμι πάλιν τὰ σῦκα. χαλεπὸν ἄρα ἡ σοφία μετὰ
πενίας· οἱ δὲ ἑπτὰ οὐ κατ' ἐμὲ σοφοὶ ἦσάν που· καὶ γὰρ εἶχον σῦκα,
ὅσα ἐθέλοιεν." καὶ μετὰ ταῦτα ἐσίγα, καὶ οὐκέτ' ἤθελε λέγειν οὐδέν.

X Δεκάτη

δημοκρατία νῦν ἐστι τοῖς Ἀθηναίοις· ἄρχει γὰρ ὁ δῆμος ὁ
Ἀθηναῖος αὐτὸς ἑαυτοῦ, καὶ ἔχει νόμους. ἀλλὰ πρὶν οὐκ ἦν
δημοκρατία, καὶ νόμοι οὐκ ἦσαν δήμικοί, ἀλλ' οὓς ἐθέλοι τιθέναι
ὁ τύραννος· ἦρχε γάρ τις τῶν Ἀθηνῶν τύραννος, ὃς ὠνομάζετο
Πεισίστρατος· οὗτος δ' ὁ τύραννος ἦρχεν ὡς καὶ ἤθελεν ἄρχειν τῶν
πολιτῶν. ἐξέπραττε δὲ τὴν λεγομένην δεκάτην. αὕτη δ' ἦν μέρος
δέκατον τῶν καρπῶν τῆς γῆς. τοὺς γεωργοὺς οὖν ἔδει τὴν δεκάτην
τῶν γιγνομένων ἀποδιδόναι τῷ τυράννῳ. ταύτην δ' ἐξέπραττεν
ὁ Πεισίστρατος δυοῖν ἕνεκα· πρῶτον μέν, ἵνα μὴ ἐν ταῖς Ἀθήναις

διατρίβοιεν, ἀλλὰ πανταχοῦ κατὰ χώραν· ἔπειτα, ἵνα εὐπορῶσι μετρίως, καὶ μὴ ἔχοιεν σχολήν, ὥστε πράγματα παρέχειν ἑαυτῷ καὶ ὄχλον. ὁ δὲ τύραννος πολλάκις ἐπορεύετο κατὰ τὰ χωρία, ἐπισκοπῶν τίς μὲν εὖ ἐργάζεται, τίς δὲ κακῶς, καὶ πότερον δικαίως ἀποδιδόασι τὴν δεκάτην.

ἦν δέ τις γεωργῶν ποτε, ὡς ἀκοῇ ἤκουσα, ἐν τῷ Ὑμηττῷ· ἔστι δ᾽ ὁ Ὑμηττὸς λόφος τῆς Ἀττικῆς, πλήρης μὲν πετρῶν, ἔχων δ᾽ οὐ καλὴν γῆν. ὁ δὲ γεωργὸς ἠργάζετο ὅμως, καθ᾽ ὅσον οἷός τ᾽ ἦν. καὶ ἐλθὼν ὁ Πεισίστρατος ἑώρα τὸν ἄνθρωπον σκάπτοντα τὰς πέτρας καὶ ἐργαζόμενον· θαυμάσας δὲ ἠρώτα, τί γίγνεται ἐκ τοῦ χωρίου; ὁ δὲ γεωργός, "οὐδὲν ἄλλο, φησίν, ἢ κακὰ καὶ ὀδύναι· καὶ τούτων τῶν κακῶν καὶ ὀδυνῶν δεῖ τὸν Πεισίστρατον λαβεῖν τὴν δεκάτην." ὁ μὲν οὖν ἄνθρωπος ἔλεγε ταῦτ᾽, ἀγνοῶν ὅτι πάρεστιν ὁ Πεισίστρατος· ὁ δὲ Πεισίστρατος ἀκούων ἐγέλασε, καὶ ἐπῄνει τὴν φιλεργίαν αὐτοῦ· καὶ δὴ καὶ ἐποίησεν ἀτελὲς τὸ χωρίον καὶ ἐλεύθερον τῆς δεκάτης.

XI Νόμισμα

τὸ νόμισμα τὸ Ἀττικὸν τοιόνδ᾽ ἐστίν. χρώμεθα ἀργυροῖς νομίσμασι, οὐ χρυσοῖς οὐδὲ χαλκοῖς. τὸ μὲν τάλαντον οὔκ ἐστι νόμισμα, ἀλλὰ βάρος τι ἀργυρίου ἔχον ἑξήκοντα μνᾶς· ἡ δὲ μνᾶ καὶ αὐτὴ βάρος, ἔχει δὲ δραχμὰς ἑκατόν· ἡ δὲ δραχμὴ ἤδη νόμισμα, καὶ δὴ καὶ χρώμεθα διδράχμοις καὶ τετραδράχμοις καὶ δεκαδράχμοις· ἔχει δὲ τὸ δίδραχμον δύο δραχμάς, καὶ τἆλλα κατὰ λόγον. ἡ δὲ δραχμὴ ὀβολοὺς ἔχει ἕξ· πρὸς δὲ χρώμεθα διωβόλῳ καὶ τριωβόλῳ. ἔστι δὲ καὶ τριτημόριον, μέρος ὂν τρίτον τοῦ ὀβολοῦ, καὶ τεταρτημόριον. ἡ οὖν δραχμὴ τῆς μὲν μνᾶς ἑκατοστόν ἐστι μέρος, ἡ δὲ μνᾶ τοῦ ταλάντου μέρος ἑξηκοστόν, τοῦ δὲ ταλάντου ἡ δραχμὴ ἑξακισχιλιοστὸν ἤδη μέρος.

καὶ μὴν χαρακτὴρ ἔπεστιν ἐπὶ τῆς δραχμῆς, ἑτέρωθεν μὲν κεφαλὴ Ἀθήνης, ἑτέρωθεν δὲ γλαύξ, ἱερὰ οὖσα Ἀθήνῃ. καὶ ἐπὶ τῶν κερμάτων (κέρματα δ᾽ ἐστὶ τὰ μικρά) φύλλον ἐλαίας.

ταῦτ᾽ ἐστὶ τὰ νομίσματα τὰ Ἀθηναῖα. καὶ ἡ μὲν Ἀθηναία δραχμὴ γλαὺξ ὀνομάζεται, ἡ δ᾽ Αἰγιναία χελώνη, ἡ δ᾽ αὖ Κορινθία ἵππος, ἑκάστη κατὰ τὸν χαρακτῆρα τὸν ἐπόντα.

XII Ἀκρόπολις

φαίνεται καὶ ἐνθένδε ἡ πόλις ἡ τῶν Ἀθηναίων· λέγω δὲ τὴν ἀκρόπολιν· ἡ γὰρ ἀκρόπολις πέτρα ἐστὶν ἐν μέσῃ τῇ πόλει, καὶ ἐπὶ τῆς ἀκροπόλεως ναοί εἰσι πολλοί, τῆς τ' Ἀθήνης καὶ τῶν ἄλλων θεῶν. ἦν μὲν τὸ πάλαι δῶμα βασιλικὸν ἐπὶ τῆς ἀκροπόλεως· νῦν δὲ δημοκρατίας οὔσης ἐπαύσατο μὲν βασιλικὸν ὂν τὸ δῶμα, οὐκέτι μὲν οὖν ἔστι δῶμα· ἀλλὰ ναοὶ ἔνεισιν ἀντὶ τούτου. ἔστι μὲν ναὸς τῆς Ἀθήνης μέγιστος καὶ κάλλιστος, ἔστι δὲ τῆς Νίκης, εἰσὶ δὲ καὶ ἄλλων θεῶν, ὧν τὰ ὀνόματα διηγήσομαι ὕστερον, ὅταν μάθῃς κάλλιον τὴν ἡμετέραν γλῶτταν. οὐ γὰρ ῥάδιον διηγεῖσθαι τῷ μὴ ἔχοντι ἐπιστήμην. περιέχει δὲ τὴν ἀκρόπολιν τείχη, ἅπερ μετὰ σπουδῆς ᾠκοδόμησαν εὐθὺς μετὰ τὰ Μηδικά· ἴδοις δ' ἂν ἐν μέσοις τοῖς τείχεσιν καὶ ἐρείπια ἀρχαίων ναῶν καὶ στήλας τῶν ἀποθανόντων. ὕψος δ' ἔχει τὰ τείχη πήχεις μάλιστα τριάκοντα.

XIII Τὰ τείχη

ᾠκοδομήθη δὲ τὰ τείχη ὧδε. ὁ μὲν Ξέρξης ἀπῆλθεν μετὰ τῶν Μήδων, αἱ δ' Ἀθῆναι κατεκάησαν καὶ ἡ ἀκρόπολις· συνεβούλευε δ' ὁ Θεμιστοκλῆς τοῖς Ἀθηναίοις οἰκοδομεῖν ὡς τάχιστα τὰ τείχη, τά τε τῶν Ἀθηνῶν καὶ τὰ τῆς ἀκροπόλεως. ἀλλὰ ἐφθόνουν τοῖς Ἀθηναίοις οἱ Λακεδαιμόνιοι, καὶ ἐφοβοῦντο μὴ αὐξάνωνται λίαν αἱ Ἀθῆναι· ὥστε ἐκέλευον μὴ οἰκοδομεῖν. ὁ Θεμιστοκλῆς οὖν ἦλθε πρέσβυς εἰς Σπάρτην, τρίτος αὐτός, μετὰ ἄλλων πρέσβεων δυοῖν, κελεύσας τοὺς Ἀθηναίους ὡς τάχιστα οἰκοδομεῖν. καὶ ἐν ᾧ διέτριβε χρόνον ἐν Σπάρτῃ, ἤγγειλέ τις τοῖς Λακεδαιμονίοις οἰκοδομεῖν ἔτι τοὺς ἐν ταῖς Ἀθήναις. πρὸς ταῦθ' ὁ Θεμιστοκλῆς οὐκ ἔφη οἰκοδομεῖν· ἐκέλευε δ', εἰ μὴ πιστεύοιεν, πέμπειν πρέσβεις καὶ αὐτούς. ἔπεμψαν οὖν οἱ Λακεδαιμόνιοι πρέσβεις Ἀθήναζε· καὶ ὡς τάχιστα ἀφίκοντο, φανερῶς ἤδη ἔλεγεν ὁ Θεμιστοκλῆς ἀληθῆ εἶναι τὰ λεγόμενα, καὶ οἰκοδομηθῆναι ἤδη τὰ τείχη. οἱ δὲ Λακεδαιμόνιοι, φοβούμενοι μὴ οἱ ἑαυτῶν πρέσβεις πάθωσί τι, ἀνάγκῃ ἀφίεσαν τοὺς Ἀθηναίους πρέσβεις. διὰ ταῦτα ἐχρῶντο οἱ Ἀθηναῖοι καὶ στήλαις καὶ ἐρειπίοις, κατὰ σπουδὴν οἰκοδομοῦντες.

XIIIα Ὁ μῶρος

ἴσθι σοφὸν δὴ ὄντα τὸν μῶρον τὸν παρ' ἡμῖν· ἄκουε γάρ. ἐπύρεττε μὲν ὁ μῶρος· καὶ κατακλιθεὶς ἐπὶ κλίνης μεγάλῃ τῇ φωνῇ ἐβόα. μετεπέμψατο δ' ἰατρόν, ἵνα σωθείη· ὁ δ' ἰατρὸς ἐλθών, καὶ ψαυσάμενος αὐτοῦ, "οἴμοι, ἔφη, κακῶς πυρέττεις." ὁ δὲ μῶρος τοῦτ' ἀκούσας ὠργίσθη, καὶ εἶπεν· "εὐφήμει, ὦ ἄνθρωπε· οὐ γάρ σε μετεπεμψάμην ἵνα λοιδορηθείης μοι. εἰ δὲ σὺ ἄμεινον πυρέττειν οἷός τ' εἶ, ἰδοὺ κλίνη· κατακλιθεὶς πύρεττε." μετὰ ταῦτα λέγει τις τῶν παρόντων, "τί δεῖ ἰατρῶν; σεμνοὶ φαίνονται, πολλὰ λέγουσι, μισθὸν αἰτοῦσιν· ἄμεινον πλεῖν ἐπὶ τὸ Ἀσκληπίειον τὸ ἐν Ἐπιδαύρῳ." περὶ δὲ τοῦ Ἀσκληπιείου ὕστερον διηγήσομαι.

XIV Πλοῖα

πρέπει νῦν δή, πρὶν πόρρω ἰέναι τοῦ λόγου, διεξιέναι τά τε γένη τῶν πλοίων, ὁποῖά ἐστι, καὶ δὴ καὶ τὰ μέρη αὐτῶν καὶ τὰ σκεύη. δύο μέν ἐστι γένει νεῶν, αἵ τε μακραὶ νῆες καὶ αἱ στρογγύλαι· μακραὶ δ' εἰσὶν αἱ πολεμικαί, στρογγύλαι δ' αἱ φορτικαί. τῶν δὲ πολεμικῶν νεῶν αἱ μέγισταί τε καὶ ἰσχυρόταται τριήρεις, αἵτινες ἔχουσι καὶ ἱστοὺς καὶ ἱστία καὶ τρεῖς στίχους κωπῶν. ὀνομάζονται δὲ καὶ ἑκατόντοροι αἱ ἑκατὸν ἔχουσαι κώπας, καὶ πεντηκόντοροι καὶ τριακόντοροι καὶ εἰκόσοροι, κατὰ τὸν ἀριθμὸν τῶν κωπῶν. ἀκολουθοῦσι δὲ ταῖς τριήρεσιν ἐν πολέμῳ ἄλλαι νῆες ὁπλιταγωγοί, αἵτινες ἄγουσι τοὺς ὁπλίτας, καὶ σιταγωγοί, καὶ ἱππαγωγοί.

αἱ δὲ στρογγύλαι νῆες φορτηγοί εἰσιν, αἵτινες ἄγουσιν οἶνον καὶ σῖτον καὶ δέρματα καὶ ἄλλα πρὸς ἐμπορίαν.

μικρὰ δ' ἐστὶν τὰ ἀκάτια.

XIVα Μέρη νεώς

ἔστι δὲ τὰ μέρη τῆς νεὼς τοιάδε.

τὸ μὲν σκάφος ἐστὶν ἡ ναῦς ὅλη πλὴν ἱστοῦ καὶ ἱστίου καὶ ὅπλων, τὸ δ' κάτωθεν ὀνομάζουσιν ἔδαφος ἢ κοίλην ναῦν. ἀντλία δ' ἐστὶν ἐν τῇ κοίλῃ νηί. πρῷρα δὲ τὸ ἔμπροσθεν μέρος καλεῖται, πρύμνα δὲ τὸ ὄπισθεν, ἐνίαις δ' ἐστὶ κατάστρωμα μεταξὺ τούτων.

ἱστὸς δὲ ὑπάρχει ταῖς μὲν τῶν νεῶν εἷς, ταῖς δὲ δύο. καλοῦνται δὲ ὁ μὲν μέγας ἱστὸς ἀκάτειος, ὁ δ᾽ ὄπισθεν ἐπίδρομος. ὁ δ᾽ ἱστὸς ἔχει καὶ ξύλον τι ἐγκάρσιον, τὴν κεραίαν καλουμένην, ἐξ ἧς ἅπτεται τὸ ἱστίον. καὶ κατέχουσι τὸν ἱστὸν μὴ καταπεσεῖν οἱ πρότονοι, ὁ μὲν ἐκ τοῦ δεξιοῦ τοίχου ὁ δ᾽ ἐκ τοῦ ἀριστεροῦ· δεῖται δ᾽ ἡ ναῦς ἐκ τῆς γῆς κάλως ἢ πείσμασιν ἢ πρυμνησίοις· τροχὸς δὲ μηχανή ἐστι ᾗπερ καθέλκουσι καὶ ἀνέλκουσι τοὺς κάλως. ἄγκυραι δ᾽ εἰσὶν ἄλλαι τε καὶ ἡ καλουμένη ἱερά, ᾗ χωρὶς ἀνάγκης οὐ χρῶνται. οἱ δὲ ναῦται ἐκβαίνουσι τῇ ἀποβάθρᾳ.

XIVβ Πλήρωμα

οἱ δ᾽ ἐμπλέοντες ναῦταί εἰσιν ἅπαντες· ὧν ὁ μὲν ἄρχων ναύκληρος ἢ ναύαρχος ἢ τριήραρχος, ὁ δὲ κυβερνῶν κυβερνήτης, οἱ δ᾽ ἐρέττοντες ἐρέται.

ὁ μὲν κυβερνήτης κυβερνᾷ τὴν ναῦν ἔχων τὰ πηδάλια, οἱ δ᾽ ἐρέττοντες ἐρέττουσιν ἔχοντες κώπας. ἤρεττον δὲ τὴν τριήρη κάτωθεν μὲν οἱ θαλάμιοι ἐν τῇ κοίλῃ νηΐ, ᾗπερ καὶ θάλαμος ἐκαλεῖτο, οἱ δὲ ζυγῖται ἐν τῷ μέσῳ, ὅπερ καὶ ζυγὸν ἐκαλεῖτο, οἱ δὲ θρανῖται ἐπὶ τῷ καταστρώματι, ὅπερ καὶ θρᾶνος ἐκαλεῖτο. οἱ δ᾽ ἐπιβάται μάχονται. καὶ οἱ σύμπαντες πληροῦσι τὴν ναῦν, καὶ λέγονται πλήρωμα.

XIVγ Κόχλος

ἤκουσας δήπου λέγοντος ἐμοῦ τὰ περὶ τοῦ μώρου, ὃν Κόβαλον ὀνομάζουσιν· ἀλλ᾽ οὐκ ἄρα μῶρος ἦν οὗτος· τεκμήριον γὰρ ἐκεῖνο, ὃ ἐποίησε, τρίτη ἡμέρα αὕτη. ἐθεώμεθα μὲν ἡμεῖς οἱ παῖδες τοὺς κόχλους τοὺς ἕρποντας ἔνθα καὶ ἔνθα· καὶ ἐθαυμάζομεν, οἵους εἶχον τοὺς στρόμβους· ὁ δὲ στρόμβος τοι οἶκός ἐστιν ἐν ᾧ οἰκεῖ μὲν ὁ κόχλος, φέρει δὲ τὸν οἶκον ἐφ᾽ ἑαυτῷ αἰεί· ὥστε παίζοντες ὀνομάζομεν φερεοίκους τοὺς κόχλους. εὑρὼν οὖν ὁ Κόβαλος στρόμβον τινὰ κενόν, ἐρωτᾷ, "τίς οἷός τ᾽ ἐστὶ λίνον διαίρειν διὰ τοῦ κόχλου;" ἀλλ᾽ οὐδεὶς ἡμῶν ἐδύνατο ποιεῖν τοῦτο. ὁ δ᾽ οὖν λαβὼν μύρμηκα, καὶ ἐξάψας τοῦ μύρμηκος τὸ λίνον, εἶτα τρήσας τὸ ἄκρον τοῦ κόχλου, εἴασε τὸν μύρμηκα εἰσελθεῖν· εἰσελθὼν δ᾽ ὁ μύρμηξ ἕλκει τὸ λίνον· καὶ μετ᾽ ὀλίγον ἐξῆλθεν ἐκ τοῦ τρήματος. ὥστε πάλιν σοφὸς ἐφαίνετο ὢν ὁ μῶρος ὁ παρ᾽ ἡμῖν.

XIVδ Τοῦ σώματος τὰ μέρη

τάδ᾽ ἐστὶ τὰ μέρη τοῦ σώματος. πρῶτον μὲν ἄνω ἐστὶν ἡ κεφαλή· ἐπὶ δὲ τῆς κεφαλῆς αἱ τρίχες φύονται, αἵπερ καὶ κόμη ὀνομάζονται. καὶ τοῖς μὲν νεανίαις ἑκατέρωθεν τρίχες εἰσὶ παρὰ τοὺς κροτάφους, οἱ λεγόμενοι ἴουλοι. ὁρῶμεν τοῖς ὀφθαλμοῖς, ἀκούομεν τοῖς ὠσίν· ὥστε τοῦ μὲν ὁρᾶν ὄργανον ὁ ὀφθαλμός, τοῦ δ᾽ ἀκούειν τὸ οὖς· τὸ δ᾽ ὁρᾶν λέγομεν ὄψιν, καὶ τὸ ἀκούειν ἀκοήν. τὰ σκεπάζοντα τοὺς ὀφθαλμούς ἐστι βλέφαρα, αἱ δ᾽ τρίχες αἱ ὑπὲρ τῶν ὀφθαλμῶν κείμεναι ὀφρύες. καὶ ὑπὲρ μὲν τῶν ὀφθαλμῶν ἐστι τὸ μέτωπον, ὑπὸ δ᾽ αὐτῶν καὶ ἡ ῥὶς καὶ ἑκατέρωθεν παρειαί, αἷσπερ ἐρυθριῶμεν. ὕπεστι δὲ τὸ στόμα· αὕτη δὲ τομή, ἔχουσα δύο χείλη· ἐν δὲ τῷ στόματι ἥ τε γλῶττα καὶ οἱ ὀδόντες· τὰ μὲν περιέχοντα τοὺς ὀδόντας σαρκία, οὖλά ἐστιν, τὰ δ᾽ ὀστᾶ ἐν οἷς ἐμπεφυκότες εἰσὶν οἱ ὀδόντες, αἱ γνάθοι. τὸ δὲ γένειον κάτω ἐστὶ τοῦ στόματος, καὶ ἡ ἐπὶ τοῦ γενείου φυομένη θρὶξ καλεῖται πώγων. ἅπαντα τὰ ἔμπροσθεν τῆς κεφαλῆς καλεῖται πρόσωπον.

ἵσταται δ᾽ ἡ κεφαλὴ ἐπὶ τοῦ τραχήλου. ὑποκεῖνται δὲ τοῦ τραχήλου οἱ ὦμοι ἑκατέρωθε· τὰ δ᾽ ὀστᾶ τὰ ἐν ὤμοις, κλῇδες. καὶ τὸ μὲν ὄπισθε μέρος τὸ ὑπὸ τῶν ὤμων νῶτον λέγεται, ἐφ᾽ οὗ τὸ μετάφρενον· τὸ δ᾽ ἔμπροσθε μέρος, στῆθος. οἱ δ᾽ ὦμοί εἰσιν αἱ κεφαλαὶ τῶν βραχιόνων· καὶ οὕτως ἐφεξῆς, βραχίων, πῆχυς, χείρ. τὸ δ᾽ ἄρθρον βραχίονός τε καὶ πήχεως, ἀγκὼν ἢ ὠλένη· τὸ δ᾽ ἄρθρον πήχεώς τε καὶ χειρός, καρπός. καὶ ἐν χειρὶ ἑκατέρᾳ πέντε δάκτυλοι, ὧν ὁ μὲν ἀφεστηκὼς τῶν ἄλλων μέγας δάκτυλος καλεῖται, οἱ δ᾽ ἐφεξῆς, λιχανὸς ὁ πρῶτος τῶν τεττάρων, εἶτα μέσος, παράμεσος, μικρός. ἐπ᾽ ἄκροις δὲ τοῖς δακτύλοις εἰσὶν αἱ ὄνυχες.

τοῦ σώματος δ᾽ ἑκατέρωθέν ἐστι πλευρά· πλευραὶ δὲ καὶ τὰ ὀστᾶ καλεῖται. ἐν μέσῳ δ᾽ ἡ γαστήρ, εἰς ἣν καθίεται τὰ σιτία.

καὶ κάτω τῆς γαστρὸς δύο σκέλη ὑπόκειται· τοῦ δὲ σκέλους τὰ μέρη τοσάδε, μηρός, κνήμη, πούς· τὸ δ᾽ ἄρθρον μηροῦ τε καὶ κνήμης, γόνυ· κνήμης τε καὶ ποδός, σφυρόν. καὶ ἐφ᾽ ἑκατέρου ποδὸς πέντε δάκτυλοι.

ταῦτ' ἐστὶ τὰ μέρη μάλιστα τοῦ σώματος.

XV Πλοῦς

χθὲς κατήλθομεν ἐς τὴν θάλατταν, ἥτις ἄπεστιν ὀγδοήκοντα μάλιστα στάδια ἀπὸ τῆς κώμης ἐν ᾗ οἰκῶ. κατελθόντες δὲ εὐθὺς ἑώρωμεν πλοῖόν τι ἕτοιμον ἐπὶ τῷ ὅρμῳ. ναῦται δ' ἐνῆσαν ἐν τῷ πλοίῳ ἑπτά, ὧν οἱ μὲν δύο μετεχείριζον τὰ ὅπλα τοῦ πλοίου, ὁ δ' εἷς κυβερνήτης ὢν ἐκυβέρνα, ἔχων τὰ πηδάλια, οἱ δ' ἄλλοι ναῦται. ἰδόντες δὲ τὸ πλοῖον εἰσέβημεν. ὡς δ' ἔδοξεν οὔριος εἶναι πρὸς ἀναγωγὴν ὁ ἄνεμος, θόρυβος ἦν εὐθὺς κατὰ τὸ πλοῖον, τῶν τε ναυτῶν διαθεόντων καὶ τοῦ κυβερνήτου κελεύοντος καὶ ἑλκομένων τῶν κάλων· καὶ εὐθὺς ἡ κεραία περιήγετο, τὸ ἱστίον καθίετο, τὸ πλοῖον μετέωρον ἦν, τὰς ἀγκύρας ἀνέσπων, ὁ ὅρμος κατελείπετο· τὴν γῆν ὁρῶμεν ἀπὸ τοῦ πλοίου κατὰ μικρὸν ἀναχωροῦσαν, ὥσπερ αὐτὴν πλέουσαν. παιανισμὸς δ' ἦν καὶ εὐχή, θεοὺς δ' ἐκάλουν εὐφημοῦντες αἴσιον τὸν πλοῦν γενέσθαι· ὁ δ' ἄνεμος ἔπνει σφοδρότερον, καὶ τὸ ἱστίον ἐκυρτοῦτο, καὶ ἔτρεχε τὸ πλοῖον ἤδη.

XVα Δεῖπνον

ἀναγόμενοι οὖν τὴν ναῦν ἐπλέομεν. καὶ πρῶτον μὲν οὔριος ἦν ἄνεμος, καὶ ἔτρεχεν ἡ ναῦς ἤδη· ἀλλὰ μετ' οὐ πολὺν χρόνον ἐκοπίασεν ὁ ἄνεμος καὶ γαλήνη ἦν, ὥστε ἐρέττειν ἔδοξε· καὶ ἤρεττον σφόδρα. καὶ μὴν οἷον εἰώθασι ναῦται δρᾶν εἰς καμάτων ἀμέλειαν, τοῦτο κἀκεῖνοι δρῶντες τὰς κώπας ἀνέφερον. εἷς μὲν γὰρ αὐτοῖς, κελευστὴς ὤν, ναυτικὰς ᾖδεν ᾠδάς, οἱ δὲ λοιποὶ ὥσπερ χορὸς ὁμοφώνως κατὰ καιρὸν τῆς ἐκείνου φωνῆς ἐβόων. ἐν ᾧ δὲ ταῦτα ἔπραττεν, πολλὴ μὲν ἦν βοή, σαφῆ δ' ἐξέπιπτεν εἰς τὴν γῆν τὰ ᾄσματα. μετ' ὀλίγον δὲ κατήλθομεν εἰς Σαλαμῖνα, οἷπερ καὶ ἠθέλομεν. ἀλλ' ἐπειδὴ ἐντὸς τοῦ λιμένος ἀφίκοντο, τὰ μὲν ἱστία ἐστείλαντο καὶ κατέθεσαν ἐν τῇ νηΐ, τὸν δ' ἱστὸν εἰς τὴν ἱστοδόκην καθίεσαν τοῖς προτόνοις ὑφέντες, τὴν δὲ ναῦν εἰς ὅρμον προήρεττον τοῖς ἐρετμοῖς, τὰς δ' ἀγκύρας ἐξέβαλον, κατέδησαν δὲ τὰ πρυμνήσια· αὐτοὶ δ' ἐξέβαινον ἐπ' ἀκτήν. καὶ ἐπειδὴ τάχιστα ἐξέβημεν ἐκ τῆς νεώς, ὁ πατὴρ μετὰ τῶν ἄλλων παρεσκευάζετο δεῖπνον. πρῶτον μὲν

πῦρ ἔκαιε, μετὰ ταῦτα κατέβαλε μέγαν πίνακα ἐγγὺς τοῦ πυρός, καὶ
ἐπὶ τοῦ πίνακος κατέθηκεν νῶτον αἰγὸς καὶ ῥάχιν συός, καὶ ἔτεμνε
μαχαίρᾳ. καὶ τὰ μὲν κρέα εὖ ἐμίστυλλε καὶ ἀμφὶ ὀβελοῖς ἔπειρεν,
ὁ δ' ἀδελφός μου ἔκαιε μέγα τὸ πῦρ. καὶ ἐπειδὴ τὸ πῦρ κατεκάη
καὶ ἡ φλὸξ ἐσβέσθη, ὁ πατὴρ στορέσας τοὺς ἄνθρακας ἔπηξε τοὺς
ὀβελοὺς ὑπὲρ τῶν ἀνθράκων, καὶ ἁλὸς ἐπέπασεν. καὶ ἐπεὶ ὤπτησεν,
ὁ ναύαρχος ἔφερε μάζας ἐν κανῷ, ὁ δὲ πατὴρ ἔνειμε τὰ κρέα.

XVI-XVII Ἡ Σαλαμῖνι μάχη

ἐσθιόντων δ' ἡμῶν, τῶν ναυτῶν τις, ἀνὴρ πάνυ γέρων, "φεῦ,
φησίν, οἷα εἶδον ἐγώ ποτε ἐν ταύτῃ τῇ θαλάττῃ γιγνόμενα." ὁ δὲ
πατήρ, "τί λέγεις, φησίν, ὦ γέρον; ἄσμενοι γὰρ ἂν ἀκούοιμεν ἀπὸ
εἴπνου γενόμενοι." ὁ δέ, "μακρὸς μὲν δή, φησίν, ὁ λόγος, ἀλλ' ἄξιος
ἀκούειν· ἐνταῦθα γὰρ ἐγένετο μάχη μεγίστη τῶν πρίν, ἐν ᾗ βασιλεὺς
ἐνικήθη· ἐναυμάχουν δ' ἐγώ." ἡμεῖς δὲ ἐπηνοῦμεν ἅπαντες, καὶ
ἠξιοῦμεν λέγειν αὐτόν· ὁ δ' ὀλίγον ἐπισχών, εἶπε τοιάδε.

"ἦν μέν, ὦ Θράσυλλε, βασιλεὺς τῶν Μήδων μέγιστος Ξέρξης,
ὃς θεὸς εἶναι ἐδόκει αὐτὸς ἑαυτῷ· καὶ ἔπεμψεν ἀγγέλους δεῦρο
γῆν καὶ ὕδωρ αἰτήσοντας. οὐ τυχὼν δὲ γῆς καὶ ὕδατος—οὐ γάρ
εἰσι δὴ δοῦλοι οἱ Ἕλληνες τῶν Μήδων, οὐδ' ἔσονται οὐδέποτε—
στρατὸν συνελέξατο ὡς καταστρεψόμενος τὴν Ἑλλάδα. εἶχε δ' ἡ
ναυτικὴ στρατιὰ πολλὰς μυριάδας ἀνθρώπων, πολλὰς δὲ ἡ πεζή.
οἱ δ' Ἀθήνησιν πάντες φοβούμενοι ἔφευγον ἐς Σαλαμῖνα, ἐν ᾗ νῦν
ἐσμεν· οἱ δὲ Πέρσαι νικήσαντες τοὺς ἐν Θερμοπύλαις, Λεωνίδαν τε
καὶ τοὺς Σπαρτιάτας, κατακαίουσι τὰς Ἀθήνας καὶ τὴν ἀκρόπολιν,
ἐν ᾧ τὸ ναυτικὸν παραπλεῖ ἐς Φάληρον. νυκτὸς δὲ περιπέμψαντες
νῆάς τινας περὶ τὴν Σαλαμῖνα, ἔκλῃον τὸν ἀφ' ἑσπέρας πορθμὸν
τῆς νήσου, ὥστε μηδένα ἀποφυγεῖν. ἡμεῖς δὲ οἱ Ἕλληνες ἐν μέσῳ
τούτων κατεχόμενοι ἦμεν ἐν δέει καὶ ὀρρωδίᾳ."

ὁ δ' ἀδελφός μου, "φεῦ, φησίν, τοῦ κινδύνου· ἀλλὰ πόσαι ἦσαν
νῆες ἑκατέροις;"

ὁ δ' ἀπεκρίνατο, "οὐκ οἶδ' ἀκριβῶς, λέγεται δὲ ὡς εἶεν τοῖς μὲν
Πέρσαις ἑπτὰ καὶ διακόσιαι καὶ χίλιαι, ἡμῖν δὲ τριακόσιαι καὶ δέκα."

ὁ δὲ πατὴρ ὑπολαβὼν εἶπεν· "ὦ ναῦτα, ἀληθῆ λέγεις· καὶ γὰρ ἐγώ ποτ᾽ ὢν Ἀθήνησιν εἶδον δρᾶμα ἐν τῷ θεάτρῳ ὅπερ ἐδίδαξεν ὁ Αἰσχύλος, αὐτὸς συνναυμαχήσας τότε· λέγει δ᾽ ὧδε ὁ Αἰσχύλος·

> πλήθους μὲν ἂν σάφ᾽ ἴσθ᾽ ἕκατι βάρβαρον
> ναυσὶν κρατῆσαι. καὶ γὰρ Ἕλλησιν μὲν ἦν
> ὁ πᾶς ἀριθμὸς ἐς τριακάδας δέκα
> νεῶν, δεκὰς δ᾽ ἦν τῶνδε χωρὶς ἔκκριτος·
> Ξέρξῃ δέ, καὶ γὰρ οἶδα, χιλιὰς μὲν ἦν
> ὧν ἦγε πλῆθος, αἱ δ᾽ ὑπέρκοποι τάχει
> ἑκατὸν δὶς ἦσαν ἑπτά θ᾽. ὧδ᾽ ἔχει λόγος."

πρὸς ταῦτ᾽ ὁ ἀδελφός, "ὦ πάτερ, ἔφη, τί δῆτ᾽ ἐστὶ θέατρον, καὶ τί δρᾶμα;" ὁ δέ, "ὕστερον, ἔφη, περὶ τούτων· νῦν δ᾽ ἀκούωμεν τοῦ λόγου. σὺ δ᾽, ὦ ναῦτα, λέγοις ἄν."

ὁ δ᾽ ἀπεκρίνατο, "καὶ δὴ λέγω. δέος οὖν εἶχεν ἡμᾶς καὶ ὀρρωδία, καὶ οὐκ εἴχομεν ὅτι χρώμεθ᾽ ἡμῖν αὐτοῖς· φεύγειν γὰρ ἀδύνατον, οὐδ᾽ ἐλπὶς ἦν νικήσειν τοσούτους. πρῶτον μὲν οὐκ ἐπείθοντο οἱ στρατηγοὶ τοῖς ἀγγέλοις, ὡς εἴη ἀληθῆ τὰ ἐξαγγελθέντα, ὡς κυκλωθεῖεν δή· ἔπειτα δὲ σαφῶς πυθόμενοι, παρεσκευάζοντο ὡς ναυμαχήσοντες. ἕως τε δὴ διέφαινε, καὶ ὁ Θεμιστοκλῆς, ἀνὴρ Ἀθηναῖος ἀνδρειότατος τῶν τότε, σύλλογον τῶν στρατηγῶν ποιησάμενος, παρήνεσεν ἄνδρας γενέσθαι, καὶ εἰσβαίνειν ἐκέλευεν εἰς τὰς νῆας. καὶ οὗτοι μὲν δὴ εἰσέβαινον, καὶ ἀνῆγον τὰς νῆας ἁπάσας οἱ Ἕλληνες· ἀναγομένοις δ᾽ αὐτοῖς αὐτίκα ἐπέκειντο οἱ βάρβαροι. οἱ μὲν δὴ ἄλλοι Ἕλληνες ἐπὶ πρύμναν ἀνεκρούοντο, καὶ ὤκελλον τὰς νῆας· Ἀμεινίας δ᾽ ἀνὴρ Ἀθηναῖος ἐξαναχθείς, νηῒ ἐμβάλλει· οἱ δ᾽ ἄλλοι ὁρῶντες ταῦτα ἐβοήθουν. οὕτω γίγνεται τῆς ναυμαχίας ἡ ἀρχή. τὸ δὲ πλῆθος τῶν νεῶν ἐν τῇ Σαλαμῖνι διεφθείρετο, αἱ μὲν ὑπ᾽ Ἀθηναίων, αἱ δὲ ὑπ᾽ Αἰγινητῶν. οἱ μὲν γὰρ Ἕλληνες σὺν κόσμῳ ἐναυμάχουν κατὰ τάξιν, οἱ δὲ βάρβαροι οὐ τεταγμένοι ἦσαν ἔτι, οὔτε σὺν νῷ ἐποίουν οὐδέν· ὥστε ἔμελλε τοιοῦτο αὐτοῖς συμβήσεσθαι οἷόν περ συνέβη. καίτοι ἦσαν ταύτην τὴν ἡμέραν μακρῷ ἀμείνονες αὐτοὶ ἑαυτῶν, πᾶς τις δειμαίνων Ξέρξην."

πρὸς ταῦτα πάντες ἐπηνοῦμεν, καὶ ἠρώτων ἐγὼ τὸν πατέρα, πότερόν τι πεποίηκε περὶ τούτων ὁ Αἰσχύλος· ὁ δέ, "ναί, φησίν, πεποίηκεν· ἀκούετε. ὁ γὰρ ἄγγελος δὴ ὁ τοῦ στρατοῦ λέγει πρὸς τὴν μητέρα τοῦ Ξέρξου τάδε·

εἰ γε μέντοι λευκόπωλος ἡμέρα
πᾶσαν κατέσχε γαῖαν εὐφεγγὴς ἰδεῖν . . ."

ἀλλ' ὁ ἀδελφός μου ἐπιλαβόμενος ἐρωτᾷ, "οὐ δῆλά μοι ταῦτ', ὦ πάτερ· πῶς γὰρ λέγεις λευκόπωλον τὴν ἡμέραν;"

πρὸς ταῦθ' ὁ πατήρ, "ὦ Θρασύστομε, φησίν, εὖ γ' ὡς ἔοικεν ὠνόμασά σε, Θρασύστομον ὀνομάζων· θρασύτατον γὰρ ἔχεις τὸ στόμα, ἐπιλαβόμενος τοῦ πατρὸς παῖς ὤν."

ὁ δ', "ἀλλ', ἔφη, ὦ φίλτατέ μοι πάτερ, συγγνώμην ἂν ἔχοις μοι. κελεύει γάρ με ὁ διδάσκαλος, ὅ τι ἂν μὴ τύχω συνιείς, τοῦτο εὐθὺς ἐρωτᾶν."

καὶ ὁ πατήρ, "εὖ γ', ὦ παῖ, φησίν, συγγιγνώσκω δή σοι, ὥσπερ ἀξιοῖς. λευκόπωλος οὖν ἐστιν ἡ ἡμέρα, ἐπειδὴ ὁ Φαέθων τέθριππον ἐλαύνει καὶ τέτταρας ἵππους λευκούς· ὥστε λεύκιππος ἢ λευκόπωλος ἡ ἡμέρα. καὶ δὴ ἐπαναλαμβάνω τοὺς στίχους, σὺ δ' ἐάν τι μὴ συνίης, ἀνάμενε τὸ τέλος."

ὁ δ' ἔφη, "ταῦτ', ὦ πάτερ"· ὁ πατὴρ δ' εἶπε·

"ἐπεί γε μέντοι λευκόπωλος ἡμέρα
πᾶσαν κατέσχε γαῖαν εὐφεγγὴς ἰδεῖν,
πρῶτον μὲν ἠχεῖ κέλαδος Ἑλλήνων πάρα·
εὐθὺς δὲ κώπης ῥοθιάδος συνεμβολῇ
ἔπαισαν ἅλμην βρύχιον ἐκ κελεύσματος,
θοῶς δὲ πάντες ἦσαν ἐμφανεῖς ἰδεῖν.
τὸ δεξιὸν μὲν πρῶτον εὐτάκτως κέρας
ἡγεῖτο κόσμῳ, δεύτερον δ' ὁ πᾶς στόλος
ἐπεξεχώρει, καὶ παρῆν ὁμοῦ κλύειν
πολλὴν βοήν — 'ὦ παῖδες Ἑλλήνων, ἴτε,
ἐλευθεροῦτε πατρίδ', ἐλευθεροῦτε δὲ
παῖδας, γυναῖκας, θεῶν τε πατρῴων ἕδη,
θήκας τε προγόνων· νῦν ὑπὲρ πάντων ἀγών.'
καὶ μὴν παρ' ἡμῶν Περσίδος γλώσσης ῥόθος
ὑπηντίαζε, κοὐκέτ' ἦν μέλλειν ἀκμή.
εὐθὺς δὲ ναῦς ἐν νηὶ χαλκήρη στόλον
ἔπαισεν· ἦρξε δ' ἐμβολῆς Ἑλληνικὴ

ναῦς, κἀποθραύει πάντα Φοινίσσης νεὼς
κόρυμβ’, ἐπ’ ἄλλην δ’ ἄλλος ηὔθυνεν δόρυ.
τὰ πρῶτα μέν νυν ῥεῦμα Περσικοῦ στρατοῦ
ἀντεῖχεν· ὡς δὲ πλῆθος ἐν στενῷ νεῶν
ἤθροιστ’, ἀρωγὴ δ’ οὔτις ἀλλήλοις παρῆν,
Ἑλληνικαί τε νῆες οὐκ ἀφρασμόνως
κύκλῳ πέριξ ἔθεινον, ὑπτιοῦτο δὲ
σκάφη νεῶν, θάλασσα δ’ οὐκέτ’ ἦν ἰδεῖν,
ἀκταὶ δὲ νεκρῶν χοιράδες τ’ ἐπλήθυον.
φυγῇ δ’ ἀκόσμῳ πᾶσα ναῦς ἠρέσσετο,
ὅσαιπερ ἦσαν βαρβάρου στρατεύματος·
οἱ δ’ ὥστε θύννους ἤ τιν’ ἰχθύων βόλον
ἀγαῖσι κωπῶν θραύμασίν τ’ ἐρειπίων
ἔπαιον, ἐρράχιζον, οἰμωγὴ δ’ ὁμοῦ
κωκύμασιν κατεῖχε πελαγίαν ἅλα,
ἕως κελαινὸν νυκτὸς ὄμμ’ ἀφείλετο.”

καὶ ὁ μὲν ἐπαύσατο λέγων, ὁ δ’ ἀδελφὸς θαυμάσας ἔφη, “ὦ τοῦ καλοῦ ποιήματος, σὺ δ’, ὦ πάτερ, ζηλωτὸς εἶ τῆς μνήμης. εἰ γὰρ ἐγὼ οὕτως εἶχον τῆς μνήμης, οὐκ ἂν ὠργίζετο ὁ διδάσκαλος ὥσπερ καὶ ὀργίζεται, λέγων μῶρον ἐμὲ καὶ ἐπιλήσμονα, καὶ πληγὰς ἐντείνων πολλάκις.”

ὁ δὲ πατὴρ γελάσας, “τί δ’, ὦ Θρασύστομε, φησίν, ἆρα πληγὰς λαμβάνεις μῶρος ὤν; ἆρα συνίης τὸ πᾶν ἢ καὶ σαφέστερον λέξω σοι;”

πρὸς ταῦτ’ εὐθὺς ἀνεβοήσαμεν ἐγώ τε καὶ ὁ ἀδελφός, “εἴθε γὰρ λέγοις, ὦ πάτερ, ἁπλουστέροις λόγοις λέγων.”

ὁ δέ, “σίγατε οὖν, ἔφη, καὶ ἐρῶ. τάδε γάρ φησιν ὁ ποιητής· ἐπειδὴ πρῶτον ἡμέρα ἐγένετο, καὶ ὁ ἥλιος ἔλαμπεν καὶ ἐδήλου τὴν γῆν, πρῶτον μὲν βοὴν γενέσθαι παρὰ τῶν Ἑλλήνων· εὐθὺς δὲ συνεμβάλλειν τὰς κώπας τοὺς ἐρέτας ἐς τὴν θάλατταν, ῥόθον ποιουμένους καὶ ἀφρόν, καὶ τύπτειν τὴν ἅλα μετὰ μεγάλου κτύπου ὁμοῦ πάντας, ἐπεὶ κελεύοι ὁ κελευστὴς διδοὺς κέλευσμα· ταχέως δὲ παρεῖναι ἰδεῖν πάντας εὖ. πρῶτον μὲν προελθεῖν τὸ δεξιὸν κέρας τοῦ στόλου κατὰ τάξιν σὺν κόσμῳ, δεύτερον δὲ τὰς ἄλλας νῆας ἐπεκχωρεῖν, καὶ βοᾶν τοὺς στρατηγούς, ἴτε, ὦ Ἕλληνες, καὶ νικᾶτε

τοὺς πολεμίους, μὴ δοῦλοι γενώμεθα τοῖς Πέρσαις, ἡμεῖς τε καὶ οἱ
παῖδες καὶ αἱ γυναῖκες, καὶ οἱ θεοὶ αὐτοί, μηδὲ διαφθαρῶσιν οἵ τε
ναοὶ τῶν θεῶν καὶ οἱ τύμβοι τῶν προγόνων· περὶ πάντων γὰρ ἤδη
ἀγωνιζόμεθα.' τοὺς δὲ Πέρσας αὖ φωνὴν καὶ αὐτοὺς ἐξιέναι, καιρὸν
δ' εἶναι ἤδη τοῦ ἔργου. εὐθὺς δὲ τὰς ναῦς ἄλλην ἄλλῃ προσπαῖσαι
τὰ ἔμβολα χαλκᾶ ὄντα· πρώτην δ' ἄρξαι ναυμαχίας Ἑλληνικὴν τινα
ναῦν, καὶ ἀποθραύειν τὰ ἄφλαστα τὰ ἐπὶ πρύμνης Φοινίσσης τινὸς
νεώς. καὶ πρῶτον μὲν τὸ πλῆθος τῶν νεῶν τῶν Περσικῶν, πολὺ
ὂν ὥσπερ ῥεῦμα ποταμοῦ, ἀντέχειν· ὡς δὲ πολλὰς ἐν στενοχωρίᾳ
ἠθροισμένας εἶναι, καὶ ἀδύνατον εἶναι βοηθεῖν ἀλλήλαις, τὰς
Ἑλληνικὰς νῆας μετὰ πολλῆς ἐπιστήμης θείνειν αὐτὰς κύκλῳ, τὰ δὲ
σκάφη τῶν νεῶν περιτραπέντα οἴχεσθαι, ὥστε μηκέτι παρεῖναι ἰδεῖν
τὴν θάλατταν, πολλῶν ὄντων τῶν ἐρειπίων. τὰς δὲ ἀκτὰς καὶ τὰς
πέτρας πλήρεις γενέσθαι νεκρῶν. μετὰ ταῦτα φεύγειν τὰς Περσικὰς
νῆας ἄνευ κόσμου· τοὺς δ' Ἕλληνας παίειν ἐκείνους καὶ ῥαχίζειν,
ὥσπερ καὶ οἱ ἁλιῆς ῥαχίζουσι θύννους ἢ ἄλλους ἰχθύας· πᾶσαν δὲ
τὴν θάλατταν πλήρη εἶναι οἰμωγῆς καὶ βοῆς καὶ κωκυμάτων καὶ
ὀλοφυρμῶν, ἕως νὺξ ἐπῆλθεν."

ταῦτα δ' ἀκούσας, "ὦ πάτερ, ἦν δ' ἐγώ, σοῦ λέγοντος ἀκούων
δοκῶ μοι καὶ αὐτὸς ἰδεῖν τὴν ναυμαχίαν· σὺ δ', ὦ ναῦτα, ὃς
ἐναυμάχησας καὶ αὐτόπτης ἐγένου, λέγοις ἂν καὶ τὰ ἄλλα. τίς εὖ
ἐμάχετο, τίς κακῶς, τίς δὲ καὶ ἐφέρετο τἀριστεῖα;"

ὁ δ' εἶπεν, "κατὰ μὲν τοὺς ἄλλους, οὐκ ἔχω εἰπεῖν ἀκριβῶς,
ὡς ἕκαστοι τῶν βαρβάρων ἢ τῶν Ἑλλήνων ἠγωνίζοντο· κατὰ δὲ
Ἀρτεμισίαν τάδε ἐγένετο, ἀφ' ὧν ηὐδοκίμησε κάρτα παρὰ βασιλεῖ.
αὕτη γάρ, γυνὴ οὖσα, ἐστρατεύσατο ἐπὶ τὴν Ἑλλάδα· ἀποθανόντος
γὰρ τοῦ ἀνδρός, καὶ παιδὸς ὑπάρχοντος αὐτῇ νεανίου, αὐτή τε εἶχε
τὴν τυραννίδα τῆς Ἁλικαρνασσοῦ, καὶ ὑπὸ λήματος καὶ ἀνδρείας
ἐστρατεύετο, οὐδεμίας οὔσης ἀνάγκης. διὰ ταῦτα ηὐδοκίμησε παρὰ
βασιλεῖ, ηὐδοκίμησε δὲ καὶ μᾶλλον ἐν ταύτῃ τῇ ναυμαχίᾳ. ἐπειδὴ
γὰρ εἰς πολὺν θόρυβον ἀφίκετο τὰ βασιλέως πράγματα, ἐν τούτῳ
τῷ καιρῷ ἡ ναῦς ἡ Ἀρτεμισίας ἐδιώκετο ὑπὸ νεὼς Ἀττικῆς· ἡ δ' οὐκ
ἔχουσα διαφυγεῖν, ἔμπροσθεν γὰρ αὐτῆς ἦσαν ἄλλαι νῆες φίλιαι,
ἐμηχανήσατο τόδε ποιῆσαι· διωκομένη γὰρ ὑπὸ τῆς Ἀττικῆς, ἐνέβαλε
νηῒ φιλίᾳ. ὡς δ' ἐνέβαλέ τε καὶ κατέδυσε, εὐτυχίᾳ χρησαμένη, διπλᾶ
ἑαυτὴν ἀγαθὰ ἠργάσατο. ὅ τε γὰρ τῆς Ἀττικῆς νεὼς τριήραρχος,

ὡς εἶδεν αὐτὴν ἐμβάλλουσαν νηΐ ἀνδρῶν βαρβάρων, νομίσας τὴν ναῦν τὴν Ἀρτεμισίας ἢ Ἑλληνίδα εἶναι ἢ αὐτομολεῖν ἐκ τῶν βαρβάρων, ἀποστρέψας πρὸς ἄλλας ἐτράπετο. τοῦτο μέν, τοιοῦτο αὐτῇ συνήνεγκε γενέσθαι, διαφυγεῖν τε καὶ μὴ ἀπολέσθαι· τοῦτο δέ, συνέβη ὥστε κακὸν ἐργασαμένην, ἀπὸ τούτων αὐτὴν μάλιστα εὐδοκιμῆσαι παρὰ Ξέρξη. λέγεται γὰρ βασιλέα θεώμενον μαθεῖν τὴν ναῦν ἐμβαλοῦσαν· καὶ δή τινα εἰπεῖν τῶν παρόντων, 'δέσποτα, ὁρᾷς Ἀρτεμισίαν, ὡς εὖ ἀγωνίζεται, καὶ ναῦν τῶν πολεμίων κατέδυσεν;' τὸν δ' ἐρωτᾶν εἰ ἀληθῶς ἐστιν Ἀρτεμισίας τὸ ἔργον· τοὺς δὲ φάναι, σαφῶς τὸ ἐπίσημον τῆς νεὼς ἐπισταμένους. τὴν δὲ διαφθαρεῖσαν ναῦν οὐδεὶς ἠπίστατο οὖσαν φιλίαν· τά τε γὰρ ἄλλα, ὡς εἴρηται, αὐτῇ συνήνεγκεν εἰς εὐτυχίαν γενόμενα, καὶ τὸ μηδένα τῶν ἐν τῇ διαφθαρείσῃ νηΐ ἀποσωθῆναι. Ξέρξην δὲ εἰπεῖν λέγεται πρὸς τὰ λεγόμενα, 'οἱ μὲν ἄνδρες γεγόνασί μοι γυναῖκες, αἱ δὲ γυναῖκες ἄνδρες.' ταῦτα μὲν Ξέρξην φασὶν εἰπεῖν."

τοῦ δὲ ναύτου λέγοντος ταῦτα, ἐθεασάμεθα τόν τε πορθμὸν καὶ τὴν ἤπειρον, καὶ ἐθαυμάζομεν τοὺς προγόνους ὡς ἀνδρείους ὄντας καὶ ἐλευθερώσαντας τὴν πατρίδα. εὐξάμενοι δὲ τοῖς θεοῖς τοιοῦτοι γενέσθαι καὶ αὐτοί, ηὐφημοῦμεν.

ἑσπέρας δὲ γενομένης κατεπλέομεν πρὸς τὴν ἤπειρον, πεζοὶ δ' ἀφικόμεθα οἴκαδε.

XVIII Διάλογος

μετὰ ταῦτα τῇ ὑστεραίᾳ, διελεγόμεθα ἐγώ τε καὶ ἀδελφὸς περὶ τούτων ἃ διηγήσαντο ὁ ναύτης καὶ ὁ πατήρ· καὶ ἐγὼ εἶπον, "ὦ ἀδελφέ, μέγας ἄρ' ἦν βασιλεύς, εἴ γε τοσαύτην στρατιὰν ἦγεν ἐφ' Ἑλλάδα. πόση γὰρ ἦν ἡ στρατιά; ἦ μέμνησαι;" ὁ δ', "μέμνημαι, ἔφη· τῶν μὲν Μήδων ἦσαν νῆες ἑπτὰ καὶ διακόσιαι καὶ χίλιαι, τῶν δ' Ἑλλήνων τριακόσιαι καὶ δέκα." καὶ ἐγώ, "ὦ τοῦ πλήθους, ἔφην· καὶ κατὰ γῆν πεζῇ στρατιὰ πλείων ἀριθμοῦ. τίς δ' ἦν ὁ ποιητὴς ὃς ἐδίδαξε τὸ δρᾶμα, ὡς εἶπεν, ἐν τῷ θεάτρῳ;" ὁ δ' ἀπεκρίνατο, "Αἰσχύλος ἦν ὁ ποιήσας· καὶ ἐποίει ἰάμβους πάνυ καλούς, ὧν μέμνημαι· ἄκουε δή·

καὶ γὰρ Ἕλλησιν μὲν ἦν
ὁ πᾶς ἀριθμὸς ἐς τριακάδας δέκα
νεῶν, δεκὰς δ᾽ ἦν τῶνδε χωρὶς ἔκκριτος·

ἀλλὰ πρὸς τί δῆτ᾽ ἔκκριτος;" πρὸς ταῦτ᾽ ἐγώ, "οὐκ οἶδ᾽ ἔγωγε,
ἔφην, οὐ γὰρ ἐδήλου τοῦθ᾽ ὁ πατήρ. περὶ δὲ τοῦ βασιλέως τί φησιν ὁ
ποιητής; οὐ γὰρ εὖ ἔχω μνήμης." ὁ δ᾽ ἀπεκρίνατο λέγων·

"Ξέρξῃ δέ, καὶ γὰρ οἶδα, χιλιὰς μὲν ἦν
ὧν ἦγε πλῆθος, αἱ δ᾽ ὑπέρκοποι τάχει
ἑκατὸν δὶς ἦσαν ἑπτά θ᾽ · ὧδ᾽ ἔχει λόγος."

"θαῦμ᾽ ἄρ᾽ ἐγένετο, ἦν δ᾽ ἐγώ, τὸ νικᾶν τοσαύτας· οὐδ᾽ ἂν
ἐνικήσαμεν ἄνευ τῶν θεῶν. ἐπαινῶ δὲ καὶ τὸν Ἀμεινίαν ὡς ἀνδρεῖον
ὄντα, ὅσπερ ἀναχθεὶς πρῶτον ἦρξε τῆς μάχης. χαλεπὸν μὲν γὰρ τὸ
ἄρξαι μεγάλου ἔργου, ῥάδιον δ᾽ ἕπεσθαι. εἴθ᾽ ὤφελον ἰδεῖν καὶ αὐτὸς
τὰς ναῦς διαφθειρομένας ὑπὸ τῶν Ἑλλήνων, καὶ κεραϊζομένας ἐν τῇ
Σαλαμῖνι· οἱ δ᾽ ἔπαιον τοὺς Μήδους ὥσπερ θύννους ἐν τῇ θαλάττῃ
νέοντας· οἴμοι, ὡς ὤφελον παραγενέσθαι καὶ συμμαχεῖν." "ἡ δ᾽
Ἀρτεμισία, ἦ δ᾽ ὃς ὁ Θρασύστομος, οὐκ εὖ ἐποίει· ἀπέφυγε μὲν γάρ,
ἀλλὰ προδοῦσα τοὺς φίλους."

XIX Δικαστὴς βουκόλος

ἀτυχία ἐγένετο νεωστί. ἔπλεον γάρ τινες νεανίαι ἐν πλοίῳ, ἵνα
ἡβῶσι μετ᾽ ἀλλήλων· ἤρεττον δ᾽ οἱ οἰκέται. παραπλέοντες δὲ εἰς
λιμένα τινὰ εἰσέπλεον, καὶ εἰσπλεύσαντες ὡρμίζοντο. ὁρμισάμενοι
δὲ κακὸν μὲν οὐδὲν ἐποίουν, ἐτέρποντο δέ. ἄλλοτε μὲν γὰρ ἰχθῦς
αἱροῦσιν, ἄλλοτε δὲ ὄρνιθας καὶ λαγὼς θηρεύουσιν. ἁλιεύουσι δ᾽
ὧδε· ἄγκιστρον ἀπαρτῶσιν ἐκ λίνου λεπτοῦ, τὸ δὲ λίνον ἀπαρτῶσιν
ἐκ καλάμου· καὶ ἐπιθέντες δέλεαρ, καθιᾶσι τὸ ἄγκιστρον μετὰ τοῦ
δελέατος εἰς τὴν θάλατταν· οἱ δ᾽ ἰχθύες ἐγκάπτουσι τό τε δέλεαρ
καὶ τὸ ἄγκιστρον, καὶ ἐξέλκονται ἤδη. τοὺς δ᾽ ὄρνιθας αἱροῦσι
βρόχοις, χῆνάς τ᾽ ἀγρίους καὶ νήττας, τοὺς δὲ λαγὼς δικτύοις. οἱ δὲ
νεανίαι, εἴ τινος καὶ προσδέοι, παρὰ τῶν ἐν τοῖς ἀγροῖς ἐλάμβανον,
ὀβολοὺς καταβάλλοντες πλείους τῆς ἀξίας. τὸ δὲ πλοῖον ἔδησαν
ἐκ τῆς γῆς· πεῖσμα δ᾽ οὐκ ἔχοντες— φροῦδον γάρ πως ἐγένετο τὸ
πεῖσμα—λύγον χλωρὰν ἀπέσπων, ἀποσπάσαντες δὲ τὴν λύγον

ἐποίησαν σχοινίον, καὶ ταύτῃ τὸ πλοῖον ἔδησαν ἔκ τε τῆς γῆς καὶ πρύμνης ἄκρας. ἔπειτα ἀφεῖσαν τοὺς κύνας ῥινηλατεῖν· οἱ δὲ κύνες διέθεον ὑλακτοῦντες, τῇ δ᾽ ὑλακῇ ἐφόβησαν τὰς αἶγας. καὶ αἱ αἶγες δὴ φοβούμεναι ἔφευγον πρὸς τὴν θάλατταν. ἀλλ᾽ οὐδὲν εὑροῦσαι τρωκτὸν ἐν τῇ ψάμμῳ, ἀπέφαγον τὴν λύγον τὴν χλωράν, ᾗ ἐδέδετο τὸ πλοῖον.

καὶ ἰδού, κατέπνει ἀπὸ τῶν ὀρῶν πνεῦμα ἀνέμου· καὶ πνέοντος τοῦ ἀνέμου, κλυδώνιον ἐγένετο ἐν τῇ θαλάττῃ· γενομένου δὲ τοῦ κλυδωνίου, ἡ παλιρροία τῆς θαλάττης ὑπέφερε τὸ πλοῖον εἰς τὸ πέλαγος.

αἰσθόμενοι δ᾽ ἤδη οἱ ξένοι ἔτρεχον ἐπὶ τὴν θάλατταν· τὸ δὲ πλοῖον ἤδη ἔφθασεν φερόμενον κατὰ ῥοῦν. ὀργιζόμενοι οὖν οἱ ξένοι ἐζήτουν τὸν νέμοντα τὰς αἶγας, ἵνα τιμωροῖντο· καὶ εὑρόντες αὐτόν, φίλον ὄντα ἡμῶν, τὸ ὄνομα Δάφνιν, ἔτυπτόν τε καὶ ἀπέδυον, καὶ λαβόντες ἱμάντα, περιῆγον τὰς χεῖρας, ὡς δήσοντες. ὁ δ᾽ ἐβόα καὶ ἱκέτευε τοὺς ἀγροίκους βοηθεῖν ἑαυτῷ· οἱ δ᾽ ἐλθόντες ἀντείχοντο, καὶ ἐκέλευον δικάζεσθαι περὶ τοῦ πράγματος.

δικαστὴν οὖν καθίζουσι Μέλητον τὸν βουκόλον· πρεσβύτατός τε γὰρ ἦν τῶν παρόντων, καὶ κλέος εἶχεν ἐν τοῖς κωμήταις δικαιοσύνης. πρῶτον δὲ κατηγόρουν οἱ ξένοι, σαφῆ καὶ βραχέα. "ἤλθομεν εἰς τούτους τοὺς ἀγροὺς θηρεύειν ἐθέλοντες. τὴν μὲν οὖν ναῦν λύγῳ χλωρᾷ δήσαντες κατελίπομεν ἐπὶ τῆς ἀκτῆς· αὐτοὶ δὲ μετὰ τῶν κυνῶν θήραν ἐποιούμεθα. ἐν τούτῳ κατελθοῦσαι πρὸς τὴν θάλατταν αἱ αἶγες τούτου τήν τε λύγον κατεσθίουσι καὶ τὴν ναῦν ἀπολλύουσιν. ἀνθ᾽ ὧν ἀξιοῦμεν ἄγειν τοῦτον, πονηρὸν ὄντα βουκόλον, ὃς ἐπὶ τῆς θαλάττης νέμει τὰς αἶγας ὥσπερ ναύτης."

τοιαῦτα μὲν δὴ οἱ ξένοι εἶπον κατηγοροῦντες. ὁ δὲ Δάφνις, οὐδὲν ἀθυμῶν, εἶπεν ὧδε· "ἐγὼ νέμω τὰς αἶγας καλῶς. οὐδέποτε κατηγόρησε κωμήτης οὐδείς, ὡς ἢ κῆπόν τινος αἲξ ἐμὴ ἔβλαψεν, ἢ ἄμπελον βλαστάνουσαν κατέκλασεν. οὗτοι δ᾽ εἰσὶ κυνηγέται πονηροί, καὶ κύνας ἔχουσι κακῶς πεπαιδευμένους, οἵτινες τρέχοντες καὶ ὑλακτοῦντες κατεδίωξαν τὰς αἶγας ἐκ τῶν ὀρῶν καὶ τῶν πεδίων ἐπὶ τὴν θάλατταν, ὥσπερ λύκοι. ἀλλὰ νὴ Δία ἀπέφαγον τὴν λύγον· ἀλλ᾽ οὐκ εἶχον ἐν ψάμμῳ πόαν οὐδὲ κόμαρον οὐδὲ θύμον. ἀλλὰ νὴ

Δία ἀπώλετο ἡ ναῦς ὑπὸ τοῦ πνεύματος καὶ τῆς θαλάττης. ἀλλὰ ταῦτα χειμῶνος ἔργα, οὐκ αἰγῶν."

ταῦτα εἰπὼν προσεδάκρυσεν ὁ Δάφνις, καὶ εἰς οἶκτον κατέστησε τοὺς ἀγροίκους πολύν· ὥστε ὁ Μέλητος ὁ δικαστὴς ὤμνυ Πᾶνα καὶ Νύμφας μηδὲν ἀδικεῖν Δάφνιν.

XX Ἀτυχίαι

πέρυσι καὶ τῆτες ἐπάθομεν πολλὰ καὶ κακά, οὐδὲ προπέρυσι καλῶς εἶχε τὰ πράγματα.

πέρυσι μὲν γάρ, πρωῒ τοῦ φθινοπώρου, χειμῶνες ἦσαν οὐ κατὰ καιρόν· ταῦτα δὴ ἐγένετο τοιαῦτα μέχρι Πλειάδος δύσεως. ὁ χειμὼν δὲ βόρειος ἐπεγένετο, μετὰ πολλοῦ ὑετοῦ καὶ λάβρου, καὶ δὴ καὶ χιόνος. ἤδη δὲ μετὰ τὰς ἡλίου τροπὰς τὰς χειμερινάς, καὶ ἡνίκα ζέφυρος πνεῖν ἄρχεται, ὀπισθοχειμῶνες ἦσαν μεγάλοι μετὰ χιόνος, οὐρανὸς δ' ἐπινέφελος. ταῦτα δὲ συνέτεινε μέχρι ἰσημερίας. τὸ δ' ἔαρ ψυχρόν, βόρειον, ὑδατῶδες, ἐπινέφελον. τὸ θέρος οὐ λίαν καυματῶδες ἐγένετο· ἐτησίαι συνεχεῖς ἔπνεον· ταχὺ δὲ περὶ Ἀρκτοῦρον πολλὰ πάλιν ὕδατα. ἐκ τούτων οὖν τοῖς μὲν ἀνθρώποις νόσοι πολλαὶ ἐγένοντο, ὀφθαλμίαι καὶ ἱδρῶτες καὶ πυρετοί, τοῖς δὲ προβάτοις ἄλλαι νόσοι οὐχ ἥκιστα.

καὶ μὴν τῆτές γε ἄπνοια ἦν αἰεί· πρῶτον μὲν αὐχμοὶ ἦσαν, μετὰ δὲ ταῦτα ὑδάτων πλήθη· ὁ δὲ χειμὼν νότιος καὶ ὑγρὸς καὶ μαλθακὸς μετὰ ἡλίου τροπάς· ἔαρ πάλιν νότιον καὶ ἄπνουν, καὶ ὕδατα πολλὰ μέχρι Κυνός. τὸ δὲ θέρος θερμόν, καὶ πνίγη μεγάλα. ἐκ τούτων οὖν κακῶς διέκειντο οἵ τε πυροὶ καὶ αἱ κριθαὶ καὶ δὴ καὶ ἡ ὀπώρα σχεδὸν πᾶσα.

ἐδόκει οὖν τῷ πατρὶ τώμῷ ἰέναι εἰς Δελφοὺς χρησόμενος τῷ μαντείῳ. ἔστι γάρ τοι ἐν τοῖς Δελφοῖς μαντεῖον μέγιστον τοῦ Ἀπόλλωνος· χρῇ δὲ ἡ Πυθία, ἱέρεια οὖσα καὶ παρθένος, καθημένη ἐπὶ τρίποδος ἐν μυχῷ τοῦ ναοῦ. ὁ δ' Ἀπόλλων μάντις ἐστὶ καὶ ἑρμηνεὺς τοῦ Διός, ὥστε ὅ τι ἂν λέγῃ ἀληθές ἐστιν. ἀπῄει οὖν ὁ πατὴρ ἄγων ἱερὰ τὰ νομιζόμενα, ἄγων δὲ καὶ ἐμὲ καὶ αἰπόλον· καὶ ὠχούμεθα ὁ μὲν ἐφ' ἵππου, ἐγὼ δὲ ἐπ' ὄνου, ὁ δ' αἰπόλος ἐφ' ἡμιόνου.

ἀφικόμενοι δὲ εἰς τοὺς Δελφούς, ἔσφαξε τὰ ἱερὰ παρὰ τῷ βωμῷ· καὶ λαχὼν εἰσῆλθεν ὁ πατὴρ χρησόμενος τῷ μαντείῳ. ἔγραψε δ᾽ ἐν πινακίῳ τὸ ὀρώτημα, καὶ ἦν τοιόνδε·

"ἐρωτᾷ ὁ Θράσυλλος περὶ προβάτων καὶ αἰγῶν καὶ νόσου· τίνι θεῶν ἢ ἡρώων θύων καὶ εὐχόμενος λῷον καὶ ἄμεινον πράττοι, καὶ τῆς νόσου παύσοιτο;"

ὁ δὲ θεὸς ἔχρησε θῦσαι Γῇ καρποφόρῳ καὶ Ἑρμῇ νομίῳ καὶ Ἥρωι ἰατρῷ, καὶ οὕτω λῷον καὶ ἄμεινον ἔσεσθαι.

ἀνεχωροῦμεν οὖν οἴκαδε χάριν εἰδότες πολλὴν τῷ θεῷ. καὶ ἀφικόμενοι ἐθύσαμεν ὡς καὶ ἔχρησε, Γῇ καρποφόρῳ καὶ Ἑρμῇ νομίῳ καὶ Ἥρῳ ἰατρῷ. καὶ ἡ μὲν νόσος ἐπαύσατο εὐθύς, ἐλπίζομεν δὲ εἰς νέωτα λῷον καὶ ἄμεινον ἔσεσθαι καὶ τοῖς προβάτοις καὶ αἰξὶν καὶ δὴ καὶ τῷ θέρει καὶ τῇ ὀπώρᾳ. εἰ γὰρ οὕτω γένοιτο, ὦ θεοί. ἀλλὰ μήν, ὥσπερ ἡ παροιμία, αἰεὶ γεωργὸς ἐς νέωτα πλούσιος.

21 Ὧραι

τέτταρές εἰσιν ὧραι τοῦ ἐνιαυτοῦ· ἔαρ, θέρος, ὀπώρα ἢ μετόπωρον, χειμών, ὧν ἕκαστόν ἐστι τέταρτον μέρος τοῦ ἐνιαυτοῦ. εἰσὶ δὲ δώδεκα μῆνες, ὧν ἕκαστος δωδέκατον μέρος τοῦ ἐνιαυτοῦ· ἐν ἑκάστῳ δὲ μηνὶ ἢ τριάκοντα ἡμέραι ἢ ἐννέα καὶ εἴκοσι, ὧνπερ ἑκάστη μέρος τοῦ μηνὸς ἢ τριακοστὸν ἢ εἰκοστὸν ἔνατον.

καὶ μὴν τοῦ γε μηνὸς τρία μέρη, ἱσταμένου καὶ μεσοῦντος καὶ φθίνοντος, ἕκαστον δ᾽ ἔχει δέκα ἡμέρας, ὥστε τρεῖς δεκάδες εἰσίν. ἡ μὲν πρώτη τοῦ μηνὸς νουμηνία καλεῖται, ἡ δ᾽ ἐσχάτη ἔνη καὶ νέα· ἐν γὰρ τῇ ἐσχάτῃ καὶ λήγει ἡ παλαιὰ σελήνη καὶ ἄρχεται ἡ νέα. αἱ δὲ τῆς πρώτης δεκάδος πλὴν νουμηνίας λέγονται δευτέρα ἱσταμένου καὶ αἱ λοιπαὶ οὕτως· αἱ δὲ τῆς δευτέρας δεκάδος, πρώτη ἐπὶ δέκα μέχρι τῆς ἐνάτης ἐπὶ δέκα, ἔπειτα δ᾽ εἰκάς· αἱ δ᾽ ἀπὸ ταύτης πρώτη μετ᾽ εἰκάδας (ἡ δ᾽ αὐτὴ δεκάτη φθίνοντος) καὶ δευτέρα μετ᾽ εἰκάδας (ἡ δ᾽ αὐτὴ ἐνάτη φθίνοντος) καὶ ὁμοίως μέχρι τῆς ἔνης καὶ νέας.

τὰ δὲ μέρη τῆς ἡμέρας τάδε· ὄρθρος ἢ ὄρθρος βαθύς, ὑπὸ πρώτην ἕω, ἡλίου ἀνέχοντος, πρωῒ τῆς ἡμέρας, μεσούσης ἡμέρας ἢ περὶ μεσημβρίαν, δείλη, δείλη ὀψία, ὀψὲ τῆς ἡμέρας, ἑσπέρα.

τῆς νυκτὸς τὰ μέρη τάδε· νυκτὸς ἀρχὴ ἢ περὶ πρώτην νύκτα, περὶ πρῶτον ὕπνον, μέσαι νύκτες, περὶ ἀλεκτρυόνων ᾠδάς. διανέμουσι δὲ καὶ τριχῇ τὴν νύκτα, ὥστε εἶναι τῆς νυκτὸς πρώτην τε φυλακὴν καὶ δευτέραν καὶ τρίτην.

22 Χειμών

χειμῶνος μὲν ψῦχος γίγνεται μέγιστον ἐν ὄρεσιν, τόν τε Ποσειδεῶνα μῆνα καὶ Γαμηλιῶνα. πνέοντος γὰρ βορέου ἀπὸ Θρήκης χιὼν μὲν πίπτει πολλὴ ἐκ Διός, ἄνεμοι δὲ φυσῶσι χαλεπώταται· πήγνυται τὸ ὕδωρ καὶ κρύσταλλος γίγνεται. καὶ μὴν καθ᾽ ὕλην πολλαὶ μὲν δρῦς πίπτουσι χαμαί, πολλαὶ δ᾽ ἐλάται, βοᾷ δὲ πᾶσ᾽ ὕλη, καὶ φρίττει τὰ θηρία, καίπερ λασίων οὐσῶν τριχῶν ἐπὶ τοῦ δέρματος αὐτῶν. ὁ δὲ βορέας ψυχρὸς ὢν διαφυσᾷ καὶ διὰ τῆς λάχνης, οὐδ᾽ αὐτὸν κατίσχει οὔτε τὸ δέρμα τοῦ βοὸς οὔτε τοῦ αἰγὸς δασὺ ὄν· τροχαλὸν δὲ καὶ γέροντα τίθησιν. ἡ δ᾽ ἀδελφή μου ἀπαλὴ οὖσα μένει οἴκοι παρὰ τῇ μητρί, λουσαμένη τὸν χρῶτα καὶ χρισαμένη ἐλαίῳ. ἡ δὲ μήτηρ τῇ μὲν ἀριστερᾷ ἔχει ἠλακάτην, τῇ δὲ δεξιᾷ ἄτρακτον. καὶ ἡ μὲν ἠλακάτη πλήρης ἐστὶν ἐρίων, τὸν δ᾽ ἄτρακτον στρέφει, καὶ κλώθει τὸ λίνον. ἐπειδὰν δὲ ἅλις λίνου ἔχῃ, παρασκευάζει τὸν ἱστόν· παρεσκευασμένου δὲ τοῦ ἱστοῦ, ὑφαίνει χρωμένη τῇ κερκίδι. ἐνυφαίνει δ᾽ ἐν τῷ ὑφάσματι ζωγραφίαν καλλίστην.

οἱ δ᾽ ἄνθρωποι τοῦ χειμῶνος στρέφουσι κάτω τὰς κεφαλάς, ὥσπερ τρίποδες γενόμενοι ἅτε βακτηρίας ἐν χερσὶν ἔχοντες, ἵνα ὑπεκδράμωσι τὴν χιόνα. καὶ δὴ τότε χλαῖνάν τε χρὴ ἀμφιέσασθαι καὶ χιτῶνα, μὴ ὀρθαὶ φρίττωσιν αἱ τρίχες κατὰ τὸ σῶμα, καὶ πέδιλα χρὴ δήσασθαι ἀμφὶ ποσίν. πρὸς τούτοις δὲ συρράπτομεν νεύρῳ δέρματα ἐρίφων, ἵνα ἀπαμύνωμεν τὸν ὑετόν, ἐπὶ δὲ κεφαλῆς πῖλον φοροῦμεν, μὴ τὸ ὕδωρ καταδύῃ εἰς τὰ ὦτα· ψυχρὰ γὰρ ἕως. καὶ τῆς μὲν νυκτὸς οἱ ἀστέρες λάμπονται, ἅμ᾽ ἕῳ δὲ νεφέλη τέταται ἐπὶ τῶν ἀγρῶν, καλὴ μὲν τοῖς πυροῖς χαλεπὴ δὲ τοῖς ἀνθρώποις· ἑσπέρας δὲ ἢ ὕει ὁ Ζεὺς ἢ πνεῖ ὁ βορέας· φθάνοις ἂν οὖν οἴκαδε ἀφικόμενος, πρὶν νέφος σ᾽ ἀμφικαλύψαι, καὶ βρέχειν τὸν χρῶτα καὶ τὴν ἐσθῆτα. οἴκοι δὲ μένων ἢ ἄροτρα πήξαις ἄν, ἢ παγίδας ἂν ὀρνίθων μηχανήσαιο, ἢ ἄλλο τι ποιοίης ἂν τῶν κατ᾽ οἰκίαν ἔργων.

23 Ἄροτος

τοῦ ἦρος ἀρχομένου λύεται μὲν ἤδη ἡ χιών, γυμνοῦται δ' ἡ γῆ καὶ ὑπανθεῖ ἡ πόα· φιλοῦμεν δ' ἐγώ τε καὶ ὁ ἀδελφὸς συνεργάζεσθαι τοῖς ἐργάταις ἐργαζομένοις. καὶ πρῶτον μὲν δεῖ ἀροῦν τὴν γῆν, ἵνα σπείρωμεν εὖ τὰ σπέρματα, μηδὲ ἀφαρπάσωσιν αὐτὰ οἱ ὄρνιθες ἐπιπολῆς ὄντα.

ἔστιν οἴκοι δύο ἄροτρα, ἕτερον μὲν αὐτόγυον, ἕτερον δὲ πηκτόν. πήγνυται δὲ τὸ ἄροτρον τὸ πηκτὸν ὧδε. τὸ μὲν ἔλυμα σκληρόν τί ἐστι ξύλον, ὅπερ διατέμνει τὴν γῆν· τοῦ δὲ ἐλύματος ἄκρου πήγνυται ἑτέρωθεν μὲν ὁ γύης, ἑτέρωθεν δ' ὁ ἱστοβοεύς. καὶ μὴν τοῦ γύου τὸ ἄκρον ἐχέτλη ἐστίν, ἧς ἔχεται ἡ χεὶρ τοῦ ἀροτῆρος· ἐπὶ δὲ τοῦ ἱστοβοέως ἔπεστι ζυγόν, ὅπερ ἐπίκειται ἐπὶ τῶν αὐχένων τῶν βοῶν. αὐτόγυον δὲ ἄροτρον ἔχει τόν τε γύην καὶ τὸ ἔλυμα αὐτοφυῆ ἄνευ γόμφων. ἕλκετον δὲ τὸ ἄροτρον δύο βόε ἄρσενε, ἥβης μέτρον ἔχοντε· οἱ γὰρ τοιοῦτοι ἄριστοι ἐργάζεσθαι.

διὰ τοῦτο δύο ἔχομεν ἀρότρω· ἵνα θάτερον ἐπιβάλωμεν τοῖς βουσὶν ἐὰν κατάξωμεν θάτερον. πένητες γάρ ἐσμεν εἰ γὰρ πλούσιος ἦν ὁ πατήρ, πολλὰ ἂν εἶχε ζεύγη βοῶν, πολλοὺς δ' ἀροτῆρας. καὶ μὴν οἱ τῶν πλουσίων ἀροτῆρες ἐλαύνουσι τοὺς βοῦς κατ' ὄγμους ἔνθα καὶ ἔνθα στρέφοντες· ὅταν δὲ στρέψαντες ἀφίκωνται πρὸς τὸ τέλσον τῆς ἀρούρας, ἄλλος τις ἐπιὼν δίδωσιν οἴνου ποτήριον. ὁ δ' ἡμέτερος ἀροτήρ, ἐὰν μὲν διψῇ, πίνει ὕδατος· ἔχει δὲ καὶ ἄρτον τετράτρυφον ἵνα φάγῃ πεινῶν.

τοῦ ἦρος οὖν πρῶτον μὲν ἀροῖ τὴν γῆν ὁ ἀρότης τῷ ἀρότρῳ· ἀροῦντος δὲ τοῦ ἀρότου ἄροτος γίγνεται. ἔπειτα δὲ σπείρει σπέρματα ὁ σπορεὺς κριθῶν τε καὶ πυρῶν· σπείροντος δὲ τοῦ σπορέως σπόρος γίγνεται.

τοῦ δὲ θέρους θερίζει ὁ θεριστής, ἀμῶν τοὺς στάχυας· θερίζοντος δὲ τοῦ θεριστοῦ θέρος γίγνεται.

τοῦ δὲ φθινοπώρου τρύγητος γίγνεται· τρυγῶσι γὰρ καὶ βότρυας καὶ σῦκα καὶ ἐλαίας καὶ ἄλλον καρπόν, ὃν καὶ ὀπώραν καλοῦσιν.[2]

---

2 μέλη πεποίηται περὶ τούτων ἐν τοῖς παρέργοις.

24 Ἔαρ

ἦρος δὲ καὶ ἄγομεν ἑορτὴν Πανὶ καὶ Νύμφαις· ὁ γὰρ Πὰν θεός ἐστι τῶν νομέων, καὶ αἱ Νύμφαι κατέχουσι τάς θ' ὕλας καὶ τοὺς ποταμοὺς καὶ κρήνας. τήμερον ἐξῆλθον ἐγὼ οἴκοθεν μετὰ τοῦ πατρὸς καὶ τοῦ νομέως· καὶ πορευομένων ἡμῶν, "ἰδού, ἦν δ' ἐγώ, χελιδών." σημεῖον γὰρ ἦρος τὴν χελιδόνα νομίζουσιν. ὁ δὲ πατήρ, "νὴ τὸν Ἡρακλέα, φησίν, αὐτηῒ· ἔαρ ἤδη." καὶ μὴν ὁρῶμεν ὁμιλίαν παιδίων· ἅπαντες δὲ κεκοσμημένοι ἦσαν πολιαῖς θριξὶ καὶ πώγωσιν, ὥσπερ γέροντες· ἔφερον δὲ εἰκόνα ξυλίνην χελιδόνος. ἐπειδὴ δ' ἀφίκοντο ἐγγὺς τῆς θύρας, ᾖδον τοιοῦτό τι ᾆσμα·

ἦλθ' ἦλθε χελιδών,
καλὰς ὥρας ἄγουσα,
καλοὺς ἐνιαυτούς,
ἐπὶ γαστέρα λευκή,
ἐπὶ νῶτα μέλαινα.
παλάθην σὺ προκύκλει
ἐκ πίονος οἴκου,
οἴνου τε δέπαστρον,
τυροῦ τε κάνιστρον.
καὶ πύρνα χελιδὼν
καὶ λεκιθίτην
οὐκ ἀπωθεῖται. πότερ' ἀπίωμεν ἢ λαβώμεθα;
εἰ μέν τι δώσεις—· εἰ δὲ μή, οὐκ ἐάσομεν·
ἢ τὴν θύραν φέρωμεν ἢ θοὐπέρθυρον
ἢ τὴν γυναῖκα τὴν ἔσω καθημένην·
μικρὰ μέν ἐστι· ῥᾳδίως νιν οἴσομεν.
ἢν δὲ φέρῃς τι
μέγα δή τι φέροιο.
ἄνοιγ' ἄνοιγε τὴν θύραν χελιδόνι·
οὐ γὰρ γέροντές ἐσμεν, ἀλλὰ παιδία.

ὁ δὲ μήτηρ, "χαίρετε, φησίν, καὶ δίδωμι ταῦθ' ὑμῖν· μή μ' ἀπάγητε, ἱκετεύω." καὶ ἅμα λέγουσα πλακοῦντάς τε δίδωσι καὶ τυρὸν καὶ ὀπώραν. οἱ δὲ χάριν εἰδότες πολλὴν οἴχονται.

Νυμφῶν ἄντρον ἐστὶν ἐν τοῖς ὄρεσι, μέγα τε καὶ κοῖλον· ἔνεστι δ' ἀγάλματα τῶν Νυμφῶν αὐτῶν λίθινα. σχῆμα δ' ἔχουσιν ὥσπερ χορεύουσαι, τὰς ἀλλήλων χεῖρας κατέχουσαι. ἀνυπόδητοι μὲν τοὺς πόδας, γυμναὶ δὲ τὰς χεῖρας μέχρι ὤμων, αἱ δὲ κόμαι λελυμέναι μέχρι τῶν αὐχένων· καὶ μειδιῶσιν αἱ παρθένοι ἱλαρῶς. ῥεῖ δ' ὕδωρ ἐκ τῆς πηγῆς, ὥστε καὶ λειμὼν πάνυ καλός ἐστιν ἔμπροσθεν τοῦ ἄντρου, πολλῆς καὶ μαλακῆς πόας οὔσης. ἀνάκεινται δ' ἐν τῷ ἄντρῳ καὶ γαυλοὶ καὶ αὐλοὶ καὶ σύριγγες καὶ κάλαμοι, τῶν ποιμένων ἀναθήματα.

ἦρος δή ἐστιν ἀρχή, καὶ πάντες οἱ νομῆς ἄγουσι τὰς ἀγέλας εἰς νομήν. εὐθὺς οὖν δρόμος ἐστὶν ἐπὶ τὰς Νύμφας καὶ τὸ ἄντρον, ἐντεῦθεν δ' ἐπὶ τὸν Πᾶνα καὶ τὴν πίτυν, εἶτ' ἐπὶ τὴν δρῦν, ὑφ' ἧς καθίζοντες τὰς ἀγέλας νέμουσιν. ἀναζητοῦσι δ' ἄνθη, μέλλοντες στεφανῶσαι τοὺς θεούς· τὰ δ' ἄνθη ἄρτι ὁ ζέφυρος τρέφων καὶ ὁ ἥλιος θερμαίνων ἐξήγαγεν· ἅμα δ' εὑρίσκεται καὶ ἴα καὶ νάρκισσος καὶ ὅσα ἦρος πρῶτα γίγνεται. οἱ δὲ νομῆς ἀπ' αἰγῶν καὶ ἀπ' οἰῶν πίνουσι γάλα νέον· ἀπάρχονται δὲ καὶ σύριγγος, ὥσπερ τὰς μούσας εἰς τὴν μουσικὴν ἐρεθίζοντες· αἱ δ' ὑποφθέγγονται ἐν ταῖς λόχμαις, ὥσπερ ἀναμιμνησκόμεναι τῆς ᾠδῆς ἐκ μακρᾶς σιωπῆς. βόμβος δὲ γίγνεται ἤδη μελιττῶν, καὶ ἦχος ὀρνίθων, καὶ σκιρτήματα ἀρνῶν ἀρτιγεννήτων· οἱ μὲν γὰρ ἄρνες σκιρτῶσιν ἐν τοῖς ὄρεσιν, βομβοῦσι δ' ἐν τοῖς λειμῶσιν αἱ μέλιτται, ᾄδουσι δ' ἐν ταῖς λόχμαις οἱ ὄρνιθες. κατὰ ταὐτὰ οὖν οἵ τε παῖδες καὶ αἱ κόραι μιμοῦνται τὰ γιγνόμενα· ἀκούοντες μὲν ᾀδόντων τῶν ὀρνίθων ᾄδουσι καὶ αὐτοί· βλέποντες δὲ σκιρτῶντας τοὺς ἄρνας, ἅλλονται κούφοις τοῖς ποσίν· τὰς δὲ μελίττας μιμούμενοι τὰ ἄνθη συλλέγουσιν, καὶ τὰ μὲν εἰς τοὺς κόλπους τιθέασι, τὰ δὲ ταῖς Νύμφαις ἐπιφέρουσι, στεφανίσκους πλέξαντες.

καὶ ἐγὼ καὶ ὁ Θρασύστομος καὶ ἡ Ἑλένη ἅμα τοῖς ἄλλοις νέμομεν τὰ πρόβατα. ἐὰν μέν τι τῶν προβάτων πλανῆται, συστέλλομεν, καί τινα τῶν αἰγῶν θρασυτέραν γενομένην ἀπελαύνομεν ἀπὸ τῶν κρημνῶν, μὴ πέσῃ κάτω. οὕτω φρουροῦμεν εὖ τὰς ἀγέλας. κἄν ποτε σχολή τις ᾖ, καλάμους μὲν ἐγὼ ἐκτεμὼν λεπτούς, καὶ τρήσας τὰς τῶν γονάτων διαφυάς, συναρτῶν κηρῷ μαλθακῷ οὕτω σύριγγα τεκταίνομαι.

25 Σῦριγξ

ὅ τ' αὐλὸς καὶ ἡ σῦριγξ διαφέρουσιν ὧδε. κάλαμος μὲν ὁ αὐλός, ἔχων ὀπὰς ἢ τρήματα μικρὰ καὶ στρογγύλα· καὶ αὐλεῖ ὧδε ὁ αὐλητής· κλήσας τὰς ἄλλας ὀπάς, μίαν ἀνοίγει μόνην, δι' ἧς τὸ πνεῦμα διαρρεῖ· τοῖς δὲ δακτύλοις κυβερνᾷ τὰ αὐλήματα. τῇ δὲ σύριγγι αὐλοὶ μέν εἰσι πολλοί, κάλαμος δὲ ἕκαστος τῶν αὐλῶν· ὀπὴν δ' ἔχουσιν ἕκαστος μίαν ἄνωθεν οὖσαν, κάτω δὲ βεβυσμένοι εἰσὶν οἱ αὐλοί. σύγκεινται δὲ στοιχηδὸν ἄλλος ἄλλῳ συγκεκολλωμένοι· εἰσὶ δ' οὐ πάντες ἴσοι, ἀλλ' ἑτέρωθεν μὲν τίθεται ὁ βραχύτατος, ἑτέρωθεν δὲ ὁ μακρότατος, οἱ δὲ μεταξὺ κατὰ λόγον τεταγμένοι, ὥσθ' ὅσῳ τις ἐλάττων τοῦ ἑτέρου, τοσούτῳ καὶ τοῦ ἑτέρου μείζων· καὶ μὴν ὅ γ' ἐν μέσῳ ἡμισύς ἐστι τοῦ μακροτάτου. αἰτία δὲ τῆς τοιαύτης τάξεως ἡ ἁρμονία· οἱ γὰρ ἄκροι τῶν καλάμων ὁ μὲν μακρότατος βαρυτάτην ἔχει φωνήν, ὁ δὲ βραχύτατος ὀξυτάτην, οἱ δὲ μεταξὺ κατὰ λόγον ἐντείνουσιν ἢ χαλῶσι τὸν τόνον. ὁ δὲ συρίζων τοὺς μὲν ἄλλους καλάμους ἀφίησιν ἐλευθέρους, τούτῳ δὲ τὸ χεῖλος ἐπιτίθησιν ὃν ἂν ἐθέλῃ μὴ σιωπᾶν, μεταπηδᾷ δ' ἄλλοτ' ἐπ' ἄλλον, κατὰ τὴν ἁρμονίαν.

26 Θέρος

ὅταν ἦρος ᾖ τέλος, θέρους δ' ἀρχή, πάντα δή ἐστιν ἐν ἀκμῇ· καρπούς τε γὰρ αἰσθανόμεθα ἐπὶ δένδρων ὄντας καὶ στάχυας ἐν ἀγροῖς. ὡς ἡδεῖα ἀκούειν τεττίγων ἡ ἠχή, ὡς γλυκεῖα ὀπώρας ἡ ὀσμή, ὡς τερπνὴ ἡ βληχὴ τῶν προβάτων. καὶ ἤκασεν ἄν τις καὶ τοὺς ποταμοὺς ᾄδειν ῥέοντας, καὶ τοὺς ἀνέμους συρίζειν ἐμπνέοντας ταῖς πίτυσιν. ἐγὼ δὲ καὶ ὁ ἀδελφὸς θαλπομένω εἰς τοὺς ποταμοὺς καταβαίνομεν, καὶ ποτὲ μὲν λουόμεθα, ποτὲ δὲ θηρῶμεν τοὺς ἰχθύας, ἔστιν δ' ὅτε πίνομεν ὡς σβέσοντες τὸ ἔνδοθεν καῦμα. ἡ δ' ἀδελφὴ ἡ Ἑλένη, μετὰ τὸ ἀμέλξαι τὰς οἶας καὶ τῶν αἰγῶν τὰς πολλάς, πολλὰ ἔχει πράγματα πηγνῦσα τὸ γάλα· δειναὶ γὰρ αἱ μυῖαι λυπεῖν καὶ δάκνειν. τὸ δ' ἐντεῦθεν, ἀπολουσαμένη τὸ πρόσωπον, πίτυος στεφανοῦται κλάδοις, καὶ τῇ νεβρίδι ζώννυται, καὶ τὸν γαυλὸν πλήσασα οἴνου καὶ γάλακτος, κοινὸν μεθ' ἡμῶν ποτὸν ἔχει. περὶ μεσημβρίαν δὲ κοιμώμεθα ὑπὸ τῶν δένδρων.

27 Τέττιξ

χθὲς ἡμῖν γελοῖόν τι ἐγένετο. ἐκλινόμεθα γὰρ χαμαὶ περὶ
μεσημβρίαν, καὶ ὅ τ᾽ ἀδελφὸς καὶ ἡ Ἑλένη ἐκάθευδον, ἐγὼ δὲ
ἥμενος ἐσύριζόν τι μέλος τῇ σύριγγι. καὶ ἰδού, χελιδὼν διώκει
τέττιγα, ὁ δὲ τέττιξ φεύγων κατέπεσεν ἐς τὸν τοῦ Θρασυστόμου
κόλπον· διώκουσα δ᾽ ἡ χελιδὼν ταῖς πτέρυξιν ἥψατο τῶν παρειῶν
τῆς Ἑλένης· ἡ δ᾽ οὐκ εἰδυῖα τὸ γεγονός, μέγα βοήσασα ἐξηγέρθη.
ἐγὼ δ᾽ ἐγέλων τὸν φόβον αὐτῆς, ὁ δὲ τέττιξ συνεχῶς ᾖδεν ὢν ἐν τῷ
κόλπῳ τοῦ Θρασυστόμου. ἐξεγείρεται δ᾽ εὐθὺς ὁ Θρασύστομος, καὶ
ἀπομάττει τοὺς ὀφθαλμοὺς ὡς νυστάζων· ἐγὼ δὲ καθίημι τὴν χεῖρα
εἰς τὸν κόλπον καὶ ἐξάγω τὸν τέττιγα, οὐδὲ οὕτως σιωπῶντα.

28 Ἀπάτη

μετ᾽ ὀλίγον δὲ χρόνον ἄλλο τι γελοιότερον ἐγένετο. ἔστι γάρ
τις τῶν γειτόνων παῖς, Χαρικλῆς τοὔνομα, ὃς τοιάνδε τέχνην
ἐμηχανήσατο. λαβὼν δέρμα λύκου μεγάλου, περιέτεινε τῷ σώματι,
ὥστε τοὺς μὲν ἐμπροσθίους πόδας περιδῆσαι περὶ τῶν χειρῶν, τοὺς
δὲ ὀπισθίους περὶ τῶν σκελῶν, καὶ τοῦ στόματος τὸ χάσμα ἐσκέπαζε
τὴν κεφαλὴν ὥσπερ ἀνδρὸς ὁπλίτου κόρυς. κοσμήσας οὖν ἑαυτὸν
κατὰ θηρίον ὡς μάλιστα, παρὰ τῇ πηγῇ ἑαυτὸν κρύπτει ἐξ ἧς ἔπινον
αἱ αἶγες καὶ τὰ πρόβατα. περὶ δὲ τὴν πηγὴν πᾶς ὁ τόπος πλήρης ἦν
ἀκανθῶν καὶ βάτων, ὥστε ῥᾳδίως ἂν ἔλαθεν ἐκεῖ λύκος ἀληθινὸς
λοχῶν. ἐκεῖ κρύψας ἑαυτὸν ὁ Χαρικλῆς περιέμενε τὴν ὥραν τοῦ
ποτοῦ, ἐλπίσας δὴ φοβήσειν ἡμᾶς τῷ σχήματι.

καὶ χρόνος οὐ πολὺς ἐν μέσῳ, καὶ πάρεσμεν ἡμεῖς, ἐλαύνοντες
τάς τε αἶγας καὶ τὰ πρόβατα. ἕπονται δὲ καὶ οἱ κύνες, οἱ φύλακες
τῶν αἰγῶν καὶ τῶν προβάτων, ὀσφραίνονταί τε τοῦ δέρματος
καὶ ἐσπίπτουσιν ἐς τὰ ἴχνη· εὐθὺς δ᾽ ἐπιφερόμενοι πρὸς αὐτὸν
ὡς λύκον ὄντα δάκνουσι, καὶ μέγα δή τι ὑλακτοῦσιν. ἡμεῖς δὲ
ἐπικελεύομεν, "εὖ γε, εὖ γε, ὦ κύνες, ἕπεσθε, ὦ κύνες." ὁ δὲ χρόνον
τινὰ ἡσύχαζεν αἰδούμενος δή· ἐπεὶ δ᾽ οἱ κύνες περισπάσαντες τὸ
δέρμα, ἔδακνον τὸ σῶμα ἤδη, μέγα οἰμώξας βοηθεῖν ἠξίου ἡμᾶς.
καὶ δὴ καὶ ἡμεῖς ἀνακαλεσάμενοι τοὺς κύνας ἡμερώσαμεν, τὸν δὲ

Χαρικλέα ἀγαγόντες πρὸς τὴν πηγὴν ἀπενίψαμεν τὰ δήγματα, καὶ διαμασησάμενοι φλοῖον χλωρὸν πτελέας, ἐπεπάσαμεν. οὕτω δὴ ἐτελεύτησεν ἡ ποιμενικὴ παιδιά.

ἀλλὰ φοβούμενοι μὴ ὡς ἀληθῶς λύκος ἐμπέσῃ, ἐμηχανώμεθα μηχανὴν τοιάνδε. σιρὸν μὲν κατωρύξαμεν, τὸ μὲν εὖρος ὀργυιᾶς, τὸ δὲ βάθος τεττάρων. καὶ μὴν τό γε χῶμα τὸ πολὺ ἐσπείρομεν, μακρὰν κομίσαντες· ξύλα δὲ ξηρὰ καὶ μακρὰ ἐτείναμεν ὑπὲρ τοῦ χάσματος, καὶ κατεπάσαμεν τὸ περιττὸν τοῦ χώματος ὥστε ὅμοιον γενέσθαι τῇ πρότερον γῇ. ὀρύξαντες δὲ τοιοῦτο ὄρυγμα παρὰ τῇ κρήνῃ, λύκου μὲν ἡμάρτομεν, πρόβατα δὲ κατέπεσεν ἓξ εἰς τὸ ὄρυγμα. ὥστε τὸ λεγόμενον φεύγοντες τὸν καπνὸν ἐπέσομεν ἐς τὸ πῦρ.

29 Σφὴξ καὶ μέλιττα

ἐκάθητο μὲν ἡ Ἑλένη ψάλλουσα τὴν κιθάραν· ἐξαίφνης δὲ σφὴξ ἐπιπτὰς ἔδακε τὴν χεῖρα, ἡ δ᾿ ἀνεβόα. καὶ ἡ τροφὸς ἐξέδραμε· καὶ παρῄνει, κελεύουσα μηδὲν ἄχθεσθαι· θέλξειν γὰρ ῥᾳδίως τὸ τραῦμα, καὶ παύσειν τῆς ἀλγηδόνος δύο ἐπάσασα ῥήματα· διδαχθῆναι γὰρ ὑπό τινος Αἰγυπτίας ἐπῳδὴν τῶν τε σφήκων καὶ τῶν μελιττῶν. καὶ ἅμ᾿ ἐπῇδε, ἅμα δὲ ἡ Ἑλένη ἔφη μετὰ μικρὸν ῥᾴων γενέσθαι. ἐγὼ δὲ εἶπον, "ὦ φιλτάτη τροφέ, θέλξον καὶ ἐμέ· ἀλγῶ γὰρ τὴν κεφαλήν." ἡ δ᾿ ἔφη, "καὶ τίς σ᾿ ἐβάσκηνεν;" ἐγὼ δ᾿ οὐκ ἔφην εἰδέναι. ἡ δ᾿ ἐπάσασα ἄλλο τι, εὐθὺς ἔπαυσε κἀμὲ τοῦ ἄλγους. ἐπάσασα δὲ τὴν ἐπῳδήν, εἶπέ τινα ἡμῖν μῦθον περὶ τῆς μελίττης, παραμύθιον τῶν πόνων. ἡ γὰρ μέλιττά τοι ὁμοία μέν πώς ἐστι τῷ σφηκί, θαυμασιωτάτη δ᾿ ἐστὶ διὰ τάδε. τὰς μελίττας τρέφομεν ἐν σίμβλοις· αἱ δὲ περιπέτονται περὶ τὰ ἄνθη, καὶ συλλέγουσι τὸ μέλι ἀπὸ τῶν ἀνθῶν, καὶ θησαυρίζουσιν αὐτὸ ἐν τοῖς σίμβλοις· ἔχουσι δὲ καὶ πολιτείαν, βασιλεὺς γὰρ ἄρχει αὐτῶν, καὶ ποιοῦσι πάντα κατὰ κόσμον. ἀλλ᾿ ἔχουσι καὶ αὐταὶ κέντρα, οἷς κεντοῦσιν ἡμᾶς καὶ ἄλγος ἐμποιοῦσιν. ἡ δὲ τροφὸς εἶπε τοιάδε·

"ἆρ᾿ ἴστε, ὦ φίλτατε, πῶς ἐκτήσατο τὸ κέντρον ἡ μέλιττα; ἄκουε δή. αἱ μέλιτται, ὡς καὶ οἶσθα, μέλι συλλέγουσιν ἀπ᾿ ἀνθῶν, καὶ ἀποτιθέασιν ἐν τοῖς σίμβλοις· ἀλλὰ οἱ ἄνθρωποι φιλοῦσιν ἀφαιρεῖν αὐταῖς τὸ μέλι· ὥστε αἱ μέλιτται, χαλεπῶς φέρουσαι τοῦτο, ἤθελον κωλύειν μὴ ἀφαιρεῖν. ἔπεμψαν οὖν πρεσβείαν ὡς τὸν Δία, φέρουσαν δῶρα. ἐπεὶ δ' ἀφίκοντο ἐπὶ τὸν Ὄλυμπον αἱ μέλιτται, ἀπέδοσαν τὰ δῶρα τῷ Διΐ· ὁ δὲ Ζεὺς ἔχαιρεν ἰδὼν τὰ δῶρα, καὶ ἔφη· ἀντὶ τούτων τῶν δώρων, ὦ εὐσεβέσταται μέλιτται, αἰτεῖτέ με καὶ ὑμεῖς δῶρον· καὶ δώσω ὅ τι ἂν βούλησθε.' ἡ δὲ γεραιτάτη τῶν μελιττῶν ἠμείψατο τάδε· ὦ Ζεῦ, εὔχομαί σέ μοι δοῦναι κέντρον ἔχειν. καὶ γὰρ κλέπται πολλάκις φοιτῶσι παρὰ τὸν σίμβλον τὸν ἐμόν, καὶ κλέπτουσι τὸ μέλι· ἐν νῷ ἔχω οὖν κεντεῖν τοὺς κλέπτας τούτους, ἵνα μηκέτι φοιτήσωσι παρ' ἐμέ.'

"ὁ δὲ Ζεὺς ἠρώτησε· 'καὶ ποῖοί τινές εἰσιν οἱ κλέπται, οἵπερ κλέπτουσι τὸ μέλι;' ἡ δ' ἔφη, 'ἔστι τοι ζῷα μέγιστα δή, ὥσπερ δένδρα, καὶ βαδίζει ὀρθά, οὐχ ὥσπερ τὰ ἄλλα τῶν ζῴων.' ὁ δὲ θεὸς εὐθὺς κατέμαθε ἀνθρώπους ὄντας τοὺς κλέπτας· καὶ ἐπειδὴ ἐφίλει καὶ τὰς μελίττας καὶ τοὺς ἀνθρώπους, εἶπεν· ὦ μέλιττα, ἐπειδὴ ἀξιοῖς κέντρον ἔχειν, ἔχε δὴ τὸ κέντρον· κεντήσεις τὸν κλέπτην καὶ λυπήσεις αὐτόν, ἀλλὰ λείψεις τὸ κέντρον ἐν τῇ ὠτειλῇ· ὥστε λυπὴν μὲν τῷ κλέπτῃ ἐμποιήσεις, θάνατον δὲ σεαυτῇ.'"

καὶ ἐγὼ ἐβόων, "οἴμοι τῆς μελίττης· τοῦτό τοι δῶρον ἄδωρόν ἐστιν, ὥσπερ λέγουσι τὰ τῶν ἐχθρῶν·

"ἐχθρῶν ἄδωρα δῶρα, κοὐκ ὀνήσιμα."

30 Χόλος

παῖς εἰμ' ἐγὼ πεντεκαίδεκα ἔτη γεγονώς, ὁ δ' ἀδελφὸς δέκα ἔτη γεγονώς ἐστιν, ἡ δ' ἀδελφὴ ἑπτακαίδεκα ἔτη γεγονυῖα. ὁπόσα μὲν ἔτη γεγονώς ἐστιν ὁ πατήρ μου, οὐκ οἶδ' ἔγωγε, νομίζω δὲ ἑκατὸν μάλιστα· καὶ γὰρ ἔχει τὰς τρίχας πολιάς, ἔχει δὲ καὶ μέγαν τὸν πώγονα καὶ μεγάλην τὴν φωνήν. ὁ πατὴρ δ' ὅταν ὀργίζηται συσπᾷ δὴ τὰς ὀφρύας, ὥστε ῥυτίδας φαίνεσθαι ἐν τῷ μετώπῳ, καὶ ταυρηδὸν βλέπων βοᾷ μεγάλῃ τῇ φωνῇ, "ἐς κόρακας, ὦ κάθαρμα· εἴθε μὴ ἐγένου τὴν ἀρχήν." ἡ δὲ μήτηρ, "εὐφήμει, φησίν, ὦ ἄνερ· σὸς γάρ ἐστιν ὁ παῖς, χρηστοῦ πατρὸς νεόττιον." ὁ δὲ βοᾷ μάλ' αὖθις, "σὸς μὲν οὖν, κακοῦ κόρακος κακὸν ᾠόν." ἡμεῖς δὲ φοβούμενοι λανθάνομεν φεύγοντες.

31 Φάττα

ὁ βουκόλος ἡμῶν ὁ γεραίτατος πολλοὺς μὲν οἶδε μύθους τῶν πάλαι, πολλάκις δ' ἡμῖν διηγεῖται. κοιμωμένων δέ ποτε περὶ μεσημβρίαν ἡμῶν ἐν τῇ σκιᾷ, ἀκούομεν φάττης στενούσης ἐν τῇ λόχμῃ· ἡ δ' Ἑλένη, "φεῦ τῆς ὄρνιθος, ἦ δ' ἥ, ὡς οἰκτρῶς ἀναστένει." ὁ δὲ βουκόλος, "καὶ εὖ ποιοῦσα, φησίν· ἦν γάρ ποτε παρθένος καὶ αὐτή." ἡ δὲ φησίν, "εἰ γὰρ λέγοις ἡμῖν τὸν μῦθον παραμύθιον τοῦ θάλπους· μὴ ἄλλως ποίου." ὁ δ' οὐδὲν φθονῶν λέγει τοιάδε·

"ἴσθι οὖν τὴν φάτταν, ὦ Ἑλένη, παρθένον γενομένην καλήν· ἔνεμε δὲ βοῦς πολλὰς οὕτως ἐν ὕλῃ· ἦν δ' ἄρα καὶ μουσική τις. καὶ ἐτέρποντο αἱ βόες ταῖς ᾠδαῖς, καὶ ἔνεμε τὰς βοῦς οὔτε καλαύροπι οὔτε κέντρῳ χρωμένη· ἀλλὰ καθημένη ὑπὸ πίτυος, καὶ στεφανίσκον ἔχουσα πίτυος, ᾖδε Πᾶνα καὶ τὴν πίτυν, αἱ δὲ βόες παρέμενον ἡδόμεναι τῇ ᾠδῇ. παῖς δ' ἦν πέλας νέμων βοῦς, ὣν δὲ καὶ αὐτὸς οὐκ ἄμουσος, φιλονεικῶν δ' ὡς ἀνὴρ πρὸς γυναῖκα, μέλος ᾖδεν ἀντῳδόν· ᾄδων δ' ἔθελξε τὰς βοῦς τὰς τῆς παρθένου, καὶ τῶν βοῶν ὀκτὼ αἱ ἄρισται ᾤχοντο φερόμεναι ὡς αὐτόν. ἤχθετο δ' ἡ παρθένος τὰς μὲν βοῦς ὀλέσασα, τῇ δ' ᾠδῇ ἡττηθεῖσα· καὶ ηὔχετο τοῖς θεοῖς ὄρνις γενέσθαι πρὶν οἴκαδ' ἀφικέσθαι. ἐπείθοντο δ' οἱ θεοί, καὶ μεταλλάττουσιν αὐτῇ τὴν φύσιν, καὶ ἐγένετο αὕτη ἡ ὄρνις, ἡ φάττα, μουσικωτάτη οὖσα· στένει δ' ἥδε ἔτι καὶ νῦν, μηνύουσα τὴν συμφοράν, ὅτι ζητεῖ τὰς βοῦς τὰς θελχθείσας."

32 Τρύγητος

ἀκμαζούσης τῆς ὀπώρας ὁ τρύγητος γίγνεται· γιγνομένου δὲ τοῦ τρυγήτου, πᾶς ἐστι κατὰ τοὺς ἀγροὺς ἐν ἔργῳ. ὁ μὲν γὰρ ληνοὺς ἐπισκευάζει· ὁ δὲ πίθους ἐκκαθαίρει· οἱ δὲ πλέκουσιν ἀρρίχους. δεῖ δρεπάνης μικρᾶς ἐς βότρυος τομήν, δεῖ λίθου ὥστε θλῖψαι τοὺς βότρυας, δεῖ λύγου ξηρᾶς πρὸς δᾷδας, ἵνα τὸ γλεῦκος ὑπὸ φάους κομισθῇ. ἡμεῖς οὖν μετὰ τῶν ἄλλων μετέχομεν τοῦ ἔργου. τοὺς μὲν βότρυας ἐν ἀρρίχοις βαστάζομεν καὶ ἐς τὰς ληνοὺς ἐμβάλλομεν, ἐμβαλόντες δὲ πατοῦμεν γυμνοῖς τοῖς ποσί· ἡ δ' Ἑλένη τροφὴν παρασκευάζει τοῖς τρυγῶσι, καὶ ἐγχεῖ οἶνον αὐτοῖς, καὶ τῶν ἀμπέλων τὰς ταπεινοτέρας αὐτὴ τρυγᾷ.

ὅταν δὲ μετ' ὀλίγας ἡμέρας τέλος γένηται τοῦ τρυγήτου, πάντες ὥσπερ κύνες ἐκ δεσμῶν λυθέντες σκιρτῶσι, συρίζουσιν, ᾄδουσιν. οἱ δὲ γέροντες ἥσυχοι τῆς ἑσπέρας κατακλινόμενοι, πολλὰ πρὸς ἀλλήλους λέγουσιν, οἷα δὴ γέροντες· ὡς ἔνεμον ἡνίκ' ἦσαν νέοι, ὡς δὲ πολλὰς ληστῶν διαδρομὰς διέφυγον· ἐσεμνύνετό τις ὡς λύκον κτείνας· ἄλλος δ' ὡς μόνου τοῦ Πανὸς δεύτερα συρίζων· οὗτος δὲ κόμπος ἦν Μελήτου, ἀνδρὸς βουκόλου, πρεσβύτου, σισύραν ἐνδεδυμένου καὶ πήραν ἐξηρτημένου, καὶ καρβατίνας ὑποδεδεμένου. ἐδέοντο οὖν αὐτοῦ πάντες συρίζειν· ὁ δὲ καίπερ γέρων ὢν τέλος δὴ συνῄνει, καὶ μετεπέμψατο τὴν ἑαυτοῦ σύριγγα. ἐν ᾧ χρόνῳ δὲ ἀπῆν ὁ παῖς ὁ κομίζων τὴν σύριγγα, λέγει ἡμῖν ὁ Μέλητος τὸν περὶ τῆς σύριγγος μῦθον, ὅνπερ ᾖσεν αὐτῷ Σίκελος αἰπόλος τράγον ληψόμενος μισθόν. ὁ δὲ μῦθος ἦν τοιόσδε·

"αὕτη ἡ σύριγξ, ἦ δ' ὃς ὁ Μέλητος, οὐκ ἦν ὄργανον τὴν ἀρχήν, ἀλλὰ παρθένος καλὴ καὶ μουσική. ὁ δὲ Πὰν ἀκούσας τῆς παρθένου πάνυ καλῶς ᾀδούσης, ἤρα αὐτῆς καὶ γαμεῖν ἤθελεν· ἡ δ' ἐγέλα λέγουσα, 'ποῖός τις σύ γ' ἐραστής, οὔτε τράγος ὢν οὔτ' ἄνθρωπος;' ἴστε γὰρ τὸν Πᾶνα τραγικῶ ἔχοντα τὼ σκέλει. καὶ ὁ μὲν ὠργίζετο, ἡ δ' ἔφευγε· φεύγουσα δὲ καὶ καμοῦσα, ἐς δόνακας ἔκρυψεν ἑαυτήν, καὶ δὴ καὶ ὡς φασὶν φρούδη γίγνεται ἢ ἐς ἕλος ἢ καταδύσασα ἐς τὴν γῆν. ὁ δὲ Πὰν κατατεμὼν τοὺς δόνακας, εἶτα ἤθελεν συζεῦξαι, ὡς μόρια δὴ τοῦ σώματος τῆς παρθένου· συζεύξας δὲ ἐφίλει, καὶ ἐν ᾧ ἐφίλει τοὺς δόνακας, ἐπιθεὶς τὸ στόμα καὶ ἐμπνέων κατὰ τύχην, τὸ πνεῦμα φωνὴν ἐνεποίει, καὶ ἔστενον ἤδη οἱ δόνακες. ὁ Πὰν οὖν μαθὼν ταῦτα ἐξεῦρε τὸ ὄργανον ὅπερ καλοῦμεν σύριγγα."

κατῆλθε δ' ἤδη ὁ παῖς φέρων τοῦ Μελήτου τὴν σύριγγα· ἀναστὰς οὖν ὁ Μέλητος, καὶ καθίσας ἐν καθέδρᾳ, πρῶτον μὲν ἐπειρᾶτο τῶν καλάμων, εἰ εὔπνοι· εἶτα μαθὼν τὸ πνεῦμα διατρέχον εὖ, ἐνέπνει. καὶ ἐνόμιζέ τις ἂν αὐτὸν τὸν Πᾶνα συρίζειν, οὕτω καλὸν ἦν τὸ σύριγμα.

οἱ μὲν οὖν ἄλλοι σιωπῇ ἔκειντο τερπόμενοι· Τίτυρος δὲ ἀναστάς, καὶ κελεύσας συρίζειν διονυσιακὸν μέλος, ἐπιλήνιον αὐτοῖς ὄρχησιν ὠρχήσατο· καὶ ἐῴκει ποτὲ μὲν τρυγῶντι ποτὲ δὲ φέροντι ἀρρίχους, εἶτα πατοῦντι τοὺς βότρυας, εἶτα πληροῦντι τοὺς πίθους, εἶτα πινοντι τοῦ γλεύκους. ταῦτα πάντα οὕτως εὖ ὠρχήσατο ὁ Τίτυρος, ὥστ' ἐδόκουν βλέπειν καὶ τὰς ἀμπέλους καὶ τὴν ληνὸν καὶ τοὺς πίθους καὶ ἀληθῶς Τίτυρον πίνοντα.

τοῦτο δὲ κινεῖ ἐμέ τε καὶ τὴν Ἑλένην· καὶ εὐθὺς ἀναστάντες ὠρχούμεθα τὸν μῦθον τὸν τῆς Σύριγγος. ἐγὼ μὲν Πᾶνα ἐμιμούμην, ἡ δὲ Σύριγγα. ἐγὼ μὲν ἱκέτευον, ἡ δὲ καταφρονοῦσα ἐμειδία· ἐδίωκον μὲν ἐγώ, ἐπ' ἄκροις τοῖς ποσὶ τρέχων, τὰς χηλὰς τοῦ Πανὸς μιμούμενος· ἡ δὲ ἔφευγε, καὶ φεύγουσα ἔκαμνεν. ἔπειτα ἡ Ἑλένη κατέφυγεν ἐς τὴν ὕλην κρύψουσ' ἑαυτήν, ἐγὼ δὲ λαβὼν τὴν Μελήτου σύριγγα, συρίζω· ὥσθ' ὁ Μέλητος θαυμάσας φιλεῖ τέ μ' ἀναπηδήσας, καὶ τὴν σύριγγα χαρίζεταί μοι, καὶ χαίρει καταλιπὼν αὐτὴν διαδόχῳ τοιούτῳ.

33 Ἀτυχία

τήμερον ἐγένετο κακὸν μέγα· καὶ γὰρ ὁ Εὐκράτης ἐρρίφθη ἀφ' ἵππου.

ἔστι μὲν φίλος μου ὁ Εὐκράτης καὶ ὁμῆλιξ, ναίει δὲ οὐ πέλας. οὗτος δὲ ἔλαβε νεωστὶ δῶρον ἀπὸ τοῦ πατρός, ἵππον καλὸν καὶ μέγαν. ἔτυχεν δ' ὁ πατὴρ τοῦ Εὐκράτους παρὼν μεθ' ἡμῶν, καὶ ἦλθέ τις τῶν οἰκετῶν αὐτοῦ, σημαίνων τῷ προσώπῳ κακόν τι· ὁ δὲ πατὴρ ἀνεβόα, "κακόν τι γέγονε τῷ παιδί." πρὸς ταῦτα ἀντημείψατο ὁ οἰκέτης, "τέθνηκεν ὁ παῖς." ὁ δὲ πατὴρ ὥσπερ κωφὸς γενόμενος ἐκάθητο σιωπῶν· ὁ δ' οἰκέτης λέγει· "ἀνέβη δὴ ὁ Εὐκράτης ἐπὶ τὸν ἵππον, ὃν σὺ ἔδωκας αὐτῷ, καὶ πρῶτον μὲν ἤλαυνεν ἠρέμα· ἐπεὶ δὲ δύο ἢ τρεῖς δρόμους περιῆλθεν, ἐπέσχε τὸν ἵππον, καὶ τὸν ἱδρῶτα κατέψα καθήμενος, τοῦ ῥυτῆρος ἀμελήσας. ἀπομάττοντος δὲ τοὺς ἱδρῶτας ἀπὸ τῆς ἕδρας, ψόφος ὄπισθεν γίγνεται, καὶ ὁ ἵππος ἐκταραχθεὶς πηδᾷ ὄρθιος καὶ φέρεται, ἐνδακὼν τὸν χαλινόν, καὶ σιμώσας τὸν αὐχένα, καὶ τὴν ἔθειραν φρίξας. καὶ οἰστρηθεὶς φόβῳ, ἄνω τε καὶ κάτω πηδᾷ· ὁ δὲ παῖς ὁ κακοδαίμων ἄλλοτε ἐπὶ οὐρὰν κατολισθάνει, ἄλλοτ' ἐπὶ τράχηλον κυβιστᾷ· καὶ ἦν τῆς τύχης, οὐκέτι δυνάμενος κρατεῖν τῶν ῥυτήρων. μετ' ὀλίγον οὖν ὁ ἵππος ἐκτρέπεται τῆς ὁδοῦ καὶ εἰς ὕλην εἰσεπήδησε, καὶ εὐθὺς τὸν παῖδα προσπαίει δένδρῳ· ὁ δ' ἐκκρούεται ἐξ ἕδρας, τὸ δὲ πρόσωπον σπαράττεται τοῖς κλάδοις τοῦ δένδρου καὶ αἰσχροῖς τραύμασι περιδρύπτεται. καὶ μὴν οἱ ῥυτῆρές γε περιδεθέντες οὐκ ἀφῆκαν τὸ σῶμα, ἀλλὰ εἷλκον ὀπίσω. ὁ δ' ἵππος ἔτι μᾶλλον ταραττόμενος τῷ πτώματι καὶ ἐμποδιζόμενος ἐς τὸν δρόμον, καταπατεῖ τὸν ἄθλιον, ἐκλακτίζων· ὥστ' ἰδών τις οὐκ ἂν γνωρίσειεν αὐτόν."

ταῦτ' ἀκούσας ὁ πατὴρ χρόνον μέν τινα ἐσίγα, εἶτ' ἀναστὰς ἔτι σιγῶν ἀπῆλθεν· αἱ δὲ γυναῖκες κλαίουσαι ἐπλήρουν τὴν οἰκίαν κωκυμάτων.

34 Ἀσκληπιός

οἷα ἔπαθον, ἄναξ Παιών· οἷα θαύματα εἶδον, αὐτὸς ὁρῶν καὶ ἀκούων, αὐτόπτης γενόμενος. ὦ μεγάλων θεῶν. ἀλλὰ δεῖ πάντα λέγειν ἐφεξῆς.

ὁ ἀδελφὸς ἐνόσησε· ὦ τοῦ τάλανος. ἐπύρεττε σφόδρα· ἐμφύσημα κακόν, πολλὴ δίψα, παρέλεγε, παρεφέρετο· λήθη εἶχε πάντων ὅσα λέγοι· ἐρρίγωσεν, ἐθερμάνθη· βοή, ταραχή, λόγοι πολλοί, κῶμα. τί ποιῶμεν; εὐχόμεθα τοῖς θεοῖς, τοῖς ἥρωσι· θύομεν ἱερά· οὐδὲν ὄφελος. ἔδοξεν οὖν ἐγκοιμᾶσθαι ἐν τῷ Ἀσκληπιείῳ.

ἐπορευόμεθα ἐγώ τε καὶ ὁ πατὴρ καὶ οἰκέται τινές, ὁ δ' ἀδελφὸς ἐν ἁμάξῃ, οἰκτρῶς διακείμενος.

ἦμεν οὖν πρὸς τὸ τέμενος τοῦ θεοῦ. ἔπειτα δὲ βωμῷ καθωσιώσαμεν τὰ πόπανα καὶ τὰ προθύματα, τὸν δὲ πέλανον εἰσεβάλομεν εἰς τὸ πῦρ· ταῦτα δὲ ποιήσαντες, κατεκλίναμεν τὸν παῖδα, καὶ ἡμεῖς παρ' αὐτῷ κατεκλίθημεν, ἔχοντες στιβάδα ἕκαστος. καὶ ἦσαν πολλοὶ καὶ ἄλλοι ἐγκοιμώμενοι, παντοδαπὰ νοσήματα ἔχοντες. καὶ ὁ πρόπολος ἐλθὼν ἀπέσβεσε τοὺς λύχνους· ἀποσβέσας δὲ ἡμῖν παρήγγειλεν ἐγκαθεύδειν· "καὶ ἐάν τις, φησίν, ψόφου αἴσθηται, σιγάτω." ἡμεῖς δὲ κοσμίως κατεκείμεθα. ἀλλ' ἐγὼ οὐκ ἠδυνάμην καθεύδειν· ἔπειτα ἀναβλέψας ὁρῶ τὸν ἱερέα συλλέγοντα τοὺς φθοῖς καὶ τὰς ἰσχάδας ἀπὸ τῆς ἱερᾶς τραπέζης, περιῆλθε δὲ πάντας τοὺς βωμοὺς ἐν κύκλῳ, ζητῶν τὰ πόπανα.

καὶ ἰδοὺ ὁ θεός, ὥσπερ νεανίας τις καλός· περιῄει δὲ μετὰ προσπόλων τινῶν, καί, ὡς ἐδόκει, εἵποντο αὐτῷ αἱ θυγατέρες,

Ἰασὼ καὶ Πανάκεια. καὶ ὁ θεὸς ἐσκόπει τὰ νοσήματα. ἐγὼ δὲ δείσας
ἐνεκαλυψάμην, ἑώρων δὲ πάντα ὅμως δι' ὀπῆς τινος τοῦ τριβωνίου.
ὁ δ' ἔδωκε τῷ μὲν φάρμακον, τῷ δὲ κατέπλασεν τὰ βλέφαρα, καὶ
ἄλλοις ἄλλως ἐχρῆτο. μετὰ ταῦτα τῷ Θρασυστόμῳ παρεκαθέζετο·
καὶ πρῶτον μὲν ἐφήψατο τῆς κεφαλῆς καὶ τῆς χειρός, οὐκ οἶδα
πῶς· εἶτ' ἐπόππυσεν· καὶ ἰδού, ἐξῃξάτην δύο δράκοντε ἐκ τοῦ ναοῦ,
ὑπερφυῶς ὡς μεγάλω. τούτω δὲ τὼ δράκοντε περιελειχέτην τὸ
πρόσωπον, ὁ δὲ παῖς ἐκοιμᾶτο. καὶ ὡς διέλαμψεν ἡμέρα, ἐξηγέρθη
ὑγιής.

ὁ δὲ πατὴρ εὐθὺς ἔθυσε χοῖρον τῷ θεῷ, εὐχόμενος ὧδε· "χαίροις,
ἄναξ Παιών, ἥ τε Κορωνὶς ἥ σ' ἔτικτεν καὶ ὁ πατὴρ Ἀπόλλων, καὶ
Ὑγίεια καὶ Ἰασὼ καὶ Πανάκεια χαίροιεν· ἵλεῳ δεῦτε, δέξαισθε τὸν
χοῖρον ὃν θύω, ἴατρα τῆς νόσου ἣν ἀπέψησας ταῖς ἠπίαις χερσίν,
ὦ ἄναξ." ταῦτ' εἰπών, ἀνέθηκε πίνακα. ἔπειτα προσῄει ὁ νεωκόρος
λέγων, "καλά σοι τὰ ἱερά, ὦ ἄνερ. ἰὴ ἰὴ Παιών, εὐμενὴς εἴης ἐπὶ
καλοῖς ἱεροῖς τούτῳ τε καὶ τοῖς υἱοῖς. ἰὴ ἰὴ Παιών· οὕτως εἴη ταῦτα."
καὶ ὁ πατὴρ λέγει πρὸς ἐμέ, "ἔνθες τὸν πέλανον εἰς τὴν τρώγλην τοῦ
δράκοντος εὐφημῶν." δόντες δὲ τῷ νεωκόρῳ τὴν μοῖραν τοῦ χοίρου,
ἀπῆμεν χαίροντες οἴκαδε.

35 Τὰ τῆς μάνδρας

ἐξήλθομεν νεωστὶ πρὸς θήραν ἐγώ τε καὶ ὁ πατήρ· καὶ τῆς
ἑσπέρας ὁρῶμεν σταθμόν τινα οὐ πολὺ ἀπέχοντα. οἱ δὲ κύνες
αὐτοῦ ᾔσθοντο προσιόντων ἡμῶν, καὶ ὑλάκτουν μέγα, καὶ δὴ καὶ
ἔδακον ἄν, εἰ μὴ ἡμεῖς ἐκαθίσαμεν. ἀλλ' εὐθὺς ἐξῆλθεν ἐκεῖνος ὃς
τοῦτον τὸν σταθμὸν ᾠκοδόμησε· καὶ ἐσόβει μὲν τοὺς κύνας, ἡμᾶς δὲ
φιλίως ἠσπάζετο, λέγων, "χαῖρε, ὦ ξένε, καὶ σύ, ὦ παῖ." ὁ δὲ πατήρ,
"χαῖρε καὶ σύ, φησίν, ὦ γέρον· καὶ γὰρ εὖ ἴσθι ἀπολομένους ἂν
ἡμᾶς ὑπὸ τῶν σῶν κυνῶν, εἰ μὴ ἔφθασας βοηθῶν." "ἀληθῆ, ἦ δ' ὃς
ὁ συβώτης· ἀλλ' ἕπου, ἵνα σοι δῶ φαγεῖν καὶ πιεῖν· ὀψὲ γάρ." ταῦτ'
εἰπών, ἡγεῖτο ἡμῶν ὁ συβώτης· καὶ ἔστρωσε χαμαὶ δέρματα αἰγῶν· ὁ
δὲ πατὴρ εἶπεν, "Ζεὺς δοίη σοι, ὦ γέρον, ὅ τι μάλιστα ἐθέλεις, ἀντὶ
τῆς φιλοξενίας." ὁ δέ, "ὦ ξέν', ἔφη, πρὸς Διὸς ἔρχονται ξένοι τε καὶ
πτωχοί· ὀλίγον μὲν δίδωμι, ἄσμενος δέ." ταῦτ' εἰπὼν ἐκόμισεν ἀπὸ

τοῦ συφεοῦ χοῖρον γαλαθηνόν· καὶ σφάξας ὤπτησε τὰ κρέα ἀμφ᾽ ὀβελοῖς. ὀπτήσας δὲ παρέθηκεν ἡμῖν θερμά, αὐτοῖς ὀβελοῖς· καὶ ἐκέρασεν οἶνον, καὶ πέλας καθίσας ἔφη, "ἐσθίετε νῦν, ὦ ξένοι." καὶ ἐπεὶ ἐφάγομεν, ἔπλησε τὸ ποτήριον ᾧπερ ἔπινεν αὐτός, καὶ ἔδωκε τῷ πατρί, καὶ ὃς ἐμοί.

καὶ μὴν νὺξ ἐπῆλθε κακὴ καὶ σκοτεινή· σελήνη γὰρ οὐκ ἦν. ὗε δὲ Ζεὺς παννύχιος, ἔπνει δὲ Ζέφυρος, ὃς αἰεὶ ὑετὸν φέρει ἀνθρώποις. ἡμεῖς δὲ ἐκαθήμεθα διαλεγόμενοι. καὶ ὁ πατήρ, "εἰπέ μοι, φησίν, τι ἐστι τὸ ὄνομά σου; καὶ τίς πόθεν εἶ ἀνδρῶν;" ὁ δὲ ἀπεκρίνατο ὧδε·

"ὦ ξένε, τὸ μὲν ὄνομα Εὔμαιος, συβώτης δ᾽ εἰμὶ ὡς ὁρᾷς· ἀλλ᾽ ἐγενόμην μακρὰν ἔνθενδε. νῆσός ἐστί τις Ἀστυπάλαια, εἴ που ἀκούεις, Κρήτης μὲν καθύπερθεν, ἐγγὺς δὲ τῆς Ἀμοργοῦ· καλοῦσι δ᾽ αὐτὴν θεῶν τράπεζαν· κεῖται δ᾽ ἐν μέσῃ τῇ θαλάττῃ, εὔβοτος, εὔμηλος, πλήρης οἴνου καὶ πυρῶν. ἔστι δὲ καὶ ὑγιεινὴ ὡς μάλιστα, οὐδὲ νόσοι ὑπάρχουσιν· ἀποθνήσκουσι δ᾽ οἱ ἔνοντες γήρᾳ, πολλὰ ἔτη γεγονότες. ἔνεστον δὲ δύο πόλει, τῆς δ᾽ ἑτέρας πλουσιώτατος ἦν πολίτης ὁ πατὴρ ὁ ἐμός."

ὁ δὲ πατήρ μου ὑπολαβὼν εἶπεν, "φεῦ τῆς ἀτυχίας, ὦ Εὔμαιε· οἷος ὢν οἷος ἐγένου δή." ὁ δὲ εἶπεν, "ἀληθῆ λέγεις, ὦ ξένε· καὶ γὰρ ἦλθον ἄνδρες Φοίνικες ἐν νηΐ, πλεονέκται ὄντες καὶ ἄγριοι, ἔμποροι δὲ τὸ σχῆμα. ἦγον δὲ φόρτον ἀθυρμάτων ἐν τῇ νηΐ. καὶ μὴν ἦν γ᾽ ἐν τῇ πατρὸς οἰκίᾳ γυνὴ Φοῖνιξ· ἡ δ᾽ ἰδοῦσα τοὺς πατριώτας, μηχανὴν ἐμηχανήσατο τοιάνδε· συνθεῖσα τὴν ἡμέραν ἐν ᾗ ἄπεισιν οἱ Φοίνικες, λάθρα τοῦ πατρὸς τοῦ ἐμοῦ φεύγει. καὶ οἱ μὲν ἐδείπνησάν τε καὶ ἐξῆλθον ἐς ἀγοράν, αἱ δὲ γυναῖκες ἐκάθηντο ἐν τῇ αὐλῇ· ἦν δ᾽ ἐν μέσῳ Φοῖνίξ τις, ἐκ συνθήματος ἐλθών, ἔχων δὲ περιδέραιον χρυσοῦν τε καὶ καλόν· καὶ αἱ μὲν ἐλάμβανον ἐν χερσὶν τὸ περιδέραιον, καὶ περιέβαλλον ταῖς δέραις, καὶ ὦνον ἐδίδουν· ὁ δὲ πρῶτον μὲν ἀνένευσε, τέλος δὲ κατένευσε, καὶ λαβὼν τὸν ὦνον παρὰ τὴν νῆα ἀπέβη. ἐν τούτῳ δὲ ἡ δούλη λαθοῦσα κατέφυγε, λαβοῦσα μὲν χειρὸς ἐμέ, κρύψασα δὲ ἐν κόλπῳ τρία ποτήρια χρυσᾶ, ἅπερ ἐφεῦρέ που· ἐγὼ δὲ εἱπόμην οὐδ᾽ ἔγνων τὸ γιγνόμενον. ἐπειδὴ δ᾽ ἐς τὸν λιμένα κατήλθομεν, τρέχοντες ταχέως, ἰδοὺ ἥ τε ναῦς ἑτοίμη καὶ οἱ Φοίνικες· καὶ εὐθὺς ἀναβάντες εἰς τὴν ναῦν ἀπεπλέομεν, ἦν δ᾽ οὔριος ἄνεμος κατὰ πρύμναν. καὶ ἓξ μὲν ἡμέρας ἐπλέομεν ὑπὲρ τὴν θάλατταν, τῇ δ᾽ ἑβδόμῃ προσεῖχον τὴν ναῦν τῇ Ἀττικῇ, ὅπου ἐστὶν ὁ πορθμὸς τῆς τ᾽ Ἀττικῆς καὶ τῆς Εὐβοίας· ἐμὲ δ᾽ ἀπέδοντο τριακοσίων δραχμῶν ἀνδρὶ ἀγροίκῳ, ὁ δέ μ᾽ ἐπέστησε τῷδε τῷ σταθμῷ φυλάξοντα τὸ χοιροκομεῖον αὐτῷ· ἔχω δέ, ὡς ὁρᾷς, σῦς πολλούς τε καὶ πολλάς.”

πρὸς ταῦτ᾽ ἀπεκρίνατο ὁ πατὴρ ὧδε· “ὦ Εὔμαιε, οἰκτίρω σε δή, οἷα ἔπαθες κακά· Ζεὺς δ᾽ ἄρα δίδωσιν ἑκάστῳ ὅποι᾽ ἂν ἐθέλῃ, τῷ μὲν καλά, τῷ δὲ κακά· ἡμεῖς δὲ ὄντες ἐφημέριοι ἐοίκαμεν τοῖς φύλλοις τῶν δένδρων, κινούμεθα δ᾽ ἔνθα καὶ ἔνθα ὑπὸ τῶν ἀνέμων εἰκῇ. ἀλλὰ πίωμεν καὶ λαθώμεθα τῶν κακῶν.”

ἐπεὶ δ᾽ ἐπαύσατο λέγων ὁ πατήρ, χρόνον μέν τινα ἐσιγῶμεν· τέλος τῶν ἑταίρων τις τῶν Εὐμαίου (ἦσαν γὰρ δύο, καὶ ἐκαθήσθην πέλας) εἶπε, “κἀγώ, ὦ Εὔμαιε, ἤκουσα θαυμάσι᾽ ἄττα ἀπὸ Φοίνικός τινος, ὃς ἔφασκε περιπλεῖν τὴν Λιβύην ἔξω τῶν Ἡρακλείων στηλῶν.” ὁ δ᾽ Εὔμαιος, “λέγε δή,” φησίν· ὁ δ᾽ ἔφη, “καὶ δὴ λέγω ὡς καὶ ἐκεῖνος εἶπεν ἐμοί. ἔδοξε γὰρ τοῖς Καρχηδονίοις, ἦ δ᾽ ὃς ὁ Φοῖνιξ, ᾧ ἦν ὄνομα Ἄννων, πλεῖν ἐμὲ ἔξω στηλῶν καὶ πόλεις κτίζειν. καὶ ἔπλευσα πεντηκοντόρους ἑξήκοντα ἄγων, καὶ πλῆθος ἀνδρῶν καὶ γυναικῶν μυριάδων τριῶν, καὶ σιτία, καὶ τὴν ἄλλην παρασκευήν. ὡς δ᾽ ἀναχθέντες ἐπλεύσαμεν ἔξω τῶν στηλῶν, ἀφικόμεθα ἐπὶ Σολόεντα, Λιβυκὸν ἀκρωτήριον λάσιον δένδρεσιν. ἔνθα Ποσειδῶνος ἱερὸν ἱδρυσάμενοι πάλιν ἐπέβημεν πρὸς ἥλιον ἀνέχοντα ἡμέρας ἥμισυ, ἄχρι οὗ ἐκομίσθημεν ἐς λίμνην οὐ πόρρω τῆς θαλάττης κειμένην, καλάμου μεστὴν πολλοῦ καὶ μεγάλου· ἐνῆσαν δὲ καὶ ἐλέφαντες καὶ τἆλλα θηρία νεμόμενα πάμπολλα. τὴν δὲ λίμνην παραλλάξαντες ὅσον ἡμέρας πλοῦν, κατῳκίσαμεν πόλεις πρὸς τῇ θαλάττῃ πέντε. κἀκεῖθεν ἀναχθέντες ἤλθομεν ἐπὶ μέγαν ποταμὸν Λίξον, ἀπὸ τῆς Λιβύης ῥέοντα. παρὰ δ᾽ αὐτὸν νομάδες ἄνθρωποι Λιξῖται βοσκήματ᾽ ἔνεμον, παρ᾽ οἷς ἐμείναμεν χρόνον τινά, φίλοι γενόμενοι. τούτων δὲ καθύπερθεν Αἰθίοπες ᾤκουν ἄξενοι, γῆν νεμόμενοι θηριώδη. ὄρη δὲ ἦν μεγάλα, ἐξ ὧν ῥεῖν φασι τὸν Λίξον, περὶ δὲ τὰ ὄρη κατοικεῖν ἀνθρώπους ἀλλοιομόρφους, Τρωγλοδύτας· οὓς θάττονας ἵππων δρόμῳ ἔφασαν οἱ Λιξῖται. λαβόντες δὲ παρ᾽ αὐτῶν ἑρμηνέας, παρεπλέομεν τὴν ἐρήμην πρὸς μεσημβρίαν δύο ἡμέρας· ἐκεῖθεν δὲ πάλιν πρὸς ἥλιον ἀνέχοντα ἡμέρας δρόμον. ἔνθα εὕρομεν ἐν μυχῷ τινος κόλπου νῆσον μικράν, κύκλον ἔχουσαν

σταδίων πέντε· ἣν κατῳκίσαμεν, Κέρνην ὀνομάσαντες. τοὐντεῦθεν
ἐς λίμνην ἀφικόμεθα, διά τινος ποταμοῦ μεγάλου διαπλεύσαντες·
εἶχε δὲ νήσους ἡ λίμνη τρεῖς, μείζους τῆς Κέρνης. ἀφ' ὧν ἡμερήσιον
πλοῦν κατανύσαντες, εἰς τὸν μυχὸν τῆς λίμνης ἤλθομεν, ὑπὲρ ἣν
ὄρη μέγιστα ὑπερέτεινε, μεστὰ ἀνθρώπων ἀγρίων, δέρματα θήρεια
ἠμφιεσμένων, οἳ πέτροις βάλλοντες ἀπέωσαν ἡμᾶς, καὶ ἐκώλυσαν
μὴ ἐκβῆναι. ἐκεῖθεν πλέοντες εἰς ἕτερον ἤλθομεν ποταμόν, μέγαν
καὶ πλατύν, πλήρη ὄντα κροκοδείλων καὶ ἵππων ποταμίων.
ὅθεν δὴ ἀποστρέψαντες εἰς Κέρνην ἐπανήλθομεν. ἐκεῖθεν δ' ἐπὶ
μεσημβρίαν ἐπλεύσαμεν δώδεκα ἡμέρας, τὴν γῆν παραπλέοντες,
ἣν πᾶσαν κατῴκουν Αἰθίοπες· οἱ δ' ἔφευγον ἡμᾶς οὐδὲ ὑπέμενον·
φωνὴν δ' ἐξίεσαν ἧς οὐ συνῆεσαν οὐδὲ οἱ μεθ' ἡμῶν Λιξῖται. τῇ δ'
οὖν τελευταίᾳ ἡμέρᾳ προσωρμίσθημεν ὄρεσι μεγάλοις καὶ δασέσιν.
ἦν δὲ τὰ τῶν δένδρων ξύλα εὐώδη τε καὶ ποικίλα. περιπλεύσαντες
δὲ ταῦτα ἡμέρας δύο, ἐγενόμεθα ἐν θαλάττης χάσματι ἀμετρήτῳ,
ἧς ἐπὶ θάτερα ἐν τῇ γῇ πεδίον ἦν· ὅθεν νυκτὸς ἀφεωρῶμεν πῦρ
ἀναφερόμενον πανταχόθεν. ὑδρευσάμενοι δ' ἐκεῖθεν ἐπλέομεν
ἐς τοὔμπροσθεν ἡμέρας πέντε παρὰ γῆν, ἕως ἤλθομεν ἐς μέγαν
κόλπον, ὃν ἔφασαν οἱ ἑρμηνῆς καλεῖσθαι Ἑσπέρου Κέρας. ἐν δὲ
τούτῳ νῆσος ἦν μεγάλη, καὶ ἐν τῇ νήσῳ λίμνη θαλαττώδης· εἰς ἣν
ἀποβάντες ἡμέρας μὲν οὐδὲν ἑωρῶμεν πλὴν ὕλης, νυκτὸς δὲ πυρὰ
πολλὰ καιόμενα, καὶ φωνὴν αὐλῶν ἠκούομεν καὶ κυμβάλων τε
καὶ τυμπάνων πάταγον καὶ κραυγὴν μεγάλην. φόβος οὖν ἔλαβεν
ἡμᾶς, καὶ οἱ μάντεις ἐκέλευον ἐκλείπειν τὴν νῆσον. ταχέως δ'
ἐκπλεύσαντες παρεπλέομεν χώραν θυμιαμάτων μεστήν· μέγιστοι δ'
ἀπ' αὐτῆς πυρὸς ῥύακες ἐνέβαλλον ἐς τὴν θάλατταν. ἡ γῆ δ' ὑπὸ
θέρμης ἄβατος ἦν. ταχέως οὖν κἀκεῖθεν φοβηθέντες ἀπεπλεύσαμεν.
τέτταρας δ' ἡμέρας φερόμενοι, νυκτὸς τὴν γῆν ἀφεωρῶμεν φλογὸς
μεστήν. ἐν μέσῳ δ' ἦν ὑψηλόν τι πῦρ, τῶν ἄλλων μεῖζον, ἁπτόμενον
ὡς ἐδόκει τῶν ἄστρων. τοῦτο δ' ἡμέρας ὄρος ἐφαίνετο μέγιστον,
Θεῶν Ὄχημα καλούμενον. τριταῖοι δ' ἐκεῖθεν πυρώδεις ῥύακας
παραπλεύσαντες, ἀφικόμεθα εἰς κόλπον Νότου Κέρας λεγόμενον.
ἐν δὲ τῷ μυχῷ νῆσος ἦν, ἐοικυῖα τῇ πρώτῃ, λίμνην ἔχουσα· καὶ ἐν
ταύτῃ νῆσος ἦν ἑτέρα, μεστὴ ἀνθρώπων ἀγρίων. πολὺ δὲ πλείους
ἦσαν γυναῖκες, δασεῖαι τὰ σώματα· ἃς οἱ ἑρμηνῆς ἐκάλουν Γορίλλας.
διώκοντες δὲ ἄνδρας μὲν συλλαβεῖν οὐκ ἠδυνησάμεθα, ἀλλὰ

πάντες ἀπέφυγον, κρημνοβάται ὄντες καὶ τοῖς πέτροις ἀμυνόμενοι, γυναῖκας δὲ συνελάβομεν τρεῖς, αἳ δάκνουσαί τε καὶ σπαράττουσαι τοὺς ἄγοντας οὐκ ἤθελον ἔπεσθαι. ἀποκτείναντες μέντοι αὐτὰς ἐξεδείραμεν, καὶ τὰς δορὰς ἐκομίσαμεν ἐς Καρχηδόνα. οὐ γὰρ ἔτι ἐπλεύσαμεν προσωτέρω, τῶν σιτίων ἡμᾶς ἐπιλιπόντων."

τοιοῦτος μέν νυν ἦν ὁ λόγος τοῦ ἀνδρός· ἡμεῖς δὲ ἐθαυμάζομεν πολὺ τὸ θράσος τοῦ Ἄννωνος, ὅσην γῆν παρέπλευσεν ἔξω τῶν στηλῶν πρὸς μεσημβρίαν. ὁ δὲ πατηρ μου ὁ Θράσυλλος, "οἴμοι, ἦ δ' ὅς, οἷα θαύματα δὴ ἔχει ἡ γῆ· ἔφριξα μὲν ἀκούων τὰ περὶ τῶν Γορίλλων, καὶ θεοῖς χάριν οἶδα πλείστην ὅτι οὐκ ἔχω Γόριλλαν γυναῖκ' ἔγωγε. εἰ δὲ καὶ κατελήφθη τις ἀνὴρ Γόριλλας, ἐνόμιζον ἂν σέ, ὦ θαυμάσιε, Γόριλλαν εἶναι· τοιοῦτον γὰρ ἔχεις τὸν πώγονα, μέγαν τε καὶ δασύν." καὶ οἱ μὲν ἐγέλασαν, ἐγὼ δέ, "ἀλλ', ὦ πάτερ, ἔφην, ποῖόν τί ἐστιν ὁ ἐλέφας ὃν λέγει οὗτος ὁ Γόριλλας; ποῖον δέ τι ὁ κροκόδειλος; οὐ γάρ που ἔχομεν οἴκοι, οὐδ' εἶδον ἔγωγ' ἐν Σαλαμῖνι παραπλέων." ὁ δὲ ἀνὴρ ἀπεκρίνατο ὁ εἰπὼν τὰ περὶ τοῦ πλοῦ· "ὦ παῖ, μέγιστον δὴ θηρίον ὁ ἐλέφας ὧν ἐγὼ εἶδον καὶ ἀκοῇ οἶδα." ὁ δ' Εὔμαιος ὑπολαβὼν ἔφη, "ἦ καὶ σὺ ἑόρακας τὰ θηρία;" ὁ δ' εἶπεν, "ἑόρακα· καὶ γὰρ ναύτης ἐγενόμην πρίν, καὶ δὴ καὶ ἔπλευσα ἐς Αἴγυπτον. ἀκούετε δή. ὁ μὲν ἐλέφας μέλας τέ ἐστι καὶ μέγας τὸ μέγεθος, ὥσπερ ὄρος, οὐ θηρίον· ἔχει δὲ δύο καμπύλους ὀδόντας, προέχουσι δ' οἱ ὀδόντες ὁ μὲν ἀριστερᾶς ἐκ τοῦ στόματος, ὁ δὲ δεξιᾶς· μῆκος δ' ἐστὸν ὅσον ὀργυιᾶς. ἐν μέσῳ δὲ τοῖν ὀδόντοιν ἵσταται ἡ καλουμένη προβοσκίς· ἔστι δ' αὕτη ὥσπερ δράκων μακρὸς καὶ παχύς· καὶ ταύτη ὥσπερ χειρὶ χρώμενος, ζητεῖ τὴν τροφήν. ὅ τι ἂν γὰρ εὕρη ἐμποδὼν σιτίον, ἐὰν μὲν ᾖ τροφὴ ἐλέφαντος, λαβὼν εὐθὺς τῇ προβοσκίδι καταβάλλει ἐς τὸ στόμα, καὶ κατέφαγεν ἤδη. ἐὰν δὲ μὴ ἐλέφαντος ᾖ τροφή, ὀσφρόμενος ἀπέρριψεν. ἐπικάθηται δέ τις ἐπὶ τοῦ νώτου ὥσπερ ἱππεύς, ἔχων μαστῖγα μὲν οὔ, πέλεκυν δὲ σιδηροῦν· καὶ τῷ πελέκει παίει τὴν κεφαλὴν τοῦ θηρίου, ὥστε στρέφειν αὐτὸν ὅποι ἂν ἐθέλη. ὁ δ' ἐλέφας σαίνει τὸν ἄγοντα, καὶ φοβεῖται, καὶ τὴν φωνὴν αὐτοῦ ἔγνω, φιλάνθρωπος γάρ ἐστιν αἰεί."

καὶ ὁ πατήρ, "βαβαί, φησί, τοῦ τέρατος. ἀλλ' εἴθ' ἔχοιμί τινα ἐλέφαντα ὥστε ἕλκειν τὸ ἄροτρον· ἀντὶ πολλῶν γὰρ ἂν εἴη βοῶν, ὡς ἔμοιγε δοκεῖ. λέγοις ἂν δὴ περὶ τοῦ κροκοδείλου· ἐοίκαμεν γὰρ καινόν τι μαθεῖν τήμερον." καὶ ὃς εἶπεν·

"ὁ κροκόδειλος ὅμοιος μὲν ταῖς σαύραις, ἅσπερ καὶ κροκοδείλους ὀνομάζουσιν οἱ Ἴωνες· τὸ σχῆμα δ' ἐστὶ τοιόνδε. μῆκος μέν ἐστι ὅσον δώδεκα ποδῶν, εὖρος δ' οὐ κατὰ λόγον, δορὰν δ' ἔχει φολίσιν κεκοσμημένην, σκληρὰν δ' ὥσπερ τῆς χελώνης. οἱ δὲ πόδες τέτταρες ὄντες κεκύρτωνται ὀλίγον, ὥσπερ καὶ οἱ τῆς χελώνης· οὐρὰ δὲ μακρὰ καὶ παχεῖα καὶ ὁμοῖα τῷ ἄλλῳ σώματι. φοβερώτατον δὲ πάντων ἐστὶ τὸ στόμα· ὅταν γὰρ χάνῃ, ὅλη ἡ κεφαλὴ στόμα γίγνεται, αἴρεται δὲ ἡ ἄνωθεν γένυς μέχρι ὤμων, ἔνεισι δ' ἐν τῷ στόματι ὀδόντες μύριοι, ὄντες ὥσπερ ἄκανθαι ἢ πρίονων αἰχμαί."

καὶ ἐγὼ ἐφοβούμην μὲν ἀκούων, αἰσχυνθεὶς δέ, ἵνα λάθοιμι, εἶπον· "μορμώ, δάκνει κροκόδειλος." ὁ δὲ ἠμείβετο, "δάκνει δή, ὦ παῖ· καὶ γὰρ ἂν ἐγκάψειεν ἂν τήν γε σὴν κεφαλὴν ὥσπερ κἀγὼ ᾠόν. ὁ δὲ ἵππος ὁ ποτάμιος φύσιν παρέχεται τοιάνδε· τετράπους ἐστί, δίχηλος, ὁπλαὶ βοός, σιμός, λοφιὰν ἔχων ἵππου, χαυλιόδοντας φαίνων, οὐρὰν ἵππου καὶ φωνήν· μέγεθος, ὅσον βοῦς ὁ μέγιστος· τὸ δέρμα δ' αὐτοῦ οὕτω δή τι παχύ ἐστι, ὥστε αὖον γενομένον ξυστὰ ποιεῖσθαι ἀκόντια ἐξ αὐτοῦ."

καὶ τέως μὲν ἄσμενος ἤκουεν ὁ πατήρ μου· ἐπειδὴ δὲ ὁ ἄνθρωπος ἤρχετο λέγειν περὶ ἵππου ποταμίου, καὶ τέλος ἐφαίνετο οὐδέν, μετὰ ταῦτ' ἔφη βαρυνόμενος· "ἀλλ', ὦ οὗτος, δεινὸν μὲν δὴ ὁ κροκόδειλος, δεινότερον δ' ἡ ἀλώπηξ ἡ παρ' ἡμῖν· ἐνίκησε γὰρ τὸν κροκόδειλον τῷ νῷ." ὁ δὲ ἔφη, "πῶς δή, ὦ ξένε;" καὶ ἠμείψατο ὁ πατήρ· "ἀλώπηξ καὶ κροκόδειλος περὶ εὐγενείας ἤριζον. καὶ ὁ μὲν κροκόδειλος πολὺν κόμπον ἐκόμπαζε, καὶ θαυμασίως ὡς ἐσεμνύνετο, λέγων περὶ τῶν προγόνων ὡς ἐγένοντο λαμπρότατοι· ἡ δ' ἀλώπηξ ὑπολαβοῦσ' ἔφη, 'ὦ οὗτος, λαμπροὶ μὲν δὴ οἱ σοὶ πρόγονοι, αὐτὸς δὲ σὺ δοῦλος πάλαι· μαρτυρεῖ γάρ τοι τὸ δέρμα, φέρον τὰ στίγματα τῶν μαστίγων.'"

καὶ ἐγὼ εἶπον, "εὖ μ' ἀνέμνησας, ὦ πάτερ, μῦθον τινὸς ὅνπερ ἡ μήτηρ διηγεῖτο ἡμῖν, ἐν ᾧ ἔστρεφε τὸν ἄτρακτον χειμῶνος. ἀλώπηξ γάρ τις ἔπεσεν εἰς φρέαρ βαθύ, οὐδ' εἶχεν ὅπως ἀναβήσεται. τράγος δὲ διψῶν καὶ ζητῶν ὕδωρ, προσῆλθε πρὸς τὸ φρέαρ, καὶ ὁρῶν καταβᾶσαν τὴν ἀλώπεκα, ἠρώτα πότερον καλὸν εἴη, τὸ ὕδωρ τὸ ἐν τῷ φρέατι. ἡ δ' ἀλώπηξ ἐπῄνει κάρτα τὸ ὕδωρ, ὡς χρηστὸν εἴη, καὶ παρῄνει καταβῆναι· ὁ δὲ κατεπήδησεν. ἐπεὶ δ' ἔσβεσε τὴν δίψαν ὁ τράγος, ἐσκοπεῖτο ὅπως ἀναβήσεται πάλιν· καὶ ἠρώτα τὴν ἀλώπεκα, τί δεῖ ποιεῖν; ἡ δ᾽ ἔφη, 'ῥάδιον δή· προσέρεισον γὰρ σὺ τοὺς ἐμπροσθίους πόδας τῷ τοίχῳ, καὶ στῆθι ὀρθός, καὶ ἔγκλινον τὰ κέρατα· ἐγὼ δὲ ἀναβήσομαι διὰ τοῦ σοῦ νώτου, ἀναβᾶσα δ᾽ ἀνελκύσω ἔξω καὶ σέ.' ὁ δ᾽ οὕτως ποιεῖ· ἡ δ᾽ ἀλώπηξ ἐπὶ τὰ νῶτα ἀναβαίνει πηδήσασα, καὶ ἐντεῦθεν ἐπὶ τὰ κέρατα, καὶ ἰδοὺ κάθηται ἐπὶ τοῦ χείλους τοῦ φρέατος. καὶ μὴν ἀπήει γ᾽ εὐθύς· ὁ δὲ τράγος ἐβόα, 'ὦ τρισκατάρατη, ποῖ φεύγεις, ὑποσχομένη κἄμ᾽ ἀνελκύσαι;' ἡ δ᾽ ἐπιστραφεῖσα, 'ὦ οὗτος, φησίν, εἰ νοῦν εἶχες, ὅσον καὶ τὸν πώγωνα, οὐ πρότερον ἂν κατέβης, πρὶν διασκέψασθαι τὴν ἄνοδον.'"

καὶ ἦν μὲν ἀπαντήσων ὁ ἄνθρωπος· ὁ δ᾽ Εὔμαιος ἔφη, "ἐπίσχες, ὦ τάν· χωρεῖ γὰρ ἡ νύξ· ἅλις δὴ ἐλεφάντων, ἅλις κροκοδείλων, ἅλις ἀλωπέκων καὶ δὴ καὶ Γοριλλῶν· καιρὸς ὕπνου." καὶ ἡμεῖς ἐπαινέσαντες ἐκοιμώμεθα. τῇ δ᾽ αὔριον ἐγώ τε καὶ ὁ πατὴρ προὔβημεν κατὰ θήραν, πολλὰ ἐπαινέσαντες τὸν Εὔμαιον τῆς φιλοξενίας.

36 Μύλη

ἀλεῖ μὲν ἡ μήτηρ τῇ μύλῃ ἄλευρα καὶ ἄλφιτα· ἀλοῦσα δ᾽ ἅμ᾽ ᾄδει·
   ἄλει, μύλη, ἄλει·
   καὶ γὰρ Πιττακὸς ἀλεῖ,
   μεγάλης Μυτιλήνης βασιλεύων.

ἐγὼ δ᾽ ἠρώτησα· "τίς δ᾽, ὦ μῆτερ, ἦν ὁ Πιττακός;" ἡ δὲ μήτηρ ἔφη· "ὦ παῖ Θρασύμαχε, σοφός τις ἦν ὁ Πιττακὸς ἐν τοῖς μάλιστα. ἦν δ᾽ ἄρα τις Κροῖσος, βασιλεὺς ὢν τῆς Λυδίας, ὃς κατεστρέψατο πάντας τοὺς ἐν Ἀσίᾳ· καταστρεψάμενος δὲ τούτους, ἐν νῷ εἶχε καταστρέψασθαι καὶ τοὺς ἐν ταῖς νήσοις. καὶ ἔτυχεν ὁ Πιττακὸς ὢν παρὰ Κροίσῳ ἐν Λυδίᾳ· ἠρώτησε δ᾽ ὁ Κροῖσος τὸν Πιττακόν, εἴ τι εἴη νεώτερον περὶ τὴν Ἑλλάδα. ὁ δὲ Πιττακός, ὦ βασιλεῦ, ἔφη, νησιῶται ἵππους συνωνοῦνται μυρίους, ἔχοντες ἐν νῷ ἐς Σάρδεις τε καὶ ἐπὶ σὲ στρατεύεσθαι.' ὁ δὲ Κροῖσος, ἐλπίσας λέγειν ἐκεῖνον ἀληθῆ, εἶπεν, 'εἰ γὰρ τοῦτο θεοὶ ποιήσειαν ἐπὶ νοῦν νησιώταις ἐλθεῖν ἐπὶ Λυδοὺς σὺν ἵπποις.' ὁ δ᾽ ὑπολαβὼν ἔφη, 'ὦ βασιλεῦ, προθύμως μοι φαίνῃ εὔξασθαι νησιώτας ἱππευομένους λαβεῖν ἐν ἠπείρῳ· νησιώτας δὲ τί δοκεῖς εὔχεσθαι ἄλλο, ἢ λαβεῖν Λυδοὺς ἐν θαλάττῃ,

ἵνα τίσωνταί σε ὑπὲρ τῶν ἐν ἠπείρῳ, οὓς σὺ δουλώσας ἔχεις;'
κάρτα δ' ἤσθη ὁ Κροῖσος τῷ ἐπιλόγῳ· καὶ πειθόμενος ἐπαύσατο
τῆς ναυπηγίας." καὶ ἐγώ, "ὡς σοφὸς δή, ἔφην, ὁ Πιττακός· ἀλλὰ
διὰ τί λέγεις ἀλεῖν αὐτόν;" ἡ δ', "οὐκ οἶδ' ἔγωγε, φησίν, ὦ παῖ· εἰ
μὴ τύραννος ὢν ἐπίεζε τοὺς πολίτας. ἐπήνει δὲ τὴν μύλην, διότι ἐν
μικρῷ τόπῳ εὖ ἔστι γυμνάζεσθαι. ἦν δέ τις τῶν ἑπτὰ καλουμένων
σοφῶν· καὶ δὴ καὶ εἶπε συγγνώμην τιμωρίας κρείττονα, ὥστ' οὐ
πέποιθα πιεσθῆναι ὑπ' αὐτοῦ τοὺς πολίτας." "οἱ δ' ἄλλοι τῶν ἑπτά,
ἔφην ἐγώ, τίνες ἦσαν, ὦ μῆτερ;" ἡ δ' ἔφη, "Κλεόβουλος Λίνδιος,
Χίλων Λακεδαιμόνιος, Περίανδρος Κορίνθιος, Σόλων Ἀθηναῖος,
Βίας Πριηνεύς, Θαλῆς Μιλήσιος." κἀγὼ ἔφην, "ὦ μῆτερ, λέγοις ἂν
μοι περὶ τούτων." ἡ δ' ἀπεκρίνατο, "μηδὲν ἄγαν, ὦ παῖ· ἅλις περὶ
τῶνδε. χρὴ γὰρ ἀλεῖν· ὡς ἄνευ τοῦ ἀλεῖν οὐ γίγνεται ἄλφιτα, ἄνευ δ'
ἀλφίτων οὐ μᾶζα." καὶ λέγουσα ἦλει αὖθις, καὶ ἀλοῦσα ᾖδεν·

    "ἄλει, μύλη, ἄλει·
    καὶ γὰρ Πιττακὸς ἀλεῖ
    μεγάλης Μυτιλήνης βασιλεύων."

37 Χειμών

τοῦ χειμῶνος ἡ μήτηρ οἴκοι κάθηται, διδάσκει δὲ τὴν Ἑλένην ἔριά
τε ξαίνειν καὶ στρέφειν ἄτρακτον· καὶ μὴν πολλάκις γ' ἡμῖν λέγει
μύθους περὶ τῶν πάλαι. νεωστὶ οὖν ἐπεπήγει μὲν ὁ κρύσταλλος
ἔξω καὶ λαβροὶ χείμαρροι κατέρρεον· αἱ δὲ βόες ἐπὶ φάτναις ἄχυρον
ἔτρωγον καὶ οἱ αἶγες καὶ τὰ πρόβατα φυλλάδας ἐν τοῖς σηκοῖς, καὶ οἱ
ὕες ἐν συφεῷ βαλάνους. ἡμεῖς δ' ἔνδον ἐκαθήμεθα, αἱ μὲν γυναῖκες
λίνον κλώθουσαι, ἐγὼ δ' ἐμηχανησάμην παγίδας ὡς ληψόμενος
ὄρνιθας. ὁ δ' ἀδελφὸς ἠρέθιζέ μέ πως, ὥστ' ἀναστὰς ῥαπίζω αὐτὸν
κατὰ κόρρης. εἶπε δ' ἡ μήτηρ, "μὴ μή, ὦ παῖ· οὐ γὰρ χρεὼν ἐρίζεσθαι
ἀδελφούς." "ἀλλ', ὦ μῆτερ, ἦν δ' ἐγώ, ἐνοχλεῖ μ' ἔχων ὁ μαστιγίας."
ὁ δ' ἔκλαιεν. ἡ δ' εἶπεν, "εὐφημεῖτε, καὶ ἀκούετε μῦθον. γεωργός
τις ἦν, δύο παιδίω ἔχων· τὼ δὲ παῖδε ἠριζέσθην αἰεί, οὐδ' ἠδύνατο
ὁ πατὴρ διαλλάττειν αὐτώ. μετεπέμψατο οὖν ῥάβδους· λαβὼν δὲ
τὰς ῥάβδους, καὶ συνδήσας ἅπαντας σχοινίῳ, ἐκέλευε τοὺς παῖδας
διαρρῆξαι τὸν φάκελον· οἱ δὲ πειρασάμενοι, ὅμως οὐκ ἠδύναντο.

ὕστερον δ᾽ ὁ πατὴρ λύσας τὸν φάκελον, ἀνὰ μίαν ἔδωκε, καὶ διαρρῆξαι ἐκέλευεν· οἱ δὲ διέρρηξαν ῥαδίως. καὶ δὴ λέγει ὁ πατήρ· ʻοὕτω καὶ ὑμεῖς, ὦ τέκνα μου, ἐὰν ὁμοφρονῆτε, ἀνίκητοι ἔσεσθε τοῖς πολεμίοις· ἀλλ᾽ ἐριζόμενοι ἀλλήλοιν, ῥαδίως νικηθήσεσθε.ʼ ʼ ἐκ τούτων οὖν διαλλαττόμεθα ἐγώ τε καὶ ὁ ἀδελφός. καὶ μὴν ἡ τροφός γ᾽ ὑπολαβοῦσ᾽ ἔφη· ʻσοφώτεροι δὴ οἵδε τῶν ἐχθρῶν, οἳ ἐν μιᾷ νηῒ πλέοντες οὕτως ἤχθαιρον ἀλλήλους, ὥστε ὁ μὲν ἐπὶ τὴν πρῷραν ὥρμησεν, ὁ δ᾽ ἐπὶ τὴν πρύμναν, καὶ ἔμενον ἐκεῖ. χειμῶνος δ᾽ ἐπιγενομένου, καὶ τῆς νεὼς καταποντίζεσθαι μελλούσης, ὁ ἐπὶ τῇ πρύμνῃ καθήμενος ἤρετο τὸν κυβερνήτην, ʻὦ κυβερνῆτα, πότερον μέρος τῆς νεὼς μέλλει πρότερον καταποντίζεσθαι;ʼ ὁ δ᾽ ἔφη, ʻἡ πρῷρα.ʼ καὶ ἐκεῖνος, ʻἀλλ᾽ οὐκέτι λυπηρὸς ἔσται ὁ θάνατος ἔμοιγε, εἴγε ὁρᾶν μέλλω τὸν ἐχθρόν μοι προαποπνιγόμενον.ʼ ʼ ἡμεῖς δὲ γελάσαντες ἡσυχίαν ἤγομεν μετὰ ταῦτα.

38 Βάτραχοι

ἔστι τις λίμνη οὐ μεγάλη πέλας τῆς οἰκίας, ἐν ᾗ πολὺς μέν ἐστι πηλός, πολλοὶ δὲ βάτραχοι. καὶ ἀκούομεν δὴ ἑσπέρας κραζόντων τῶν βατράχων. ἡ δ᾽ Ἑλένη ἡ ἀδελφή μου ἀκούσασά ποτε τούτων, ἐκάλει τὴν τροφόν· ʻὦ τίτθη, ἦ δ᾽ ἥ, ἄκουε δὴ τῶν βατράχων· βρεκεκεκὲξ κοὰξ κοάξ.ʼ ἡ δ᾽ ἀπεκρίνατο, ʻοἷον κράζουσι δή· τί δ᾽ ἂν λέγοιεν, εἰ λάβοιεν φωνήν;ʼ καὶ ἡ μήτηρ, ʻἀλλ᾽ οὖν εἶχόν γε πάλαι· τὸ πάλαι γὰρ συνίεσαν ἀλλήλων, οἱ ἄνθρωποι τῶν τ᾽ ἄλλων ζῴων καὶ τῶν βατράχων, καὶ οἱ βάτραχοι τῶν ἀνθρώπων.ʼ καὶ ἐγὼ ἔφην· ʻλέγοις ἄν, ὦ μῆτερ, μῦθόν τιν᾽ ἡμῖν.ʼ ἡ δὲ ἤρξατο ὧδέ πως. ʻτὸ πάλαι ἀναρχία ἦν ἐν τοῖς βατράχοις,ʼ ἀλλ᾽ οὐκ ἠδύνατο πλείω λέγειν· ὑπέλαβε γὰρ ἡ Ἑλένη λέγουσα, ʻτί δ᾽ ἐστίν, ὦ μῆτερ, ἡ ἀναρχία;ʼ ἡ δ᾽ εἶπε πρὸς ταῦτα. ʻοἶσθα δήπου δημοκρατίαν οὖσαν Ἀθήνησι, τοῦ γε δήμου κρατοῦντος· ἀλλαχοῦ δ᾽ ἀριστοκρατίαν, ἐὰν οἱ ὀλίγοι κρατῶσι, ἢ ὄντες γε ἢ δοκοῦντες ἑαυτοῖς εἶναι ἄριστοι· ἐὰν δὲ μηδεὶς ἄρχῃ, ὥστε ἄνευ ἀρχῆς εἶναι τὴν πόλιν, ἀναρχία δὴ αὕτη.ʼ καὶ μετὰ ταῦτα συνεχῶς ἔλεγε τὸν μῦθον.

ʻπάλαι δ᾽ οὖν, ἀναρχία ἦν ἐν τοῖς βατράχοις, ἐστασιάζοντο γὰρ ἀλλήλοις καὶ ἐμάχοντο καὶ ἔριν ἐποιοῦντο ὥσπερ ἐνίοτε οἵ σοί γ᾽

ἀδελφοὶ ποιοῦνται. διὰ ταῦτ' οὖν πρέσβεις ἔπεμψαν, ἱκετεύοντες τὸν Δία σφι παρασχεῖν βασιλέα. καὶ ὁ Ζεύς, ὃς ἤδη μώρους ὄντας τοὺς βατράχους, ξύλον ἔπηξεν ἐν μέσῃ τῇ λίμνῃ. αὐτίκα δὴ οἱ βάτραχοι φοβούμενοι ἔκρυψαν ἑαυτούς, καταδύοντες ἐς τὰ βάθη. χρόνου δ' ἐγγιγνομένου, ὡς ἀκίνητον ἑώρων τὸ ξύλον, θαρσήσαντες ἤδη ἀνέκυψαν· μετ' ὀλίγον δὲ καὶ καταφρονήσαντες ἐπέβησάν τε καὶ ἐκάθηντο ἐπὶ τοῦ ξύλου. καὶ συλλόγου γενομένου τῶν βατράχων, εἷς τις τῶν γεραιτέρων βοᾷ μεγάλῃ τῇ φωνῇ· μορμὼ τοῦ βασιλέως· καὶ ἅμα ὀρχεῖται ἐπὶ τοῦ ξύλου. οἱ δὲ ἄλλοι θορυβοῦντες ἐβόων, 'ἄλλους πέμψωμεν πρέσβεις καὶ αἰτῶμεν ἄλλον βασιλέα ἀληθινόν, ὅστις ἔμψυχός τ' ἔσται καὶ παύσει τὴν ἀναρχίαν ἡμῶν.' καὶ δὴ καὶ ἅμ' ἔπος ἅμ' ἔργον· πέμπουσι πρέσβεις, αἰτοῦσι βασιλέα ἄλλον· ὁ δὲ Ζεὺς δίδωσιν αὐτοῖς πελαργόν. βασιλεὺς δὲ γενόμενος ὁ πελαργὸς ἐπὶ τοῦ ξύλου κάθηται, θρόνῳ χρώμενος, καὶ καθ' ἡμέραν τρεῖς κατεσθίει τῶν βατράχων, ἕως ἀπώλοντο πάντες. ἔπειτ' ἐπαύσθη ἡ ἀναρχία." πρὸς ταῦτ' εἶπον ἐγώ, "οὐ μὲν οὖν ἐπαύσθη· σύλλογον γὰρ ποιησάμενοι καὶ νῦν κράζουσιν ἄναξ, ἄναξ."

39 Παιδία

ἱλαρὸς δὴ ὁ βίος. παιδιαῖς γὰρ χρώμεθα πολλαῖς καὶ παντοδαπαῖς· ὧν τὰς μὲν εἶπον ἤδη ὁποῖαί εἰσιν, τὰς δὲ ἐρῶ νῦν.

ἡ μὲν δὴ ὀνομάζεται χαλκῆ μυῖα. ἑνὸς γὰρ παιδὸς τὼ ὀφθαλμὼ ταινίᾳ περισφίγγομεν, ὥστε τυφλὸν γενέσθαι μηδὲ ὁρᾶν μηδέν· ὁ δ' οὕτως διακείμενος περιστρέφεται κηρύττων, "χαλκῆν μυῖαν θηράσω," οἱ δ' ἄλλοι βοῶσι "θηράσεις ἀλλ' οὐ λήψει·" ἅμα δὲ βοῶντες παίουσιν αὐτὸν σκύτεσι βυβλίνοις, ἕως ἄν τινος αὐτῶν λάβηται.

ἡ δὲ καλεῖται διελκυστίνδα. διανέμονται ἐν ταύτῃ οἱ παῖδες ἐς δύο μοίρας, ἔχονται δ' ἀμφότεροι σχοινίου μεγάλου, ἕτεροι ἐναντίον ἑτέρων· νικῶσι δ' ὁπότεροι ἂν ἑλκύσωσι τοὺς ἑτέρους παρ' ἑαυτούς.

ἄλλη δὲ χυτρίνδα· ὁ μὲν ἐν μέσῳ κάθηται καὶ καλεῖται χύτρα· οἱ δὲ τίλλουσιν αὐτὸν ἢ κνίζουσιν ἢ παίουσι περιθέοντες. στρέφεται δ' ὁ ἐν μέσῳ αἰεί, καὶ πειρᾶται λαβέσθαι τινός· οὗ δ' ἂν λάβηται, οὗτος κάθηται ἐν μέσῳ ἀντ' αὐτοῦ.

ἔστι δ᾽ ἄλλη ἡ σχοινοφιλίνδα. ἐνταῦθα κάθηνται κύκλῳ οἱ παῖδες, εἷς δέ τις αὐτῶν σχοινίον ἔχων περιέρχεται, καὶ δὴ καὶ τίθησι λαθὼν τὸ σχοινίον παρά τινι τῶν καθημένων· καὶ ἐὰν μὲν ἀγνοήσῃ ἐκεῖνος παρ᾽ ᾧ τίθεται τὸ σχοινίον, περιθέων περὶ τὸν κύκλον πληγὰς λαμβάνει ὑπ᾽ αὐτῶν· ἐὰν δὲ αἰσθάνηται, περιελαύνει τὸν θέντα τύπτων.

ἡ δ᾽ ἀποδιδρασκίνδα οὕτως πως γίγνεται. ἐν μέσῳ μὲν εἷς τις κάθηται μύων, ἢ τοὺς ὀφθαλμοὺς αὐτοῦ ἐπιλαμβάνει ἄλλος· οἱ δ᾽ ἀποδιδράσκουσιν. ἐπειδὰν δ᾽ ὁ ἐν μέσῳ ἀναστὰς ἐξερευνᾷ, ἔργον ἐστὶν ἑκάστῳ φθάσαι ἐλθόντι εἰς τὸν ἐκείνου τόπον.

ἡ δ᾽ ὀστρακίνδα, ἢ ὀστράκου περιβολή, τοιαύτη τίς ἐστι παιδιά. ἑλκυσάντων μὲν τῶν παίδων γραμμὴν ἐν μέσῳ, καὶ διανεμηθέντων, ἀφίησί τις ὄστρακον ἐπὶ τῆς γραμμῆς· τὸ δ᾽ ὄστρακον τὴν μὲν πλευρὰν μέλαιναν ἔχει, τὴν δὲ λευκήν. καὶ οἱ ἕτεροι τῶν παίδων νομίζουσιν ἑαυτοῖς προσήκειν τὸ λευκόν, οἱ δ᾽ ἕτεροι τὸ μέλαν. ὥστε διώκουσί τε καὶ φεύγουσι κατὰ τὸ χρῶμα· οἱ μὲν μέλανες διώκοντες ἐὰν ἡ μέλαινα πλευρὰ φανῇ ὕπερθεν γενομένη, οἱ δὲ λευκοὶ ἐὰν ἡ λευκή. καὶ ὃς ἂν ληφθῇ διωκόμενος, οὗτος ὄνος κάθηται.

ἄλλοτε δὲ ἀφίεμεν ὄστρακον ὑπὲρ τὸ ὕδωρ ἐπιπολῆς, ἀριθμοῦντες ὁπόσα πηδήματα πηδᾷ ἐν τῇ ὑπὲρ τὸ ὕδωρ ἐπιδρομῇ πρὶν καταδῦναι. οἱ δὲ πηδῶσιν τῷ ἑτέρῳ ποδὶ μόνον, ἄραντες τὸν ἕτερον· οὗτός ἐστιν ἀσκωλιασμός, οἱ δ᾽ ἀσκωλιάζουσιν. ἀναρρίπτουσι δὲ καὶ πέντε λίθους ἢ ψήφους ἢ ἀστραγάλους, ὥστε ἐπιστρέψαντας τὴν χεῖρα δέξασθαι τὰ ριφθέντα ἐπὶ τῆς ἐναντίας πλευρᾶς· ὅπερ ὀνομάζεται τὸ ὀπισθέναρ τῆς χειρός, τὸ δ᾽ ἕτερον μέρος, θέναρ. ταῦτ᾽ ἐστὶ τὰ πεντάλιθα, λέγομεν δὲ τοὺς παίζοντας πενταλιθάζειν.

ἄλλαι δ᾽ εἰσὶ παιδιαὶ βασιλίνδα, μυΐνδα, ἀκινητίνδα, περὶ ὧν τὰ ὀνόματα δηλοῖ ἄττα ἐστίν.

40 Ἑρμῆς

ἔπαιζόν ποτε αἱ κόραι. καὶ ἐκάθητο μὲν μία τῶν κορῶν ἐν μέσῳ, αἱ δ᾽ ἄλλαι κύκλον ποιησάμεναι ἐχόρευον, ᾄδοντες· ἡ δ᾽ ἐν μέσῳ ἀντῇδεν. ἡ δ᾽ ᾠδὴ τοιάδε. αἱ μὲν χορεύουσαι πρῶτον ᾄδουσιν·

χέλει χελώνη, τί ποιεῖς ἐν τῷ μέσῳ;

ἡ δ᾽ ἐν μέσῳ ἀντάδει·

μηρύομαι ἔρια καὶ κροκὴν Μιλησίαν.

αἱ δ᾽ εὐθύς·

ὁ δ᾽ ἔκγονός σου τί ποιῶν ἀπώλετο;

καὶ ἥ·

λευκῶν ἀφ᾽ ἵππων εἰς θάλατταν ἥλατο.

παιζουσῶν δὲ τῶν κορῶν, ἀναβοᾷ τις αὐτῶν, "ἰδού, χελώνη."
καὶ ἀναρπάσασα θαυμάζει αὐτήν, οἵους ἔχει τοὺς πόδας καὶ τὸν
τράχηλον καὶ τὴν κεφαλὴν καὶ τὸ ὄστρακον. καὶ ταῦτ᾽ ἀκούσασ᾽
ἡ τίτθη, "ἀλλὰ μήν, ἔφη, πάλαι γ᾽ ἦν ἁπαλωτάτη ἡ χελώνη." αἱ
δ᾽ ἔφασαν, "ὦ θαυμασία, καὶ πῶς ἐγένετο σκληρά; λέγε δή." ἡ δ᾽
ἔλεγεν.

"ὁ Ζεὺς ἐγάμει τὴν Ἥραν· γαμῶν δέ, μεγάλην ἑστίασιν ἐποιήσατο,
ὥσθ᾽ ἑστιᾶν πάντα τὰ ζῷα. καὶ τὰ μὲν ἄλλα ζῷα ἐς καιρὸν παρῆν·
ἡ δὲ χελώνη οὔ. τῇ ὑστεραίᾳ οὖν ἐπηρώτα ὁ Ζεὺς τὴν χελώνην,
διὰ τί μόνη οὐκ ἦλθεν ὡς συνεστιασομένη. ἡ δ᾽ εἶπεν, 'οἶκος φίλος,
οἶκος ἄριστος.' ἀγανακτήσας οὖν ὁ Ζεὺς τῇ ἀμουσίᾳ τῆς χελώνης,
ἐκέλευσε βαστάζειν αὐτὴν τὸν οἶκον ἐσαεὶ ἐπὶ τοῦ νώτου." εἶτα ἡ
μήτηρ ἔφη, "ἄμεινον τοίνυν ἂν ἦν, εἰ εἴχετο ἀεὶ τῆς αὐτῆς γνώμης ἡ
χελώνη· καὶ γὰρ ἐξῆλθεν ἡ κακοδαίμων θύραζε, καὶ ἀπώλετο." ἤδη
δ᾽ αἱ κόραι πεπαυμέναι ἦσαν τοῦ χοροῦ, καὶ ἐθεῶντο τὴν μητέρα
τὴν ἐμήν, ἐν ἐλπίδι οὖσαι πολλῇ· ἡ δ᾽ εὐθὺς καθημένη ἐν μέσῳ, εἶπε
τοιάδε.

"ἔστι μὲν δὴ ὁ Ἑρμῆς, ὡς καὶ ἴστε, θεὸς μέγας καὶ φιλάνθρωπος·
καὶ γὰρ ὅ τι ἂν εὕρωμεν, εὕρημα δίδωσιν ὁ Ἑρμῆς. ὁ δὲ παῖς ἐστι Διὸς
καὶ Μαίας· καὶ ἐπεὶ τάχιστα ἔτεκεν αὐτὸν ἡ μήτηρ, τυλίξασα αὐτὸν
ἐν σπαργάνοις ἐτίθει ἐν τῷ λίκνῳ, ὅπου καθεύδειν φιλεῖ τὰ βρέφη.
ἀλλ᾽ οὐ πολὺν χρόνον ἔκειτο ἐν τῷ λίκνῳ· ἀλλ᾽ ἐπεὶ ᾔσθετο τὴν
μητέρα καθεύδουσαν ἐπὶ τῆς κλίνης, ἐξεπήδα εὐθύς." πρὸς ταῦτά τις
τῶν κορῶν, "καὶ πῶς, ἔφη, βρέφος ἂν ἐκπηδήσειεν εὐθὺς τεχθέν;" ἡ
δὲ μήτηρ μου, "ἀλλ᾽ ἴσθι θεὸν ὄντα, ἔφη, ὦ γλυκυτάτη· οὐ γὰρ ἂν
τοῦτο ποιοίη θνητὸν βρέφος. ἐκπηδήσας οὖν, ἔλαθεν ἐξελθὼν ἐκ τοῦ
ἄντρου—ἐν ἄντρῳ γὰρ ἐτέχθη· καὶ ἐζήτει τὰς τοῦ Ἀπόλλωνος βοῦς.

ἀλλ᾽ ἰδού, πέλας τοῦ ἄντρου χελώνη· καὶ ἰδὼν τὴν χελώνην κάρτα
ἥσθη ὁ Ἑρμῆς· καὶ ἐγέλασεν ἰδὼν σαῦλα βαίνουσαν τὴν χελώνην
ῥαιβοῖς τοῖς ποσί· καὶ εἶπε, ᾽χαῖρε· δέχομαι γὰρ σύμβολον καλόν.
πόθεν ἠμφίεσαι τὸ αἰόλον ὄστρακον τοῦτο, ὦ χελώνη; ἀλλ᾽ οἴσω
σ᾽ οἴκαδε λαβών, καὶ ἔσει μοι καλὸν ἄθυρμα. ἆρ᾽ οὐκ εἶπες τῷ Διΐ,
ὅτι οἶκος ἄριστος; καὶ μὴν οἴκοι γ᾽ ἄμεινον εἶναι, ἐπεὶ βλαβερὸν τὸ
θύραζε.᾽ ταῦτ᾽ εἰπών, χερσὶν ἀμφοτέραις ἄρας τὴν χελώνην οἴκαδε
κομίζει. καὶ λαβὼν μάχαιραν, ἐξέταμε τὰς σάρκας τῆς χελώνης· καὶ
δέρμα βοὸς ἀμφέτεινεν, ὥστε ἠχεῖν καλῶς· εἶτ᾽ ἐνέθηκεν ἐπ᾽ ἄκρας
τῆς χελώνης δύο κέρατε, ἔζευξε δὲ τὼ κέρατε ζυγὸν ἐπιθείς· ἐξῆψε
δ᾽ ἐκ τοῦ τε ζυγοῦ καὶ τῆς χελώνης ἑπτὰ χορδάς, ὥστε συμφώνους
εἶναι. τελευτῶν δὲ πλῆκτρον λαμβάνει, καὶ ψάλλει· καὶ γίγνεται
λύρα ἤδη.᾽

  ταῦτ᾽ ἀκούσασαι συνεκρότησαν τὰς χεῖρας αἱ κόραι· φησὶ δέ
τις αὐτῶν, "ἀλλ᾽, ὦ μάμμη, πῶς ἄρ᾽ ἔκλεψε τὰς βοῦς; ἢ γὰρ ἔλαθε
κλέψας ὁ πανοῦργος;" ἡ δ᾽ ἀπεκρίνατο· "τί μήν; ἀλλ᾽ ἀκούσεσθε.
ὁ γὰρ Ἑρμῆς τὴν μὲν λύραν κατέθηκε κρύψας ἐν τοῖς σπαργάνοις·
αὐτὸς δέ—ἑσπέρα γὰρ ἦν—ἔφθασεν ἐλθὼν πρὸς τὸν λειμῶνα,
ἐν ᾧ ἐνέμοντο αἱ βόες αἱ τοῦ Ἀπόλλωνος· καὶ τῶν βοῶν ἀπέλαβε
πεντήκοντα τὰς ἀρίστας· ἤλαυνε δὲ ἄγων κατὰ χῶρον ψάμμου
μεστόν, τοιάνδε μηχανὴν μηχανησάμενος· τὰς μὲν ὁπλὰς ἐναντίας
ἐποίησε, τάς τ᾽ ὄπισθεν πρόσθεν καὶ τὰς πρόσθεν ὄπισθεν· ὥστε
ἐπορεύοντο ἔμπαλιν· καὶ αὐτὸς ὕστατος πορευόμενος ἀνέκρουε
τὰς βοῦς, ἐλαύνων ἔμπροσθεν ἑαυτοῦ. τὰ δὲ σάνδαλα τὰ ἑαυτοῦ
ἐνετύλιξε κλάδοις πολλοῖς καὶ παντοίοις, ὥστε θαῦμα παρέχειν τοῖς
ἰδοῦσιν· οὕτως γοῦν ἄφραστα καὶ ἄγνωστα ἦν τὰ ἴχνη. καὶ δὴ καὶ
ἰδὼν ἄν τις τὰ ἴχνη ἐνόμισεν ἐξ ἐναντίου πορεύσασθαι τὰς βοῦς. καὶ
ἄλλον μὲν οὐδέν᾽ εἶδεν, γέρων δέ τις ἦν ἐν τῇ ὁδῷ σκάπτων περὶ τὰς
ἀμπέλους· τοῦτον τὸν γέροντα ἰδὼν ὁ Ἑρμῆς προσεῖπεν· ᾽ὦ γέρον,
ἄμεινον μὲν ἰδόντα μὴ ἰδεῖν, καὶ ἀκούσαντα κωφὸν εἶναι, ἐὰν μὴ σὸν
ἔργον ᾖ τι.᾽ μετὰ τοῦτον οὐδέν᾽ ἄλλον εἶδεν, ἕως τὰς βοῦς εἰς αὐλὴν
ἤλασεν· ἔλαμπε δ᾽ ἡ σελήνη. ἐνθένδε συλλέγει μὲν ξύλα πολλά·
καὶ λαβὼν ὄζον δάφνης, τῇ μαχαίρᾳ ἐπέλεψε· ἐπιλέψας δὲ ὀξὺν
ἐποίει· καὶ καταθεὶς μὲν χαμαὶ ἄλλο τι ξύλον ξηρόν, λαβὼν δὲ ταῖς
χερσὶν τὸν κλάδον, ἐπιθεὶς δ᾽ ἐπὶ τοῦ ξύλου τὸν κλάδον, ἐδίνει ἔχων
τὸν κλάδον ἀμφοτέραις ταῖς χερσίν, ὥσπερ τρύπανον δινοῦσιν οἱ

τέκτονες, ἕως καπνόν τε καὶ πῦρ ἀνέδωκεν. οὕτως μέν νυν πρῶτον ἐφεῦρε τὰ πυρεῖα ὁ Ἑρμῆς. καὶ ἐπειδὴ τὸ πῦρ ἔκαιεν, ἅπτει εὐθὺς τὰ ξύλα· καὶ φλὸξ λάμπει. ἔπειτα δύο βοῦς ἐξελαύνει ἐκ τῆς αὐλῆς, καὶ σφάζει, καὶ κρέα τέμνει, καὶ ὀπτᾷ ἀμφ' ὀβελοῖς· δώδεκα ποιεῖ μοίρας τοῖς μεγάλοις θεοῖς δώδεκα οὖσι· τὰ δ' ἄλλα κατατίθησιν ἐν τῇ αὐλῇ. αὐτὸς δ' οὐκ ἐσθίει, καίπερ πεινῶν· οὐκέτι γὰρ ἤσθιε κρέας· γάλα μόνον ἔπινεν. καὶ τελευτῶν τά τε σάνδαλα προῆκεν εἰς τὸν ποταμόν, καὶ τοὺς ἄνθρακας ἔσβεσεν, καὶ ἀνεχώρει πρὸς τὸ ἄντρον· εἰσελθὼν δ' εἰς τὸ ἄντρον, κατεκεῖτο ἐν τῷ λίκνῳ, ἐντυλίξας ἑαυτὸν τοῖς σπαργάνοις."

ταῦτα μέν νυν εἶπεν ἡ μήτηρ μου· ἐθαύμασαν δὲ κάρτα αἱ κόραι, οἷα ἐποίησεν ὁ Ἑρμῆς τηλικοῦτος ὤν. καὶ λέγει ἡ μήτηρ· "ὁρᾶτε, ὦ κόραι, οἷον τὸ θαῦμα τῶν θεῶν· ὁ γὰρ Ἑρμῆς, ἑῷος γεγονώς, περὶ μεσημβρίαν ἐκιθάριζε, καὶ ἑσπέριος ἔκλεψε τὰς βοῦς τοῦ Ἀπόλλωνος, ἐν τῇ αὐτῇ ἡμέρᾳ ἐν ᾗ περ ἔτεκεν αὐτὸν ἡ Μαῖα. ἀλλὰ τὰ μετὰ ταῦτα οὐχ ἧττον θαυμάσια. ἠγέρθη γὰρ ἡ Μαῖα ἐξ ὕπνου· οὐδ' ἔλαθεν αὐτὴν τὸ γενόμενον, θεὸν οὖσαν· καὶ ἰδοῦσ' αὐτὸν κείμενον ἐν τῷ λίκνῳ, ἔχοντα τῇ ἀριστερᾷ τὴν χελώνην, ἐπυνθάνετο τί γέγονε, λέγουσα τάδε· 'πόθεν ἔρχῃ, ὦ ἀναιδέστατε; νῦν σε μάλ' οἶμαι δίκην δώσειν τῷ Ἀπόλλωνι, πληγὰς λαβόντα ἢ δεθέντα· ὡς μέγα κακὸν ἐφύτευσέ σ' ὁ πατήρ.' ἀμείβεται δ' ὁ παῖς δόλια λέγων· 'μῆτερ ἐμή, τί με πλύνεις οὕτως, νήπιον ὄντα; ὃς οὐδὲν σύνοιδ' ἐμαυτῷ κακόν, καὶ φοβοῦμαι τὴν σὴν λοιδορίαν. ἀλλ' ἴσθι μ' οὐκ αἰεὶ μενοῦντα ἐν τῷδε τῷ ἄντρῳ· ἄμεινον γὰρ συνοικεῖν τοῖς θεοῖς καὶ πλούσιον εἶναι. ἐγώ τοι κἀμαυτὸν βοσκήσω καὶ σέ· τέχνην τὴν ἀρίστην ἀσκήσω, καὶ κτήσομαι ὅσα δίκαιόν ἐστι κτήσασθαι οὐχ ἧττον ἢ Ἀπόλλων. καὶ ἐὰν μὴ δῷ ὁ πατήρ, ὄμνυμι ἦ μὴν δεινότατος ἔσεσθαι κλεπτῶν. ἐὰν δέ με ζητήσῃ ὁ Ἀπόλλων, ἔχω δὴ ὅ τι ἀμείψωμαι αὐτῷ. εἶμι γὰρ εἰς τὸν ναὸν αὐτοῦ τὸν ἐν Δελφοῖς, ἐν ᾧ πολλοί εἰσι τρίποδες καὶ λέβητες καὶ χρυσὸς πολύς, πολὺς δὲ σίδηρος, πολλὴ δ' ἐσθής· κλέψω δ' ἐκεῖθεν ἅλις, σὺ δ' ὄψει, ἐὰν ἐθέλῃς.'

"οὗτοι μέν νυν ταῦτ' ἔλεγον· ὁ δ' Ἀπόλλων ἕωθεν ἐπὶ νομὸν ἦλθεν· ἐλθὼν δ' ἐπὶ νομόν, εὗρε πεντήκοντά τινας βοῦς, τὰς ἀρίστας, ἀπολωλυίας ἐκ τῆς ἀγέλης. ζητῶν δὲ τὰς βοῦς ἀπαντᾷ τῷ γέροντι· καὶ πυνθάνεται ἀπὸ τοῦ γέροντος λέγων τάδε· 'ὦ γέρον, ζητῶν τὰς βοῦς ἔρχομαι· σὺ δ' ἂν λέγοις μοι, πότερόν τιν' ἄνδρ' ἑόρακας πορευόμενον μετὰ βοῶν.' ἀμείβεται δ' ὁ γέρων· 'ὦ φίλε, χαλεπὸν μὲν λέγειν ὅσα ὁρᾷ τις πάντα· πολλοὶ γὰρ ὁδοιπόροι παρέρχονται, οἱ μὲν κακὰ φρονοῦντες, οἱ δὲ καλά· ἀλλ' ἐγὼ ὅλην τὴν χθὲς ἡμέραν ἔσκαπτον περὶ τὰς ἀμπέλους· ἀλλ' οἶμαι, οὐ γὰρ οἶδα σαφῶς, ἑορακέναι παῖδα, ὃς ἤλαυνε βοῦς, παῖδα νήπιον, ὦ βασιλεῦ, εἶχε δὲ ῥάβδον, καὶ τὰς μὲν βοῦς ἐξόπισθεν ἤλαυνε, ἐχούσας τὰς κεφαλὰς ἐναντίον ἑαυτοῦ.'

"ταῦτα μὲν δὴ ἀποκρίνεται ὁ γέρων· ὁ δ' ἀκούσας θᾶττον ἤδη προύβαινε· καὶ ἐν ὁδῷ κατενόησε τὰ ἴχνη, καὶ ἔλεγεν· 'ὦ Γῆ καὶ θεοί, οἷα ὁρῶ, ἴχνη πάλιν τετραμμένα βοῶν, καὶ δὴ καὶ ἄλλα βήματα, οὔτ' ἀνδρὸς ὄντα οὔτε γυναικός, οὐδὲ λύκων οὐδὲ μὴν λεόντων· ἢ που κενταύρου λέγοιμ' ἂν ταῦτα εἶναι; δεινὰ γοῦν πάντων μάλιστα.' ἑπόμενος δὲ τοῖς ἴχνεσιν, ἀφίκετο πρὸς τὸ ἄντρον. ὁ δ' Ἑρμῆς ὁρῶν προσιόντα αὐτόν, κατέδυ εἰς τὰ σπάργανα· ἐν δ' ὀλίγῳ συνήλαυνε κεφαλήν τε καὶ πόδας καὶ χεῖρας· καὶ σχῆμα μὲν ἐποίει ὡς καθεύδων, τῷ δ' ὄντι ἠγρύπνει· χελώνην δ' εἶχεν ὑπὸ μασχάλης. ἔγνω δ' ὁρῶν ὁ Ἀπόλλων τήν τε νύμφην καὶ τὸν παῖδα· καὶ ἐρευνήσας κατὰ πᾶν τὸ ἄντρον, ἔλεγε τάδε· 'ὦ παῖ, ὃς ἐν λίκνῳ κεῖσαι, μήνυέ μοι τὰς βοῦς θᾶττον· ἐπεὶ διοισόμεθα νῶϊ οὐ κατὰ κόσμον. ῥίψω γάρ σε ἐς Τάρταρον λαβών, ἐς σκότον δεινὸν καὶ ἀμήχανον· ἐξ οὗ οὐκ ἔστιν ὅστις λύσει σ' οὐδείς.' ἀποκρίνεται δ' ὁ παῖς, δόλια φρονῶν· 'ὦ Ἄπολλον, τί τόδε λέγεις; τί ζητεῖς βοῦς ἐνθάδε; οὐκ εἶδον, οὐκ ἐπυθόμην, οὐκ ἄλλου ἤκουσα μῦθον· οὐκ ἄν σοι μηνύσαιμ' ἔγωγε, οὐδ' εἰ μισθὸν ὑπόσχοιο. ἦ γὰρ ἔοικα ἐλατῆρι βοῶν ἐγώ; οὐκ ἐμόν γ' ἔργον τοῦτο, ἀλλὰ ὕπνος τε, καὶ γάλα καὶ σπάργανα ἔχειν, καὶ λουτρὰ θερμά. θαῦμα δ' ἂν εἴη μέγα, εἰ παῖς νήπιος βοῦς ἐλαύνοι. ἀλλὰ χθὲς ἐγενόμην, ἀλλ' ἁπαλοὶ οἱ πόδες, τραχεῖα δὲ γῆ. εἰ δ' ἐθέλεις, ὄμνυμι τὴν πατρὸς κεφαλήν, ἦ μὴν μὴ κλέψαι τὰς βοῦς.' ταῦτ' ἔλεγεν ὁ Ἑρμῆς· ὁ δ' Ἀπόλλων γελάσας, 'ὦ πανοῦργε, ἔφη, ἦ πολλοὺς ἀπατήσειν σ' οἴομαι, οἷα πεποίηκας ἐμέ. ἀλλ' ἐκ λίκνου κατάβα· καὶ κεκλήσῃ ἀρχηγὸς κλεπτῶν.' ὡς ἄρ' ἔλεγεν ὁ Ἀπόλλων, καὶ λαβὼν τὸν παῖδα ἔφερε ταῖς χερσίν· ὁ δ' ἐπέπταρε, οἰωνὸν χρηστόν· ὁ δ' Ἀπόλλων μειδιάσας λέγει πρὸς αὐτόν· 'θάρρει, βρέφος· τοιούτῳ γὰρ οἰωνῷ οὐκ ἔστιν ὅπως οὐχ εὑρήσω τὰς βοῦς, σὺ δέ μοι ἡγεμὼν γενήσῃ.' ταῦτ' εἶπεν. ὁ δὲ ἐκάλυψε ταῖς χερσὶν τὰ ὦτα, καὶ

ἐβόα λέγων· 'ποῖ με φέρεις, ὦ θαυμάσιε; ἦ μοι λοιδόρη βοῶν ἕνεκα;
εἴθ' ἀπόλοιτο γένος βοῶν· οὐ γὰρ ἔκλεψα τὰς σὰς βοῦς ἔγωγε, οὐδ'
ἤκουσα ὅστις ἔκλεψεν, οὐδὲ μὴν οὐδ' οἶδ' αἵτινές εἰσι βοῦς· τὸ γὰρ
ὄνομα μόνον ἐπίσταμαι ἀκούσας. δός μοι δίκην καὶ δέξαι παρὰ Διὶ
Κρονίωνι.'

"ταῦτα δὴ ἐπεὶ ἀπεκρίνατο ὁ παῖς, ἀφίκοντο πρὸς τὸν Ὄλυμπον·
οἱ δ' ἀθάνατοι ἦσαν ἐν τῷ Ὀλύμπῳ συλλελεγμένοι. καὶ ἔστησαν ὅ
θ' Ἑρμῆς καὶ ὁ Λητοῦς υἱὸς ἔμπροσθεν τοῦ Διός· ὁ δὲ Ζεὺς ἔλεγε
πρὸς τὸν Ἀπόλλωνα· 'Φοῖβε, πόθεν ἄγεις ταύτην τὴν ἄγραν;
σπουδαῖον δὴ πρᾶγμα ἦλθεν ἐς ὁμιλίαν θεῶν.' ἀποκρίνεται δ' ὁ
Ἀπόλλων, 'ὦ πάτερ, ἀκούσῃ μῦθον οὐ φαῦλον. τὸν παῖδα δὴ τοῦτον
εὗρον ἐγώ, ὅστις ἐστίν, ἐν ἄντρῳ τῆς Κυλλήνης, οἷον οὐδείς πω
ἑόρακεν ἀνθρώπων οὐδὲ θεῶν. οὗτος γὰρ κλέψας τὰς ἐμὰς βοῦς
χθές, ἤλαυνεν ἑσπέριος παρ' αἰγιαλόν, στρέψας ἔμπαλιν τὰ ἴχνη
οὐκ οἶδ' ὅπως· αὐτὸς δ' ἐλάσας κατέκειτο ἐν τῷ λίκνῳ ἥσυχος, τὼ δ'
ὀφθαλμὼ ὠμόργνυ ὥσπερ οὐδὲν εἰδώς, καὶ ἔλεγεν, "οὐκ εἶδον, οὐκ
ἐπυθόμην, οὐκ ἄλλου ἤκουσα μῦθον, οὐδὲ μὴν οὐδ' οἶδ' ὅ τι ἐστὶν ἡ
βοῦς, πλὴν τοῦ ὀνόματος μόνον."'

"ὁ μέν νυν ταῦτ' εἶπεν· ὁ δ' Ἑρμῆς ἀπεκρίνατο· 'Ζεῦ πάτερ, ἐγώ
σοι ἐρῶ τὴν ἀλήθειαν· νήπιος γάρ εἰμι, οὐδ' οἶδα ψεύδεσθαι. ἦλθεν
εἰς ἡμετέρου ζητῶν βοῦς οὗτος, οὐδὲ μάρτυρα παρέσχεν οὐδένα·
μηνύειν δέ μ' ἐκέλευεν ὑπ' ἀνάγκης, ἀπειλῶν ἦ μὴν καταβαλεῖν μ'
ἐς Τάρταρον. ἀλλ' ἐγὼ χθιζὸς ἐγενόμην, ὡς καὶ αὐτὸς οἶδεν, οὐδ'
ἔοικα δήπου ἐλατῆρι βοῶν. πείθου (καὶ γὰρ πατὴρ φῂς σὺ εἶναι) ὡς
οὐκ ἤλασα βοῦς οἴκαδε· οὕτως ὄλβιος εἴην, ὡς οὐκ ἔβην ὑπὲρ οὐδόν·
τοῦτο λέγω ἀληθῶς. οἶσθα καὶ αὐτὸς ὅτι οὐκ αἴτιός εἰμι· καὶ λέγω
ἐφ' ὅρκου· οὐ μὰ τὰς πύλας τάσδε. καὶ μὴν τίσω γ' ἐκείνῳ ποτὲ τὸ
ψεῦδος· σὺ δὲ βοήθει τοῖς ἥττοσιν.'

"ταῦτ' εἶπεν ὁ Ἑρμῆς, ἐν σπαργάνοις ὤν· ἀκούσας δ' ὁ Ζεὺς μέγ'
ἐγέλασε· καὶ εὐθὺς ἐκέλευσεν ἄμφω μὲν ζητεῖν, δεῖξαι δ' Ἑρμῆν ὅπου
ἔκρυψε τὰς βοῦς. ὁ δ' ἐπείθετο. ἰδὼν δὲ τὰς βοῦς ὁ Ἀπόλλων εἶπε·
'πῶς, ὦ παῖ, ἠδύνω σφάζειν δύο βόε, νεογνὸς ὤν; θαυμάζω σε τοῦ
κράτους· ἀλλ' οὐ χρή σ' αὐξάνεσθαι μέγαν.' καὶ ταῦτ' εἰπὼν ἔμελλε
μὲν δεσμεύσειν αὐτόν, ὁ δὲ λαβὼν τὴν λύραν τῇ ἀριστερᾷ καὶ τῇ
δεξιᾷ τὸ πλῆκτρον, οὕτως ἔψαλλε καὶ τοιοῦτο μέλος ᾖδεν, ὥσθ' ὁ

Ἀπόλλων ἐγέλασεν ἡσθείς, καὶ 'ὦ πανοῦργε, ἔφη, ἀξίαν μοι ἔδωκας τιμὴν καὶ πεντήκοντα βοῶν. πόθεν ἔχεις τὸ καλὸν τοῦτ' ἄθυρμα, καὶ πόθεν τέχνην τοιαύτην; τίς σ' ἐδίδαξεν; δόξα δὴ ἔσται σοι ἥδε, οἷον κιθαρίζεις.' ἀμείβεται ὁ Ἑρμῆς· 'οὐδεὶς φθόνος, ὦ Ἄπολλον· ἰδού, δίδωμί σοι τὴν χελώνην. ᾆδε καὶ κιθάριζε, ἐπεὶ βούλει· σὺ δέ μοι δὸς κῦδος.' καὶ δὴ καὶ ἐδίδου τὴν λύραν, ἐδέξατο δ' ὁ Ἀπόλλων ἡσθείς. καὶ ὅρκον ὠμνύτην μέγαν, μὰ Στυγὸς ὕδωρ, ὁ μὲν Ἀπόλλων φίλος ἔσεσθαι τῷ Ἑρμῇ, ὁ δ' Ἑρμῆς μήποτε κλέψειν τὰ τοῦ Ἀπόλλωνος."

τοιαῦτ' ἔλεγεν ἡ μήτηρ· αἱ δὲ κόραι πᾶσαι ἤσθησάν τε τῷ μύθῳ, καὶ δὴ καὶ ἄλλον ἠξίουν ἀκούειν. ἡ δ' οὐκ ἤθελεν· ὥρα γὰρ ἦν δείπνου.

41 Κρίσις

ἐξήλθομεν εἰς τὰ ὄρη ἐγώ τε καὶ ὁ ἀδελφός, καὶ περὶ μεσημβρίαν, θάλποντος τοῦ ἡλίου, ἐπαυσάμεθα παρὰ κρηνῇ· καὶ ἰδοὺ τρεῖς ἄνδρες καὶ γυνή· οἱ μὲν δύο ἄγροικοι ἦσαν, ὁ δὲ ἦν γέρων τις. ἠμφισβήτουν δὲ περί τινος πράγματος. καὶ τὰ ὀνόματα τῶν ἀνδρῶν εἰδὼς ἐρῶ· ἦσαν γὰρ οἱ ἄγροικοι Δᾶος καὶ Συρισκός, ὁ δὲ γέρων Σμικρίνης. διελέγοντο δ' ὧδε.

Σ. ἀδικεῖς, φεύγεις τὸ δίκαιον.

Δ. συκοφαντεῖς· οὐ δεῖ σ' ἔχειν τὰ μὴ σά.

Σ. ἐπιτρεπτέον τινὶ περὶ τούτων ἐστί.

Δ. βούλομαι· κρινώμεθα.

Σ. τίς οὖν;

Δ. ἐμοὶ μὲν πᾶς ἱκανός.

Σ. τοῦτον λαβεῖν βούλει κριτήν;

Δ. ἀγαθῇ τύχῃ.

Σ. πρὸς τῶν θεῶν, ὦ βέλτιστε, μικρὸν ἂν σχολάσαις ἡμῖν χρόνον;

Σμ. ὑμῖν; περὶ τίνος;

Σ. ἀντιλέγομεν πρᾶγμά τι.

Σμ. τί οὖν ἐμοὶ μέλει;

Σ. κριτὴν τούτου ζητοῦμεν ἴσον· εἰ δή σε μηδὲν κωλύει, διάλυσον ἡμᾶς.

Σμ. ὦ κάκιστ᾽ ἀπολούμενοι, ἆρα δίκας λέγοντες περιπατεῖτε, διφθέρας ἔχοντες;

Σ. ἀλλ᾽ ὅμως, δὸς τὴν χάριν, πάτερ· βραχὺ γὰρ τὸ πρᾶγμα, καὶ ῥᾴδιον μαθεῖν. μὴ καταφρονήσῃς, πρὸς θεῶν.

Σμ. ἐμμενεῖτε οὖν, εἰπέ μοι, οἷς ἂν δικάσω;

Σ. πάντως.

Σμ. ἀκούσομαι· τί γὰρ τὸ κωλῦον; σὺ πρότερος ὁ σιωπῶν λέγε.

Δ. μικρόν γ᾽ ἄνωθεν, ἵνα ᾖ σοι σαφῆ τὰ πράγματα. ἐν τῷ δασεῖ τῷ πλησίον τούτων τῶν χωρίων ἐποίμαινον, ὦ βέλτιστε, τριακοστὴν ἴσως ταύτην ἡμέραν, αὐτὸς μόνος, καὶ εὗρον ἐκκείμενον παιδάριον νήπιον, ἔχον δέραια, καὶ τοιοῦτόν τινα κόσμον.

Σ. περὶ τούτων ἐστίν.

Δ. οὐκ ἐᾷ λέγειν.

Σμ. ἐὰν λαλῇς μεταξύ, καθίξομαί σου τῇ βακτηρίᾳ.

Δ. καὶ δικαίως.

Σμ. λέγε.

Δ. λέγω. ἀνειλόμην, ἀπῆλθον οἴκαδε ἔχων αὐτά· τρέφειν ἔμελλον. ἀλλ᾽ ἐν νυκτὶ βουλὴν διδοὺς ἐμαυτῷ, διελογιζόμην· τί μοι παιδοτροφίας καὶ κακῶν; πόθεν δ᾽ ἐγὼ ἀναλώσω τοσαῦτα; τί φροντίδων ἐμοί; τοιουτοσί τις ἦν. ἕωθεν πάλιν ἐποίμαινον· ἦλθεν δ᾽ οὗτος (ἔστι δ᾽ ἀνθρακεύς) εἰς τὸν αὐτὸν τόπον, ἐκπρίσων στελέχη. πρότερον δέ μοι συνήθης ἐγεγόνει. ἐλαλοῦμεν ἀλλήλοις· ὁ δὲ σκυθρωπὸν ὄντα μ᾽ ἰδών, "τί σύννους, φησί, Δᾶος;" "ὅτι σύννους ἐγώ; περίεργός εἰμι." καὶ λέγω αὐτῷ τὸ πρᾶγμα, ὡς εὗρον τὸ παιδάριον, ὡς ἀνειλόμην. ὁ δὲ τότε μὲν εὐθύς, πρὶν πάντ᾽ εἰπεῖν, ἐδεῖτο· "ἐμοὶ τὸ παιδίον δός· γυναῖκα γὰρ ἔχω· τεκούσῃ δ᾽ ἀπέθανε τὸ παιδίον."

Σμ. ἐδέου σύ γε;

Σ. ἐδεόμην.

Δ. ὅλην τὴν ἡμέραν κατέτριψε· δεομένῳ καὶ πείθοντί με, ὑπεσχόμην. ἔδωκα, ἀπῆλθε μυρία εὐχόμενος ἀγαθά· κατεφίλει τὰς χεῖρας λαβών.

Σμ. ἐποίεις ταῦτα;

Σ. ἐποίουν.

Δ. ἀπηλλάγη. καὶ περιτυχών μοι ἄφνω μετὰ τῆς γυναικός, ἀξιοῖ ἀπολαμβάνειν τὰ συνεκτεθέντα τούτῳ· μικρὰ δ' ἦν ταῦτα, λῆρός τις, οὐδέν· καὶ δεινὰ πάσχειν φησίν, διότι οὐκ ἀποδίδωμι, ἀλλ' αὐτὸς ἀξιῶ ἔχειν ταῦτα. ἐγὼ δέ γ' αὐτὸν φημὶ δεῖν χάριν ἔχειν, οὗ μετέλαβεν δεόμενος. εἰ μὴ πάντα δίδωμι, τί δεῖ μέμφεσθαι; εἰ γὰρ βαδίζων ἅμ' ἐμοὶ εὗρε ταῦτα, καὶ ἦν κοινὸς Ἑρμῆς, τὸ μὲν ἂν ἔλαβεν οὗτος, τὸ δ' ἐγώ· ἀλλὰ μόνος εὗρον ἐγώ· σὺ δ' οὐ παρὼν οἴει πάντα δεῖν ἔχειν αὐτός, ἐμὲ δ' οὐδέν; τὸ τέλος· δέδωκά σοι ἑκών τι τῶν ἐμῶν· εἰ τοῦτ' ἀρέσκει, καὶ νῦν ἔχε· εἰ δὲ μὴ ἀρέσκει, ἀπόδος πάλιν καὶ μηδὲν ἀδίκει. πάντα δ' οὐ δεῖ σ' ἔχειν. εἴρηκα τόν γ' ἐμὸν λόγον.

Σ. εἴρηκεν;

Σμ. οὐκ ἤκουσας; εἴρηκεν.

Σ. καλῶς. οὐκοῦν ἐγὼ μετὰ ταῦτα. μόνος εὗρε τὸ παιδίον οὑτοσί, καὶ πάντα ταῦθ' ἃ νῦν λέγει ὀρθῶς λέγει, ὦ πάτερ· καὶ γέγονεν οὕτως· οὐκ ἀντιλέγω. δεόμενος, ἱκετεύων, λιπαρῶν ἐγὼ ἔλαβον παρ' αὐτοῦ τοῦτο· ἀληθῆ γὰρ λέγει. ποιμήν τις, πρὸς ὃν ἐλάλησεν, ἐξήγγειλέ μοι, συνευρεῖν αὐτὸν ἅμα κόσμον τινά· ἐπὶ τοῦτον τὸν κόσμον, ὦ πάτερ, πάρεστιν αὐτὸς ὁ παῖς.—τὸ παιδίον δός μοι, γύναι.—οὗτός σ' ἀπαιτεῖ, ὦ Δᾶε, τὰ δέραια καὶ γνωρίσματα· ἑαυτῷ γάρ φησι ταῦτ' ἐπιτεθῆναι κόσμον, οὐ σοὶ διατροφήν. νῦν, βέλτιστε, γνωστέον σοι ταῦτα, ὡς ἐμοὶ δοκεῖ· πότερον δεῖ ταῦτα, ἄττα ποτ' ἐστί, τηρεῖσθαι, κατὰ τὴν δόσιν τῆς μητρός, ἕως ἂν ἐκτραφῇ τὸ παιδίον· ἢ τὸν κλέψαντα ἔχειν τἀλλότρια, εἰ καὶ πρῶτος εὗρεν. τί οὖν οὐκ ἀπήτουν ταῦτα τότε, ὅτ' ἐλάμβανον τὸ παιδίον; οὔπω ἤδη εὑρημένα. ἥκω δὲ καὶ νῦν οὐκ ἐμαυτοῦ γ' ἕνεκα ἀπαιτῶν οὐδέν· ποῦ δὲ κοινὸς Ἑρμῆς, ὅπου πρόσεστι σῶμα ἀδικούμενον; οὐκ ἔστιν εὕρεσις αὕτη, ἀλλ' ἀφαίρεσις. βλέψον δὲ κἀκεῖ, πάτερ· ἴσως οὑτοσὶ γενναῖός τίς ἐστι τὸ γένος, ὑπὲρ ἡμᾶς, καὶ ἐν ἐργάταις τραφεὶς ὑπερόψεται ταῦτα, καὶ τολμήσει ἐλεύθερόν τι ποιεῖν, θηρᾶν λέοντας, βαστάζειν ὅπλα, τρέχειν ἐν ἀγῶσιν. ἆρ' οὐ Νηλέα τινὰ καὶ Πελίαν εὗρε πρεσβύτης ἀνὴρ αἰπόλος, ἔχων διφθέραν οἵαν καὶ ἐγὼ νῦν; ὡς δ᾽ ᾔσθετο αὐτοὺς κρείττονας ἑαυτοῦ ὄντας, λέγει τὸ πρᾶγμα, ὡς εὗρεν, ὡς ἀνείλετο. ἔδωκε δ᾽ αὐτοῖς πηρίδιον γνωρισμάτων, ἐξ οὗ μαθόντες τὰ καθ᾽ αὑτοὺς σαφῶς, ἐγένοντο βασιλῆς, οἱ πρότερον ὄντες αἰπόλοι. εἰ δ᾽ ὁ Δᾶος ἐκλαβὼν ἐκεῖνα ἀπέδοτο, ἵνα κερδάνειε δραχμὰς δώδεκα, ἀγνῶτες ἂν διετέλουν ὄντες τὸν πάντα χρόνον, οἱ τηλικοῦτοι ὄντες καὶ τοιοῦτοι τὸ γένος. οὐ δὴ καλῶς ἔχει τὸ μὲν σῶμα ἐκτρέφειν ἐμέ, τὴν δὲ σωτηρίας ἐλπίδα λαβόντα Δᾶον ἀφανίσαι, πάτερ. πολλάκις διὰ γνωρίσματα ἔσωσέ τις ἀδελφὸν ἢ μητέρα. ἔστιν ἐπισφαλὴς φύσει ὁ βίος, πάτερ, ἁπάντων· ὥστε μετὰ προνοίας δεῖ τηρεῖν τὰ τοιαῦτα. ἀλλά, φησίν, ἀπόδος, εἰ μὴ ἀρέσκει. τοῦτο γὰρ οἴεταί που ἰσχυρόν τι ἔχειν πρὸς τὸ πρᾶγμα. οὐκ ἔστι δίκαιον, εἴ τι τῶν τούτου δεῖ σ᾽ ἀποδιδόναι, καὶ τοῦτον πρὸς ζητεῖς λαβεῖν, ἵνα ἀσφαλέστερον πονηρὸς γένῃ. εἴρηκα· κρῖνον ὅ τι δίκαιον νομίζεις.

Σμ. ἀλλὰ ῥᾴδιόν ἐστι κρίνειν. πάντα τὰ συνεκκείμενα τοῦ παιδίου ἐστί· τοῦτο γιγνώσκω.

Δ. καλῶς· τὸ παιδίον δέ;

Σμ. οὐ μὰ Δία γνώσομαι εἶναι τὸ παιδίον τοῦ νῦν ἀδικοῦντος, ἀλλὰ τοῦ βοηθοῦντος.

Σ. πόλλ᾽ ἀγαθά σοι γένοιτο.

Δ. δεινή γ᾽ ἡ κρίσις, νὴ τὸν Δία τὸν Σωτῆρα· πάνθ᾽ εὑρὼν ἐγὼ πάντα περιέσπασμαι, ὁ δ᾽ οὐχ εὑρὼν ἔχει. οὐκοῦν ἀποδιδῶ;

Σμ. φημί.

Δ. δεινή γ᾽ ἡ κρίσις, ἢ μηδὲν ἀγαθόν μοι γένοιτο.

Σμ. φέρε ταχύ.

Δ. ὦ Ἡράκλεις, οἷα πέπονθα.

Σμ. τὴν πήραν λαβὲ καὶ δεῖξον.

Δ. βραχὺ πρόσμεινον, ἱκετεύω σ᾽, ἵν᾽ ἀποδῶ. τί γὰρ ἐγὼ ἐπέτρεψα τούτῳ;

Σμ. δός ποτ᾽, ἐργαστήριον.

Δ. αἰσχρά γ᾽ ἐστὶν ἃ πέπονθα.

Σ. πάντ᾽ ἔχεις;

Σμ. οἴομαί γε δή, εἰ μή γέ τι καταπέπωκε, ἐν ᾧ ἔλεγον τὴν δίκην, ὡς ἡλίσκετο.

Σ. οὐκ ἂν ᾠόμην. ἀλλ᾽ εὐτύχει, βέλτιστε.

Δ. ἀδίκου πράγματος, ὦ Ἡράκλεις· οὔκ ἐστι δεινή γ᾽ ἡ κρίσις;

Σ. οἴμωζε καὶ βάδιζε.

ἡμεῖς δὲ ἀκούσαντες ταῦτα ἐπηνοῦμεν τὸν Σμικρίνην ὡς εὖ κρίνοντα τὴν δίκην· καὶ ἀπηλλάγημεν οἴκαδε.

42 Παναθήναια

τὰ Παναθήναια τὰ μεγάλα ἀνὰ τέτταρα ἔτη γίγνεται, πέμπτῳ δὴ ἔτει, ὡς νομίζομεν οἱ Ἕλληνες. ἔστιν ἀγὼν μουσικῆς, ἐν ᾧ οἱ ῥαψῳδοὶ λέγουσι τὰ τοῦ Ὁμήρου, καὶ κιθαρῳδοὶ κιθαρίζουσι καὶ αὐλῳδοὶ αὐλοῦσιν· ἔστι δὲ γυμνικὸς ἀγών, παίδων, ἀγενείων, ἀνδρῶν· ἀγωνίζονται δ᾽ οἱ μὲν παῖδες οὐ πλέον ἢ ἑκκαίδεκα ἔτη γεγονότες, οἱ δ᾽ ἀγένειοι μεχρὶ τῶν εἴκοσιν, οἱ δ᾽ ἄνδρες πλέον τῶν εἴκοσιν. τούτοις δ᾽ οἱ ἀγῶνες στάδιον, πένταθλον, πάλη, πυγμή, παγκράτιον, πρὸς δὲ δίαυλος, ἵππιος, ὁπλίτης. περὶ τούτων διηγήσομαι καθ᾽ ἕκαστα ὕστερον. ἔστι δὲ καὶ ἱππικὸς ἀγών, ὅ τ᾽ ἀποβάτης ἀπὸ δίφρου καὶ κέλης καὶ συνωρὶς πωλικὴ καὶ ἅρμα τέλειον. ἀγωνίζονται δὲ καὶ περὶ εὐανδρίας, καί εἰσι πυρριχισταὶ καὶ λαμπαδηδρομία. μετὰ δὲ τὴν λαμπαδηδρομίαν παννυχίς ἐστιν, καὶ ὀλολύγματα τῶν πρεσβυτέρων ἱερειῶν, καὶ χοροὶ καὶ ᾠδαί. καὶ τῇ ὑστεραίᾳ πομπή, ἣν πέμπουσιν οἱ νικήσαντες καὶ πομπῆς ἱερῶν καὶ ἱππῆς καὶ ταξίαρχοι καὶ στρατηγοὶ θαλλοφόροι, καὶ γυναῖκες κανηφόροι καὶ οἱ Ἀθηναῖοι κατὰ δήμους.

ἐν δὲ τοῖς Παναθηναίοις ἀνατιθέασιν τῇ Ἀθήνῃ τὸν πέπλον· ὁ δὲ πέπλος κρεμάννυται ὥσπερ ἱστίον ἀφ᾽ ἱστοῦ μεγάλης τινὸς νεώς, ἣ ἄγεται κατὰ τὰς ὁδοὺς ἐπὶ τὴν Ἀκρόπολιν. ἐνυφαντὰ δ᾽ ἐστὶ τῷ πέπλῳ τὰ τῆς Ἀθήνης, ὡς ἐνίκησε μαχομένη τοῖς Γίγασιν. πάντων δ᾽ ὑστάτη ἐστὶν ἑστίασις τῶν Ἀθηναίων· καὶ δὴ καὶ ἀγὼν ναυτικὸς ἐν Πειραιεῖ.

νῦν διηγήσομαι τὰ περὶ τῶν ἀγώνων ἀκριβῶς καθ᾽ ἕκαστον.

τὸ μὲν στάδιον καὶ ἀγών ἐστι καὶ τόπος. ὁ δὲ τόπος ὁ στάδιον καλούμενος ὥσπερ θέατρόν ἐστιν· ἔστι δ' ἑτέρωθεν ἥμισυς κύκλος (ἡ σφενδόνη καλουμένη) μακροτέρων ὄντων τῶν κεράτων, ὥστε δρόμον γενέσθαι ἑξακοσίων ποδῶν· καὶ ἐκ τοῦ ἑτέρου ἄκρου τοῖχός ἐστιν. ἑδώλια δ' ἐστὶ καὶ ἐπὶ τῆς σφενδόνης καὶ ἐπὶ τῶν κεράτων, ἐν οἷς πολὺς ὄχλος καθίζεται. ἐντὸς οὖν τοῦ τοίχου γραμμή ἐστιν ἐν τῇ γῇ, ἀφ' ἧς ἀφίενται οἱ ἀγωνιζόμενοι· βαλβὶς δ' ὀνομάζεται ἡ γραμμή. ἐν μέσῃ αὖ τῇ σφενδόνῃ τέρμα πέπηκται, ὃ καὶ καμπτὴρ λεγόμενος, περὶ γὰρ τοῦτον κάμπτουσι διαθέοντες. τοιαῦτα μὲν δὴ περὶ τοῦ τόπου· ὁ δ' ἀγὼν ὁ στάδιον καλούμενος δρόμος ἐστὶν ἁπλοῦς ἀπὸ τῆς βαλβῖδος πρὸς τὸ τέρμα. καὶ στάδιον ὀνομάζεται καὶ δρόμος.

τὸ δὲ πένταθλον πέντε ἐνέχει ἀγῶνας, ἓν ὄν·

ἅλμα, ποδωκείαν, δίσκον, ἄκοντα, πάλην.

οἱ γὰρ ἀγωνιζόμενοι ἅλλονται, τρέχουσι, πάλλουσι δίσκον καὶ ἄκοντα, καὶ παλαίουσιν. ὁ δὲ τρεῖς νικήσας τῶν πέντε ἀγώνων νικᾷ τὸ πένταθλον. τοιαῦτα μὲν δὴ περὶ τοῦ πεντάθλου καὶ τῶν πενταθλητῶν.

οἱ δὲ παλαισταὶ ἀλείφουσιν ἑαυτοὺς ἐλαίῳ, ἵνα μὴ λάβηται αὐτῶν ὁ αἰεὶ ἀνταγωνιστής. ἵστασθον δ' ἐναντίον ἀλλήλοιν· καὶ πειρῶνται αὐτοὶ μὲν μὴ λαβὴν ἐνδοῦναι, τοῦ δ' ἑτέρου λαμβάνεσθαι. χρῶνται δὲ τέχναις πολλαῖς· ἄγχει γάρ τις ἢ ἀποπνίγει περιλαμβάνων τὸν τράχηλον· καὶ ἀγκυρίζει σκέλος τῷ ἑαυτοῦ σκέλει· καὶ ὑποσκελίζει τῷ ποδὶ ὥστε χαμαὶ πεσεῖν τὸν ἕτερον· καὶ διαλαμβάνει μέσον ἔχων· καὶ πολλαῖς πλοκαῖς χρῶνται. ὁ μέντοι τρὶς καταπαλαίσας τὸν ἕτερον, νικᾷ. ἀσκοῦσι δ' ἐν τῇ παλαίστρᾳ.

περὶ μὲν δὴ τῆς πάλης τοιαῦτα· ἡ δ' πυγμὴ μάχη τίς ἐστι τῶν πὺξ μαχομένων, τοῦτ' ἐστὶ συνεσπασμένοις τοῖς δακτύλοις ὥστε σφαίρας γενέσθαι τὰς χεῖρας. τῶν πυκτῶν πληγὴ γίγνεται καὶ φυλακὴ παιόντων τε καὶ φυλαττόντων ἑαυτούς, ἕως ἂν ὁ ἕτερος πύκτης ἀπείπῃ. ἀσκοῦσι δὲ σκιαμαχοῦντες.

βαρύτατον δὴ ἀγώνισμα τὸ παγκράτιον, ἅτε καὶ πὺξ μαχομένων καὶ παλαιόντων τῶν ἀγωνιζομένων. ἔστι δ' αὕτη καὶ ὀρθία μάχη, ἑστώτων τῶν παγκρατιαστῶν, καὶ ἀλίνδησις, ἐπὶ τῇ γῇ ὄντων. μάχονται δ' ἕως ἂν ὁ ἕτερος παγκρατιαστὴς ἀπείπῃ.

ὁ δίαυλος διπλοῦς ἐστι δρόμος, ἀπό τε τῆς βαλβῖδος ἐπὶ τὸ τέρμα, καὶ ἐπειδὰν στρέφωνται περὶ τὸ τέρμα, πάλιν ἀπὸ τοῦ τέρματος πρὸς τὴν βαλβῖδα. ὁ δ᾽ ἵππιος διπλοῦς ἐστι δίαυλος, διαθεόντων τῶν δρομέων δὶς πρός τε τὴν βαλβῖδα καὶ πάλιν. τὸ δ᾽ ἵππιος σημαίνει τὸ μῆκος μόνον· οὐ γὰρ ἵπποις χρῶνται. ἀγών ἐστι καὶ ἄλλος τῶν ὁπλιτῶν πάντα τὰ ὅπλα ἐχόντων, κνημῖδάς τε καὶ θώρακα καὶ ξίφος καὶ ἀσπίδα καὶ κόρυθα καὶ ἔγχος.

ταῦτα μὲν δὴ περὶ τούτων· νῦν δὲ διηγήσομαι περὶ τῶν ἱππικῶν ἀγώνων.

πρῶτον μὲν νυν ὁ ἀποβάτης ἵσταται ἐν τῷ δίφρῳ ἐξ ἀριστερᾶς, ὁ δ᾽ ἡνίοχος ἐκ δεξιᾶς ἡνιοχῶν τοὺς ἵππους· ἐκπηδᾷ δ᾽ ὁ ἀποβάτης ἐκ τοῦ δίφρου φερομένων τῶν ἵππων, καὶ ἀναβαίνει πάλιν.

ὁ δὲ κέλης ἵππος ἐστὶν ἐφ᾽ οὗ ὀχεῖταί τις ἔφηβος· καὶ συνωρὶς πωλικὴ ζεῦγός ἐστιν ἵππων μετὰ δίφρου. τὸ δ᾽ ἅρμα τέλειον τέτταρας ἔχει ἵππους, δύο τε ζυγίους ἐν μέσῳ ὄντας καὶ δύο σειραφόρους ὄντας ἔξω τούτων. καὶ δὴ καὶ μέγας ἐστὶ κίνδυνος καμπτόντων περὶ τὸν καμπτῆρα, μὴ θίγωσιν αὐτοῦ καὶ περιπέσωσιν. περὶ μὲν δὴ τῶν ἱππικῶν τοιαῦτα.

ὁ δ᾽ εὐανδρίας ἀγὼν ὧδε γίγνεται. ἐν ἑκάστῃ γὰρ φυλῇ ἐξελών τις τοὺς καλλίστους τε καὶ μεγίστους ἄνδρας, ἀποδείκνυσιν αὐτοὺς στολὴν πομπικὴν ἐνδεδυμένους· οἱ δὲ μάλιστα εὐδοκιμήσαντες νικῶσιν. καὶ μὴν οἱ πυρριχισταί γε πυρρίχην χορεύουσιν ἐν ὅπλοις, παίοντες τὰς ἀσπίδας τοῖς ξίφεσι, καὶ σχήματα πολλὰ ὀρχούμενοι.

πάντων δὲ καινότατόν ἐστιν ἡ λαμπαδηφορία ἢ λαμπαδηδρομία. δύο μὲν εἰσι στίχοι τῶν διαθεόντων, ἢ καὶ πλείους· καὶ ἑκάστου στίχου οἱ ἀγωνισταὶ τάττονται διά τινων ἀποστάσεων, ὥστ᾽ ἀποστῆναι ἀπ᾽ ἀλλήλων. καὶ πρῶτον μὲν ἀφίεται ὁ πρῶτος, ἔχων λαμπάδα φλέγουσαν· ἀφικόμενος δὲ ὡς τὸν δεύτερον, αὐτὸς μὲν παύεται τρέχων, τὴν δὲ λαμπάδα διαδίδωσι τῷ δευτέρῳ· καὶ μὴν ὅ γε δεύτερος, λαβὼν τὴν λαμπάδα ἐκ διαδοχῆς, ἀφίεται ὡς τὸν τρίτον· οὕτω πάντες διάδοχοι γενόμενοι τρέχουσιν· ὁ δ᾽ ὕστατος ταχθεὶς ἀφίκετο πρὸς τὸ τέρμα. νικᾷ δ᾽ οὗτος ὁ στίχος, οὗ ἂν ὁ τελευταῖος φθάσῃ ἀφικόμενος πρὸς τὸ τέρμα. ποιοῦσι δὲ τοῦτο καὶ ἐφ᾽ ἵππων, διελαύνοντες Ἀθήνηθεν εἰς τὸν Πειραιᾶ.

καὶ δὴ καὶ ἡ πομπὴ μεγαλοπρεπές τι θέαμά ἐστιν, ὥσπερ θεῶν ἐπὶ γῆς φαινομένων.

43 Συμπόσιον

ἦν μὲν Παναθήναια τὰ μεγάλα, περὶ ὧν ἤδη ἐμνήσθην, διεξιὼν πάντα περὶ τῆς ἑορτῆς· καὶ μετὰ τὴν ἱπποδρομίαν ἐγώ τε καὶ ὁ πατήρ—ἦν δ᾽ ἐγώ τοι νεανίας ἤδη, ὡς καὶ εἶπον—ἐτύχομεν περιϊόντες κατὰ τὴν πόλιν, καὶ μὴν ἐντυγχάνομέν γε τῷ Καλλικλεῖ, λελουμένῳ τε καὶ τὰς βλαύτας ὑποδεδεμένῳ· ὁ δὲ πατήρ, "ὦ Καλλίκλες, ἔφη, ποῖ εἶ οὕτω καλὸς γεγενημένος;" ὁ δ᾽ εἶπεν ὅτι "ἐπὶ δεῖπνον εἰς Ἑρμογένους. ἐνίκησε γάρ, ὡς οἶσθά που, κέλητι· καὶ χθὲς μὲν αὐτὸν διέφυγον τοῖς ἐπινικίοις, φοβηθεὶς τὸν ὄχλον· ὡμολόγησα δ᾽ εἰς τήμερον παρέσεσθαι. ταῦτα δὴ ἐκαλλωπισάμην, ἵνα καλὸς παρὰ καλὸν ἴω. ἀλλὰ σύ, ἦ δ᾽ ὅς, πῶς ἔχεις πρὸς τὸ ἰέναι ἄκλητος ἐπὶ δεῖπνον;" καὶ ὁ πατὴρ εἶπεν, "οὕτως ὡς ἂν σὺ κελεύῃς." "ἕπου τοίνυν, ἔφη, ἵνα μὴ ὑστερῶμεν τῆς δαιτός, κατὰ τὴν παροιμίαν." εἱπόμεθα οὖν τῷ Καλλικλεῖ· ἐπεὶ δ᾽ ἐγενόμεθα ἐπὶ τῇ οἰκίᾳ τῇ Ἑρμογένους, ἀνεῳγμένην κατελάβομεν τὴν θύραν. καὶ παῖς τις τῶν ἔνδοθεν ἀπαντήσας, ἦγεν ἡμᾶς οὗ κατέκειντο οἱ ἄλλοι, καὶ κατελάβομεν ἤδη μέλλοντας δειπνεῖν· εὐθὺς δ᾽ οὖν ὡς εἶδεν ὁ Ἑρμογένης, "ὦ, φησίν, Καλλίκλεις, κατακλίνου δή. σὺ δ᾽, ὦ Θράσυλλε, ἐς καλὸν ἥκεις, αὐτός τε καὶ τὸ μειράκιον, ἵνα συνδειπνήσητε." καὶ ὁ παῖς ἀπένιζεν ἡμᾶς ἵνα κατακεοίμεθα· μετὰ δὲ ταῦτα ἐδειπνοῦμεν. ἐν τούτῳ δὲ Φίλιππος ὁ γελωτοποιός, κρούσας τὴν θύραν, εἶπε τῷ ὑπακούσαντι εἰσαγγεῖλαι ὅστις εἴη· ὁ οὖν Ἑρμογένης ἀκούσας ταῦτα εἶπεν, "ἀλλὰ μέντοι, ὦ ἄνδρες, αἰσχρὸν στέγης γε φθονῆσαι· εἰσίτω οὖν." ὁ δὲ στὰς ἐπὶ τῷ ἀνδρῶνι ἔνθα τὸ δεῖπνον ἦν, εἶπεν, "ὅτι μὲν γελωτοποιός εἰμι, ἴστε πάντες· ἥκω δὲ προθύμως, νομίσας ἱλαρόν τι δείξειν τοῖς συνδειπνοῦσιν." "κατακλίνου τοίνυν, ἔφη ὁ Ἑρμογένης, καὶ γὰρ οἱ παρόντες ἐνδεέστεροί πως γέλωτος, ἅτε κραιπαλῶντες ἐκ τῆς προτεραίας." κατακλιθεὶς οὖν ὁ Φίλιππος γελοῖόν τι εὐθὺς ἐπεχείρει λέγειν· ὡς δ᾽ οὐκ ἐκίνησε γέλωτα, δὶς καὶ τρὶς εἰπών, παυσάμενος τοῦ πότου, συγκαλυψάμενος κατέκειτο. καὶ ὁ Ἑρμογένης, "τί τοῦτ᾽, ἔφη, ὦ Φίλιππε, ἀλλ᾽ ἦ ὀδύνη σ᾽ εἴληφε;" καὶ ὃς ἀναστενάξας, "ναὶ μὰ Δί', ἔφη, ὦ Ἑρμόγενες, μεγάλη γε· ἐπεὶ γὰρ γέλως ἐξ ἀνθρώπων ἀπόλωλεν, ἔρρει τὰ ἐμὰ πράγματα." καὶ ἅμα λέγων ταῦτα ἀπεμύττετό τε, καὶ τῇ φωνῇ σαφῶς κλαίειν ἐφαίνετο. πάντες οὖν ἐξεγέλασαν ἐπὶ τῷ οἰκτισμῷ αὐτοῦ· ὁ δ' ὡς ᾔσθετο τοῦ γέλωτος, ἀνεκαλύψατό τε καὶ ἐθάρρει εὐθύς, καὶ ἐδείπνει.

ὡς δ' ἀφῃρέθησαν αἱ τράπεζαι καὶ ἐσπείσαμεν καὶ ἐπαιανίσαμεν, ἐτραπόμεθα πρὸς τὸν πότον· ὁ δέ τις Παυσανίας λόγου τινὸς τοιούτου κατάρχει. "εἶέν, ἄνδρες, φησί, τίνα τρόπον ῥᾷστα πιόμεθα; ἐγὼ μὲν οὖν λέγω ὑμῖν, ὅτι τῷ ὄντι πάνυ χαλεπῶς ἔχω ὑπὸ τοῦ χθὲς πότου, καὶ δέομαι ἀναψυχῆς τινος· σκοπεῖσθε οὖν τίνι τρόπῳ ἂν ὡς ῥᾷστα πίνοιμεν." ὁ οὖν Καλλικλῆς εἶπεν, "τοῦτο μέντοι εὖ λέγεις· καὶ γὰρ ἐγώ εἰμι τῶν χθὲς βεβαπτισμένων. πίνωμεν οὖν οὕτως, πρὸς ἡδονήν."

ἔδοξεν οὖν πᾶσι πίνειν ὅσον. ἂν ἕκαστος βούληται ἄνευ μέθης, ἐπάναγκες δὲ μηδὲν εἶναι. μετὰ τοῦτο δὲ ὁ Ἑρμογένης, λαβὼν τήν τε λύραν καὶ τὴν μυρρίνην, ἐστεφάνωσεν ἑαυτόν, καὶ ἤρχετο ᾄδειν τὸ σκόλιον ἐκεῖνο τὸ περὶ Ἁρμοδίου·

> ἐν μύρτου κλαδὶ τὸ ξίφος φορήσω,
> ὥσπερ Ἁρμόδιος καὶ Ἀριστογείτων,
> ὅτε τὸν τύραννον κτανέτην,[1]
> ἰσονόμους τ' Ἀθήνας ἐποιησάτην.

τοῦτο δ' ᾄσας, ἔδωκε τῷ Καλλικλεῖ τὴν λύραν καὶ τὴν μυρρίνην, λέγων· "δέξαι σύ, ὦ τάν, καὶ ᾆδε." ὁ δὲ δεξάμενος ᾖδεν·

> φίλταθ' Ἁρμόδι', οὔ τί που τέθνηκας,
> νήσοις δ' ἐν μακάρων σέ φασιν εἶναι,
> ἵνα περ ποδώκης Ἀχιλεὺς
> Τυδεΐδην δέ φασιν Διομήδεα.[2]

παυσάμενος δ' ἄλλῳ τινὶ ἔδωκεν, οὗ λέλησμαι τοῦ ὀνόματος, ὁ δὲ τετάρτῳ, οἱ δ' ἦσαν ταῦτ' ἐφεξῆς·

> ἐν μύρτου κλαδὶ τὸ ξίφος φορήσω,
> ὥσπερ Ἁρμόδιος καὶ Ἀριστογείτων,
> ὅτ' Ἀθηναίαις ἐν θυσίαις

---

1 = ἐκτανέτην.

2 = Ἀχιλλεύς, Διομήδη *(acc.)*.

ἄνδρα τύραννον Ἵππαρχον ἐκαινέτην.[3]
αἰεὶ σφῷν κλέος ἔσσεται κατ' αἶαν,[4]
φίλταθ' Ἁρμόδιος καὶ Ἀριστογείτων,
ὅτι τὸν τύραννον κτανέτην,[5]
ἰσονόμους τ' Ἀθήνας ἐποιησάτην.

οὕτως ᾖδον, καὶ πάνυ καλῶς, ἐπὶ δεξιὰ φέροντες λύραν τε καὶ μυρρίνην καὶ ποτήριον οἴνου. καὶ μετὰ ταῦτα ὁ Ἑρμογένης εἶπε πρὸς τὸν Φίλιππον· "ὦ Φίλιππε, ἔφη, προπίνω σοί." καὶ ἅμα προπίνει, καί φησι· "τί δ' ἂν σὺ φέροις εἰς μέσον ἡμῖν; ἆρ' ἔχεις αἴνιγμά τι ἢ γρῖφον;" ὁ δ' ἀπεκρίνατο· "πάνυ μὲν οὖν, ὦ Ἑρμόγενες· αἰνίγματος ἤκουσα μάλ' ἀστικοῦ τοιοῦδε·

ἀνθρώπου μέλος εἰμ' · αἰεὶ τέμνει με σίδηρος·
γράμματος αἰρομένου δύεται ἥλιος."[6]

καὶ οἳ ἐσίγων, σχῆμα ἀπορούντων ποιοῦντες· ὁ δὲ Φίλιππος ἡσθεὶς ἐβόα, "οὐδεὶς στοχάζεται· ποινὴ δὲ πᾶσιν ἅλμης ποτήριον." οἱ δ' ἐγέλων, ὁ δὲ πατήρ, εἰς ἐμὲ εἰσβλέψας, "οὗτος δ', ἔφη, ὁ παῖς δεινός ἐστι στοχάζεσθαι τῶν γρίφων." καὶ ἐγὼ ἐρυθριάσας, "ἀλλ', ὦ πάτερ, ἔφην, ἐπεί με κελεύεις λέγειν, δοκεῖ μοι εἶναι ὁ ὄνυξ· τῆς δὲ κεφαλῆς αἰρομένης, τοῦ οὖ, νὺξ ἤδη γίγνεται." πρὸς τοῦτ' ἐπήνουν με πάντες, ὁ δ' Ἑρμογένης, "δός, φησίν, αὐτῷ τὸ ἆθλον." καὶ ἔδοσάν μοι ταινίαν, ἣν ἀνεδησάμην περὶ τῆς κεφαλῆς. ἀλλ' ὁ Καλλικλῆς, "τί ταῦτ', ἔφη, πρὸς συμπόσιον; οὐ γὰρ ἀπεῖπεν ὁ Ἡσίοδος μὴ κείρειν τοὺς ὄνυχας παρὰ δείπνῳ; λέγει γάρ που·

μηδ' ἀπὸ πεντόζοιο θεῶν ἐνὶ δαιτὶ θαλείᾳ
αὖον ἀπὸ χλωροῦ τέμνειν αἴθωνι σιδήρῳ."

"πίνετε οὖν, ἔφη ὁ Ἑρμογένης, καὶ γὰρ λέγει ὁ αὐτός·

ἀρχομένου δὲ πίθου καὶ λήγοντος κορέσασθαι,
μεσσόθι φείδεσθαι· δειλὴ δ' ἐνὶ πυθμένι φειδώ."

καὶ ὁ Καλλικλῆς, "εὖ γε, φησίν, ὦ συμποσίαρχε· καί σ' ἐπαινέσω δι' εἰκόνων. φημὶ γὰρ δὴ ὁμοιότατον εἶναί σε τοῖς σειληνοῖς τούτοις,

---

3 = ἐκτανέτην.

4 = αἶα = γῆ.

5 = ἐκτανέτην.

6 = ἥλιος.

οὕστινας ἐργάζονται οἱ δημιουργοὶ σύριγγας ἢ αὐλοὺς ἔχοντας, οἳ διχάδε διοιχθέντες, φαίνονται ἔνδοθεν ἔχοντες ἀγάλματα θεῶν. τὸ μὲν γὰρ εἶδος ὅμοῖος εἶ ἐκείνοις· ἔνδοθεν δ' ἔχεις τοσαῦτα ἔπη τῶν ποιητῶν ὥστε κηλεῖν τοὺς ἀκούοντας." καὶ πάνυ ηὐδοκίμει ἐπὶ τῇ εἰκόνι. ὁ δ' Ἑρμογένης, εὔκολος ὤν, οὐδὲν ὠργίσθη, καὶ οἱ ἄλλοι ἀνεθορύβησαν πάντες.

καὶ οὐ πολὺ ὕστερον Καλλίου τὴν φωνὴν ἠκούομεν ἐν τῇ αὐλῇ — ἦν δὲ φίλος τις τοῦ Ἑρμογένους ὁ Καλλίας — μέγα βοῶντος καὶ ἐρωτῶντος "ποῦ Ἑρμογένης;" καὶ κελεύοντος ἄγειν παρ' Ἑρμογένην. ἦγε δ' αὐτὸν παρ' ἡμᾶς τις τῶν ἀκολούθων, καὶ ἦγε μεθ' ἑαυτοῦ παῖδάς τινας τῶν τὰ θαύματα ποιούντων, καὶ εὖ εἰδότων κιθαρίζειν καὶ ὀρχεῖσθαι. ὁ δ' ἐπέστη ἐπὶ τὰς θύρας ἐστεφανωμένος κιττοῦ τέ τινι στεφάνῳ καὶ ἴων, καὶ ταινίας ἔχων ἐπὶ τῆς κεφαλῆς πάνυ πολλάς, καὶ εἶπεν· "ἄνδρες, χαίρετε· ἆρα δέξεσθέ με συμπότην, ἢ ἀπίωμεν ἀναδήσαντες μόνον Ἑρμογένην, ἐφ' ᾧπερ ἤλθομεν; ἐγὼ γάρ τοι χθὲς μὲν οὐχ οἷός τ' ἐγενόμην ἀφικέσθαι, νῦν δ' ἥκω ἐπὶ τῇ κεφαλῇ ἔχων τὰς ταινίας, ἵνα ἀπὸ τῆς ἐμῆς κεφαλῆς τὴν τοῦ σοφωτάτου καὶ καλλίστου κεφαλὴν ἀναδήσω. ἄγω δὲ καὶ ἄνδρας δυναμένους θαύματα ποιεῖν ὑμῖν πάνυ καλά. ἀλλά μοι λέγετε αὐτόθεν, εἰσίω ἢ μή; συμπίεσθε ἢ οὔ;"

πάντες οὖν ἀνεθορύβησαν, καὶ ἐκέλευσαν εἰσιέναι καὶ κατακλίνεσθαι· ὁ δ' ἐκάλει Ἑρμογένην, καὶ περιαιρούμενος ἅμα τὰς ταινίας ὡς ἀναδήσων, καθέζετο παρ' αὐτόν· παρακαθεζόμενος δὲ ἠσπάζετό τε τὸν Ἑρμογένην καὶ ἀνέδει. οἱ δὲ παῖδες ὁ μὲν ηὔλησεν, ὁ δ' ἐκιθάριζε. μετὰ δὲ ταῦτα κύκλος εἰσηνέχθη περίμεστος ξιφῶν ὀρθῶν· εἰς οὖν ταῦτά τις τῶν παίδων ἐκυβίστα τε καὶ ἐξεκυβίστα ὑπὲρ αὐτῶν, ὥστε οἱ θεώμενοι ἐφοβοῦντο μή τι πάθῃ· εἶτα δὲ δύο τῶν παίδων ξίφη ἔχοντες μάχεσθαι ἐδόκουν· καὶ ὁ μὲν παίει τὸν ἕτερον, ὁ δὲ κατέπεσεν ὡς ἀποθανών· ἐθεασάμεθα δὲ τὸ ξίφος πεπηγμένον δὴ ἐν τῷ σώματι τοῦ παιδός. τοῦτο θεασάμενοι ἐβοῶμεν πάντες· ἀλλ' ἰδού, ἀνίσταταί τε ὁ παῖς γελῶν καὶ ἐξέλκει αὐτὸς τὸ ξίφος. καὶ ἐγὼ οὐκέτι σιωπᾶν οἷός τ' ἦν, ἀλλ' εἶπον, "ὦ πάτερ, τουτὶ τί ἦν;" ὁ δὲ παῖς προὔτεινέ μοι τὸ ξίφος, καὶ ὁρῶ τοιόνδε τι. ἦν μὲν κοίλη ἡ κώπη· καὶ ὁπότε μεταστρέψαιμι τὸ ξίφος ὥστε κάτω γενέσθαι τὸν σίδηρον, κατατρέχει τοσοῦτον ὅσον ἦν τὸ μῆκος τῆς κώπης· ὁπότε δ' ἀναστρέψαιμι ἐς τοὔμπαλιν, αὖθις ὁ σίδηρος ἔσω κατεδύετο.

εἶπε δ' ὁ Καλλίας ἐπὶ τούτῳ, "διδακτὸν ἄρα ἡ ἀνδρεία, ἐπεί γε οὗτος παῖς ὢν οὕτω τολμηρῶς ἐπὶ τὰ ξίφη ἵεται." ὁ δὲ πατὴρ εἶπεν ὁ ἐμός, "νὴ Δία, καὶ μὴν ἔγωγε ἡδέως ἂν θεῴμην Πείσανδρον τὸν δημηγόρον μανθάνοντα κυβιστᾶν εἰς τὰς μαχαίρας, ὃς νῦν εἰρηναῖος ὢν δῆθεν, οὔτ' αὐτὸς συστρατεύεσθαι ἐθέλει, πείθει τε τοὺς πολίτας ὡς οὐ χρὴ πολεμεῖν οὐδέποτε." μετὰ ταῦτ' ἄλλος τις τῶν παίδων ὠρχεῖτο. "ἄγε δή, ἔφη ὁ Φίλιππος, καὶ ἐμοὶ αὐλησάτω, ἵνα καὶ ἐγὼ ὀρχήσωμαι." ἐπειδὴ δ' ἀνέστη, διῆλθε μιμούμενος τὴν τοῦ παιδὸς ὄρχησιν· ὡς δ' ὁ παῖς εἰς τοὔπισθεν καμπτόμενος τροχοὺς ἐμιμεῖτο, ἐκεῖνος ταῦτα εἰς τὸ ἔμπροσθεν ἐπικύπτων, μιμεῖσθαι τροχοὺς ἐπειρᾶτο· καὶ κελεύσας τὸν αὐλοῦντα θάττονα ῥυθμὸν ἐπάγειν, ἵει ἅμα πάντα καὶ σκέλη καὶ χεῖρας καὶ κεφαλήν, ἕως ἀπειπὼν κατεκλίνετο, λέγων, "ἐγὼ γοῦν, ὦ ἄνδρες, διψῶ· καὶ ὁ παῖς ἐγχεάτω μοι τὴν μεγάλην φιάλην." "νὴ Δί', ἔφη ὁ Ἑρμογένης, καὶ ἡμῖν γε, ἐπεὶ καὶ ἡμεῖς διψῶμεν ἐπί σοι γελῶντες." οἱ μὲν δὴ οἰνοχόοι οὕτως ἐποίουν, καὶ ὁ Φίλιππος, "ἐγὼ μέν, ἔφη, ἄνδρες, μεγὰ φρονῶ ἐπὶ τούτῳ· γελωτοποιὸς γάρ εἰμι, οὐ λόγῳ μόνον ἀλλὰ καὶ ἔργῳ. σὺ δ', ὦ Καλλίκλεις, ἐπὶ τῷ μέγα φρονεῖς;" καὶ ὃς εἶπεν, "ὁ πατὴρ ἐπιμελούμενος ὅπως ἀνὴρ ἀγαθὸς γενησοίμην, ἠνάγκασέ με πάντα τὰ Ὁμήρου ἔπη μαθεῖν· καὶ νῦν δυναίμην ἂν Ἰλιάδα ὅλην καὶ Ὀδυσσείαν ἀπὸ στόματος εἰπεῖν." "κάλλιον δὴ τοῦτ' ἐκείνου, ἔφη ὁ Ἑρμογένης· ἀλλὰ σύ, ὦ Καλλία, ἐπὶ τίνι μάλιστα ἀγάλλῃ;" καὶ ὅς, "ἐπὶ τῷ παχὺς εἶναι· οὐδὲν γὰρ ἄλλο ἔχω." οἱ δὲ ἐγέλων, καί τις καὶ ἠρώτα τὸν Ἑρμογένην, "λέγοις δ' ἂν καὶ σύ, Ἑρμόγενες, ἐπὶ τίνι μέγα φρονεῖς;" ὁ δ' εἶπεν, "ἐπὶ τῷ κάλλει· οὐ γὰρ δὴ τοῖς σειληνοῖς ἔοικα;"

ταῦτα δὴ λεγόντων αὐτῶν ἡ νὺξ ἐχώρει· καὶ μετ' ὀλίγον κατάλυσις ἐγένετο τοῦ συμποσίου, καὶ ἀπῇμεν οἴκαδε.

44 Κακὸς γείτων

πολλῶν μὲν καὶ καλῶν ἀπολαύομεν, ὧνπερ χάριν τοῖς θεοῖς ἴσμεν πλείστην· ἑνὸς δὲ κακοῦ ἐλάχομεν, κακοῦ γείτονος. καὶ ἔμοιγε δοκεῖ οὐδὲν χαλεπώτερον εἶναι ἢ τυχεῖν γείτονος κακοῦ.

τὸ χωρίον γὰρ τὸ ἐκείνου ἐναντίον ἐστὶ τῷ ἡμετέρῳ, τὸ δὲ μέσον τῶν χωρίων ὁδός ἐστι. περιέχει δὲ τὰ χωρία ὄρος, ὡς καὶ εἶπον ἤδη· ὥστε τὸ ὕδωρ τὸ καταρρέον φέρεται τῇ μὲν εἰς τὴν ὁδόν, τῇ δ' εἰς τὰ χωρία. καὶ δὴ καὶ τοῦτ' εἰσπῖπτον ἐνίοτε εἰς τὴν ὁδόν, ἐὰν μὲν εὐοδῇ, φέρεται κάτω κατὰ τὴν ὁδόν· ἐὰν δ' ἐνστῇ τι, τηνικαῦτα τοῦτ' εἰς τὰ χωρία ὑπεραίρειν ἀναγκαῖον ἤδη. καὶ δὴ καὶ κατὰ τὸ ἡμέτερον χωρίον, γενομένης ἐπομβρίας, συνέβη τὸ ὕδωρ ἐμβαλεῖν· ἀμεληθὲν δὲ δὶς καὶ τρὶς ἐμβαλὸν τὸ ὕδωρ, τὰ χωρία ἐλυμήνατο. διὸ δὴ ταῦθ' ὁ πατὴρ ὁρῶν, αἱμασιὰν περιῳκοδόμησεν.

περιοικοδομηθείσης δὲ τῆς αἱμασιᾶς, φέρεται ἄρα τὸ ὕδωρ εἰς τὴν ὁδὸν καὶ οὐκέτι εἰς τὸ ἡμέτερον χωρίον· ὁ δὲ γείτων οὗτος χαλεπαίνει, λέγων εἰς τὸ ἑαυτοῦ μᾶλλον ἐμβαλεῖν· καὶ δὴ καὶ ἐγκαλεῖ ἡμῖν, ὅτι ἀποικοδομοῦμέν τινα χαράδραν, καθ' ἣν δεῖν φέρεσθαι τὸ ὕδωρ. ποίαν δὴ χαράδραν; ἐν ᾗτινι οὐ μόνον δένδρα ἐστὶ πεφυτευμένα, ἄμπελοι καὶ συκαῖ, ἀλλὰ καὶ ἔνεστι μνήματα παλαιὰ τῶν τεθνηκότων.

ὁ δὲ δικάσεσθαί φησιν ἡμῖν. διὰ τοῦτο δοκεῖ μοι οὐδὲν χαλεπώτερον εἶναι γείτονος κακοῦ, ὥσπερ οὐδὲν χρησιμώτερον καλοῦ. τί γὰρ ποιῶμεν; ἀξιοῖ μὲν οὗτος εἰσδέξασθαί με τὸ ὕδωρ εἰς τὸ χωρίον· τί δέ; εἰσδεξαμένοις εἰς τὸ χωρίον ἀνάγκη ἔσται πάλιν εἰς τὴν ὁδὸν ἐξάγειν, ὅταν τὸ ἐκείνου παραλλάξῃ χωρίον. οὐκοῦν πάλιν ὁ μετὰ ἐκεῖνον γεωργῶν ἐγκαλεῖ, ταὐτὰ λέγων ἅπερ ἐκεῖνος. ἀλλὰ μὴν εἴ γε εἰς τὴν ὁδὸν ὀκνήσαιμεν τὸ ὕδωρ ἐξάγειν, πῶς ἂν ἀφεῖμεν εἰς τὸ κάτω χωρίον; ὅπου δὲ μήτ' εἰς τὴν ὁδὸν μήτ' εἰς τὰ χωρία ἔξεστιν ἡμῖν ἀφεῖναι τὸ ὕδωρ δεξαμένοις, τί λοιπόν, πρὸς θεῶν; οὐ γὰρ ἐκπιεῖν γε δήπου ἡμᾶς ὁ γείτων αὐτὸ προσαναγκάσει.

45 Κυνηγέτης

μετὰ χρόνον συχνόν, ἐξ ἐφήβων ἤδη γεγονώς, καὶ εἰς ἄνδρας τελῶν, ἐτύγχανον πλέων ἐν μικρῷ τινι ἀκατίῳ μετά τινων ἁλιέων. ἦν δ' ὁ χρόνος μετοπωρινός, ἐν ᾧ χρόνῳ χειμῶνες φιλοῦσι γενέσθαι. καὶ μὴν γενομένου γε χειμῶνος μεγάλου δή, μόλις ἐσώθημεν πρὸς τὰ κοῖλα τῆς Εὐβοίας. καὶ τὸ μὲν ἀκάτιον διεφθάρη, εἰς τραχύν τινα αἰγιαλὸν ὑπὸ τοῖς κρημνοῖς ἐκπεσόν, οἱ δ' ἁλιῆς ἐπνίγησαν τῇ θαλάττῃ, ἐσώθην δὲ μόνος ἐγώ. μόνος οὖν καταλειφθείς, καὶ οὐκ ἔχων ὅποι σωθήσομαι, ἐπλανώμην ἄλλως παρὰ τὴν θάλατταν, εἴ πού τινας παραπλέοντας ἢ ὁρμοῦντας ἴδοιμι. καὶ ἄνθρωπον μὲν οὐδένα ἑώρων, ἐπέτυχον δὲ ἐλάφῳ νεωστὶ κατὰ τοῦ κρημνοῦ πεπτωκότι παρ᾽ αὐτὴν τὴν ῥαχίαν, καὶ ἔτι ἐμψύχῳ ὄντι. καὶ μετ᾽ ὀλίγον ἔδοξα ὑλακῆς ἀκοῦσαι κυνῶν ἄνωθεν. προελθὼν δὲ πάνυ χαλεπῶς πρὸς τόπον ὑψηλόν, τούς τε κύνας ὁρῶ ἀποροῦντας καὶ διαθέοντας, καὶ μετ᾽ ὀλίγον ἄνδρα, κυνηγέτην ὡς ἐδόκει τῇ στολῇ. καὶ ὃς ἀνηρώτα μ᾽, "ἀλλ᾽ ἦ, ὦ ξένε, τῇδέ που φεύγοντα ἔλαφον κατενόησας;" κἀγώ, "ἐκεῖνος, ἔφην, ἐν τῷ κλύδωνι ἤδη." καὶ ἀγαγὼν ἔδειξα. ἑλκύσας οὖν αὐτὸν ἐκ τῆς θαλάττης, τό τε δέρμα ἐξέδειρε μαχαίρᾳ, κἀμοῦ συλλαμβάνοντος ὅσον οἷός τ᾽ ἦν, καὶ τῶν σκελῶν ἀποταμὼν τὰ ὀπίσθια ἐκόμιζεν ἅμα τῷ δέρματι. παρεκάλει δὲ συνακολουθεῖν καὶ συνεστιᾶσθαι τῶν κρεῶν· εἶναι δὲ οὐ μακρὰν τὴν οἴκησιν. "ἔπειτα ἕωθεν, ἔφη, ἥξεις ἐπὶ τὴν θάλατταν, ὡς τά γε νῦν οὔκ ἐστι πλώιμα. καὶ βουλοίμην ἂν ἔγωγε καὶ μετὰ πέντε ἡμέρας λῆξαι τὸν ἄνεμον· ἀλλ᾽ οὐ ῥᾴδιον, ὅταν οὕτως πιεσθῇ τὰ ἄκρα τῆς Εὐβοίας ὑπὸ τῶν νεφῶν, ὥς γε νῦν πεπιεσμένα ὁρᾷς." καὶ ἅμα ἠρώτα με ὁπόθεν δὴ καὶ ὅπως ἐκεῖσε κατηνέχθην, καὶ πότερον οὐ διεφθάρη τὸ πλοῖον. πρὸς ταῦτ᾽ ἐγώ, "μικρὸν μὲν ἦν, ἔφην, κἀγὼ μόνος ἐσώθην δεῦρο, τῶν συμπλεόντων ἀποπνιγέντων· καὶ διεφθάρη δὴ τὸ πλοῖον ἐπὶ τὴν γῆν ἐκπεσόν." "οὔκουν ῥᾴδιον, ἔφη, ἄλλως· ὅρα γὰρ ὡς ἄγρια καὶ σκληρὰ τῆς νήσου τὰ πρὸς τὸ πέλαγος. ταῦτ᾽ ἐστὶ τὰ κοῖλα τῆς Εὐβοίας, ὅποι κατενεχθεῖσα ναῦς οὐκ ἂν ἔτι σωθείη· σπανίως δὲ σῴζονται καὶ τῶν ἀνθρώπων τινές, εἰ μὴ ἄρα ἐλαφροὶ παντελῶς πλέοντες, ὥσπερ καὶ σύ. ἀλλ᾽ ἴθι καὶ μηδὲν δείσῃς. νῦν μὲν ἀναψύξεις σεαυτὸν ἐκ τῶν πόνων· αὔριον δ᾽, ὅ τι ἂν ᾖ δυνατόν, ἐπιμελησόμεθα ὅπως σωθήσῃ, ἐπειδή σ᾽ ἔγνωμεν ἅπαξ. δοκεῖς δέ μοι τῶν ἀγροίκων εἶναί τις, οὐ ναύτης οὔθ᾽ ἁλιεύς."

ἐγὼ δ᾽ ἄσμενος ἠκολούθουν· ἦν δὲ σχεδόν τι περὶ τετταράκοντα στάδια πρὸς τὸ χωρίον. ἐν ᾧ δ᾽ ἐβαδίζομεν, διηγεῖτό μοι κατὰ τὴν ὁδὸν τὰ αὑτοῦ πράγματα, καὶ τὸν βίον, ὡς ἔζη μετὰ τῆς γυναικὸς καὶ παίδων. "ἡμεῖς γάρ, ἔφη, δύο ἐσμέν, ὦ ξένε, τὸν αὐτὸν οἰκοῦντες τόπον. ἔχομεν δὲ γυναῖκας ἀλλήλων ἀδελφάς, καὶ παῖδας ἐξ αὐτῶν, υἱοὺς καὶ θυγατέρας. ζῶμεν δ᾽ ἀπὸ θήρας ὡς τὸ πολύ, μικρόν τι τῆς γῆς ἐπεργαζόμενοι. τὸ γὰρ χωρίον οὔκ ἐστιν ἡμέτερον,

οὔτε πατρῷον, οὔθ᾽ ἡμεῖς ἐκτησάμεθα· ἀλλ᾽ ἦσαν οἱ πατέρες
ἡμῶν ἐλεύθεροι μέν, πένητες δ᾽ οὐχ ἧττον ἡμῶν, βουκόλοι, βοῦς
νέμοντες ἀνδρός τινος πλουσίου· οὗτος δὲ τῶν ἐκ τῆς νήσου ἦν
τις, πολλὰς μὲν ἀγέλας καὶ ἵππων καὶ βοῶν κεκτημένος, πολλὰς δὲ
ποίμνας, πολλοὺς δὲ καὶ καλοὺς ἀγρούς, πολλὰ δ᾽ ἄλλα χρήματα,
σύμπαντα δὲ ταῦτα τὰ ὄρη. τούτου δὴ ἀποθανόντος καὶ τῆς οὐσίας
δημευθείσης, κατ᾽ αἰτίαν τιν᾽ οὐκ οἶδ᾽ ὁποίαν, τὴν μὲν ἀγέλην εὐθὺς
ἀπήλασαν, πρὸς δὲ τῇ ἀγέλῃ καὶ τὰ ἡμέτερα ἄττα βοΐδια, καὶ τὸν
μισθὸν οὐδεὶς ἀπέδωκε. τότε μὲν δὴ ἐξ ἀνάγκης αὐτοῦ κατεμείναμεν,
οὗπερ ἐτύχομεν τὰς βοῦς ἔχοντες καὶ τινας σκηνὰς πεποιημένοι,
καὶ αὐλὴν μόσχων ἕνεκα, πρὸς αὐτό που τὸ θέρος· τοῦ μὲν γὰρ
χειμῶνος ἐν τοῖς πεδίοις ἐνέμομεν, νομὴν ἱκανὴν ἔχοντες καὶ πολὺν
χιλὸν ἀποκείμενον, τοῦ δὲ θέρους ἀπηλαύνομεν εἰς τὰ ὄρη. μάλιστα
δ᾽ ἐν τούτῳ τῷ τόπῳ σταθμὸν ᾠκοδόμησαν· φάραγξ γάρ ἐστι βαθεῖα
καὶ σύσκιος, καὶ διὰ μέσου ποταμὸς οὐ τραχύς, ἀλλ᾽ εὖ διαβατὸς καὶ
βουσὶ καὶ μόσχοις, τὸ δὲ ὕδωρ πολὺ καὶ καθαρόν, καὶ πνεῦμα τοῦ
θέρους ἀεὶ διαπνέον διὰ τῆς φάραγγος· οἱ δὲ περικείμενοι δρυμοὶ
ἥκιστα μὲν οἶστρον τρέφουσιν, ἥκιστα δὲ ἄλλην τινὰ βλάβην βουσί.
πολλοὶ δέ εἰσι καὶ πάγκαλοι λειμῶνες, καὶ πάντα μεστὰ βοτάνης
δι᾽ ὅλου τοῦ θέρους. ὧν δὴ ἕνεκα ἐκεῖ καθίστασαν τὴν ἀγέλην. καὶ
τότε οὖν ἔμειναν ἐν ταῖς σκηναῖς, μέχρι ἂν εὕρωσι μισθόν τινα ἢ
ἔργον, καὶ ἐτρέφοντο ἀπὸ χωρίου μικροῦ ὃ ἔτυχον εἰργασμένοι
πλησίον τοῦ σταθμοῦ. καὶ σχολὴν ἄγοντες ἀπὸ τῶν βοῶν, πρὸς
θήραν ἐτράπησαν μετὰ τῶν κυνῶν. χειμῶνος δὲ ἐπελθόντος ἔργον
μὲν οὐδὲν ἦν ἕτοιμον αὐτοῖς, οὔτε εἰς ἄστυ καταβᾶσιν οὔτε εἰς
κώμην τινά· φραξάμενοι δὲ τὰς σκηνὰς ἐπιμελέστερον καὶ τὴν
αὐλήν, οὕτως διετέλουν, καὶ τὸ χωρίον ἐκεῖνο πᾶν ἠργάσαντο, καὶ
χειμῶνος ἡ θήρα ῥᾴων ἐγίγνετο. τὰ γὰρ ἴχνη φανερώτερα, ὡς ἐν
ὑγρᾷ τῇ γῇ σημαινόμενα· ἡ δὲ χιὼν καὶ πάνυ φανερὰ παρέχει, καὶ
τὰ θηρία μᾶλλόν τι ὑπομένει· ἔστι δ᾽ ἔτι καὶ λαγὼς καὶ δορκάδας ἐν
ταῖς εὐναῖς καταλαμβάνειν. οὕτως δὴ τὸ ἀπ᾽ ἐκείνου διέμειναν. καὶ
ἡμῖν συνέζευξαν γυναῖκας τοῖς ἀλλήλων υἱέσιν ἑκάτερος τὴν αὑτοῦ
θυγατέρα. τεθνήκασι δὲ ἀμφότεροι πέρυσι σχεδόν, τὰ μὲν ἔτη πολλὰ
λέγοντες ἃ ἐβεβιώκεσαν, ἰσχυροὶ δὲ ἔτι καὶ γενναῖοι τὰ σώματα. τῶν
δὲ μητέρων ἡ ἐμὴ περίεστιν.

"ὁ μὲν οὖν ἕτερος ἡμῶν οὐδεπώποτε εἰς πόλιν κατέβη, καίπερ πεντήκοντα ἔτη γεγονώς· ἐγὼ δὲ δὶς μόνον, ἅπαξ μὲν ἔτι παῖς ὢν μετὰ τοῦ πατρός, ὁπηνίκα τὴν ἀγέλην εἴχομεν. ὕστερον δὲ ἥκέ τις ἀργύριον αἰτῶν, καὶ κελεύων ἀκολουθεῖν εἰς τὴν πόλιν. ἡμῖν δὲ ἀργύριον μὲν οὐκ ἦν, ἀλλ' ἀπωμοσάμην μὴ ἔχειν. ἐξενίσαμεν δὲ αὐτὸν ὡς ἠδυνάμεθα κάλλιστα, καὶ δύο ἐλάφεια δέρματα ἐδώκαμεν· κἀγὼ ἠκολούθησα εἰς τὴν πόλιν. ἔφη γὰρ ἀνάγκην εἶναι τὸν ἕτερον ἐλθεῖν καὶ διδάξαι περὶ τούτων.

"εἶδον οὖν, ὡς καὶ πρότερον, οἰκίας πολλὰς καὶ μεγάλας, καὶ τεῖχος ἔξωθεν καρτερόν, καὶ οἰκήματά τινα ὑψηλὰ καὶ τετράγωνα ἐν τῷ τείχει, καὶ πλοῖα πολλὰ ὁρμοῦντα ὥσπερ ἐν λίμνῃ κατὰ πολλὴν ἡσυχίαν. τοῦτο δὲ ἐνθάδε οὐκ ἔστιν οὐδαμοῦ, ὅπου κατηνέχθης· καὶ διὰ τοῦτο αἱ νῆες ἀπόλλυνται. ταῦτα οὖν ἑώρων, καὶ πολὺν ὄχλον ἐν ταὐτῷ συνειργμένον, καὶ θόρυβον ἀμήχανον καὶ κραυγήν· ὥστε ἐμοὶ ἐδόκουν πάντες μάχεσθαι ἀλλήλοις. ἄγει οὖν με πρός τινας ἄρχοντας. καὶ εἶπε γελῶν 'οὗτός ἐστιν ἐφ' ὃν με ἐπέμψατε· ἔχει δὲ οὐδέν, εἰ μή γε τὴν κόμην, καὶ σκηνὴν μάλα ἰσχυρῶν ξύλων.' οἱ δὲ ἄρχοντες εἰς τὸ θέατρον ἐβάδιζον, κἀγὼ μετ' αὐτῶν. τὸ δὲ θέατρόν ἐστιν ὥσπερ φάραγξ κοῖλον, πλὴν οὐ μακρὸν ἑκατέρωθεν, ἀλλὰ στρογγύλον ἐξ ἡμίσεος, οὐκ αὐτόματον, ἀλλ' ᾠκοδομημένον λίθοις. ἴσως δέ μου καταγελᾷς, ὅτι σοι διηγοῦμαι σαφῶς εἰδότι ταῦτα. πρῶτον μὲν οὖν πολύν τινα χρόνον ἄλλα τινὰ ἔπραττεν ὁ ὄχλος, καὶ ἐβόων, ποτὲ μὲν πράως καὶ ἱλαροὶ πάντες, ἐπαινοῦντές τινας, ποτὲ δὲ σφόδρα καὶ ὀργίλως. ἄλλοι δέ τινες ἄνθρωποι παριόντες, οἱ δ' ἐκ μέσων ἀναστάντες, διελέγοντο πρὸς τὸ πλῆθος, οἱ μὲν ὀλίγα, οἱ δὲ πολλά. καὶ τῶν μὲν ἤκουον οἱ ἐν τῷ θεάτρῳ πολύν τινα χρόνον, τοῖς δὲ ἐχαλέπαινον εὐθὺς φθεγξαμένοις καὶ οὐδὲ γρύζειν ἐπέτρεπον. ἐπεὶ δέ ποτε ἡσυχία ἐγένετο, παρήγαγον κἀμέ. καὶ εἶπέ τις· 'οὗτός ἐστιν, ὦ ἄνδρες, τῶν καρπουμένων τὴν δημοσίαν γῆν πολλὰ ἔτη, οὐ μόνον αὐτός, ἀλλὰ καὶ ὁ πατὴρ αὐτοῦ πρότερον· καὶ κατανέμουσι τὰ ἡμέτερα ὄρη καὶ γεωργοῦσι καὶ θηρεύουσι, καὶ οἰκίας ἐνῳκοδομήκασι, καὶ ἀμπέλους ἐμπεφυτεύκασι πολλάς, καὶ ἄλλα πολλὰ ἔχουσιν ἀγαθά, οὔτε τιμὴν καταβαλόντες οὐδενὶ τῆς γῆς, οὔτε δωρεὰν παρὰ τοῦ δήμου λαβόντες. ὑπὲρ τίνος γὰρ ἂν καὶ ἔλαβον; ἔχοντες δὲ τὰ ἡμέτερα καὶ πλουτοῦντες, οὔτε λῃτουργίαν πώποτε ἐλῃτούργησαν οὐδεμίαν, οὔτε μοῖράν τινα ὑποτελοῦσι τῶν γιγνομένων, ἀλλ' ἀλητούργητοι διατελοῦσιν, ὥσπερ εὐεργέται τῆς πόλεως. οἶμαι δέ, ἔφη, μηδὲ ἐληλυθέναι πώποτε αὐτοὺς δεῦρο.' κἀγὼ ἀνένευσα. ὁ δὲ ὄχλος ἐγέλασεν, ὡς εἶδε. καὶ ὁ λέγων ἐκεῖνος ὠργίσθη ἐπὶ τῷ γέλωτι καί μοι ἐλοιδορεῖτο. ἔπειτα ἐπιστρέψας, 'εἰ οὖν, ἔφη, δοκεῖ ταῦτα οὕτως, οὐκ ἂν φθάνοιμεν ἅπαντες τὰ κοινὰ διαρπάσαντες, οἱ μὲν τὰ χρήματα τῆς πόλεως, ὥσπερ καὶ νῦν ποιοῦσί τινες, οἱ δὲ τὴν χώραν κατανειμάμενοι οὐ πείσαντες ὑμᾶς, ἐὰν ἐπιτρέψητε τοῖς θηρίοις τούτοις προῖκα ἔχειν πλέον ἢ χίλια πλέθρα γῆς τῆς ἀρίστης, ὅθεν ὑμῖν ἐστι τρεῖς χοίνικας Ἀττικὰς σίτου λαμβάνειν κατ' ἄνδρα.' ἐγὼ δὲ ἀκούσας ἐγέλασα ὅσον ἐδυνάμην μέγιστον. τὸ δὲ πλῆθος οὐκέτ' ἐγέλων, ὥσπερ πρότερον, ἀλλ' ἐθορύβουν. ὁ δὲ ἄνθρωπος ἐχαλέπαινε, καὶ δεινὸν ἐμβλέψας εἰς ἐμὲ εἶπεν· 'ὁρᾶτε τὴν εἰρωνείαν καὶ τὴν ὕβριν τοῦ καθάρματος, ὡς καταγελᾷ πάνυ θρασέως; ὃν ἀπάγειν ὀλίγου δέω καὶ τὸν κοινωνὸν αὐτοῦ. οἶμαι γὰρ αὐτοὺς μηδὲ τῶν ναυαγίων ἀπέχεσθαι τῶν ἑκάστοτε ἐκπιπτόντων. πόθεν γὰρ οὕτως πολυτελεῖς ἀγρούς, μᾶλλον δὲ ὅλας κώμας κατεσκευάσαντο, καὶ τοσοῦτον πλῆθος βοσκημάτων καὶ ζεύγη καὶ ἀνδράποδα; καὶ ὑμεῖς δὲ ἴσως ὁρᾶτε αὐτοῦ τὴν ἐξωμίδα ὡς φαύλη, καὶ τὸ δέρμα, ὃ ἐλήλυθε δεῦρο φορῶν, ἵνα ὑμᾶς ἀπατᾷ, ὡς πτωχός, δῆλον ὅτι, καὶ οὐδὲν ἔχων. ἐγὼ μὲν γάρ, ἔφη, βλέπων αὐτὸν σχεδὸν δέδοικα. καὶ γὰρ οἶμαι πυρσεύειν αὐτὸν ἀπὸ τῶν ἄκρων τοῖς πλέουσιν, ὅπως ἐκπίπτωσιν εἰς τὰς πέτρας.' ταῦτα δὲ ἐκείνου λέγοντος καὶ πολλὰ πρὸς τούτοις, ὁ μὲν ὄχλος ἠγριοῦτο· ἐγὼ δὲ ἠπόρουν καὶ ἐδεδοίκη μή τί με ποιῶσι κακόν.

"παρελθὼν δὲ ἄλλος τις, ὡς ἐφαίνετο, ἐπιεικὴς ἄνθρωπος, πρῶτον μὲν ἠξίου σιωπῆσαι τὸ πλῆθος· καὶ ἐσιώπησαν· ἔπειτα εἶπεν ἡσύχῃ τῇ φωνῇ, ὅτι οὐδὲν ἀδικοῦσιν οἱ τὴν ἀργὸν τῆς χώρας ἐργαζόμενοι καὶ κατασκευάζοντες, ἀλλὰ τοὐναντίον ἐπαίνου δικαίως ἂν τυγχάνοιεν· καὶ δεῖν μὴ τοῖς οἰκοδομοῦσι καὶ φυτεύουσι τὴν δημοσίαν γῆν χαλεπῶς ἔχειν, ἀλλὰ τοῖς καταφθείρουσιν. ἐπεὶ καὶ νῦν, ἔφη, ὦ ἄνδρες, σχεδόν τι τὰ δύο μέρη τῆς χώρας ἡμῶν ἔρημά ἐστι, δι' ἀμέλειάν τε καὶ ὀλιγανθρωπίαν. κἀγὼ πολλὰ κέκτημαι πλέθρα, ὥσπερ οἶμαι καὶ ἄλλος τις, οὐ μόνον ἐν τοῖς ὄρεσιν, ἀλλὰ καὶ ἐν τοῖς πεδινοῖς, ἃ εἴ τις ἐθέλοι γεωργεῖν, οὐ μόνον ἂν προῖκα δοίην, ἀλλὰ καὶ ἀργύριον ἡδέως προστελέσαιμι. δῆλον γὰρ ὡς ἐμοὶ πλέονος ἀξία γίγνεται, καὶ ἅμα ἡδὺ ὅραμα χώρα οἰκουμένη καὶ ἐνεργός· ἡ δ' ἔρημος οὐ μόνον ἀνωφελὲς κτῆμα τοῖς ἔχουσιν, ἀλλὰ καὶ σφόδρα ἐλεεινόν τι ὁρᾶν. οὐκοῦν ἄξιον, ἔφη, θαυμάσαι τῶν ῥητόρων, ὅτι τοὺς μὲν ἐπὶ τῷ Καφηρεῖ ἐργαζομένους ἐν τοῖς ἐσχάτοις τῆς Εὐβοίας συκοφαντοῦσι, τοὺς δὲ τὸ γυμνάσιον γεωργοῦντας καὶ τὴν ἀγορὰν κατανέμοντας οὐδὲν οἴονται ποιεῖν δεινόν; βλέπετε γὰρ αὐτοὶ δήπου ὅτι τὸ γυμνάσιον ὑμῖν ἄρουραν πεποιήκασιν, ὥστε τὸν Ἡρακλέα καὶ ἄλλους ἀνδριάντας συχνοὺς ὑπὸ τοῦ θέρους ἀποκεκρύφθαι, τοὺς μὲν ἡρώων, τοὺς δὲ θεῶν· καὶ ὅτι καθ᾽ ἡμέραν τὰ τοῦ ῥήτορος τούτου πρόβατα ἕωθεν εἰς τὴν ἀγορὰν ἐμβάλλει, καὶ κατανέμεται τὰ περὶ τὸ βουλευτήριον καὶ τὰ ἀρχεῖα· ὥστε τοὺς πρότερον ἐπιδημήσαντας ξένους τοὺς μὲν καταγελᾶν τῆς πόλεως, τοὺς δὲ οἰκτίρειν αὐτήν.᾽ πάλιν οὖν ταῦτα ἀκούσαντες ὠργίζοντο πρὸς ἐκεῖνον καὶ ἐθορύβουν. ῾καὶ τοιαῦτα ποιῶν τοὺς ἰδιώτας οἴεται δεῖν ἀπαγαγεῖν, ἵνα μηδεὶς δὴ ἐργάζηται τὸ λοιπόν, ἀλλ᾽ οἱ μὲν ἔξω λῃστεύωσιν, οἱ δ᾽ ἐν τῇ πόλει λωποδυτῶσιν. ἐμοὶ δέ, ἔφη, δοκεῖ τούτους ἐᾶν ἐφ᾽ οἷς αὐτοὶ πεποιήκασιν, ὑποτελοῦντας τὸ λοιπὸν ὅσον μέτριον· περὶ δὲ τῶν ἔμπροσθεν προσόδων συγγνῶναι αὐτοῖς, ὅτι ἔρημον καὶ ἀχρεῖον οὖσαν γεωργοῦσι τὴν γῆν. ἐὰν δὲ τιμὴν ἐθέλωσι καταβαλεῖν τοῦ χωρίου, ἀποδόσθαι αὐτοῖς ἐλάττονος ἢ ἄλλοις.᾽ εἰπόντος δὲ αὐτοῦ τοιαῦτα, πάλιν ὁ ἐξ ἀρχῆς ἐκεῖνος ἀντέλεγεν, καὶ ἐλοιδοροῦντο ἐπὶ πολύ. τέλος δὲ καὶ ἐμὲ ἐκέλευον εἰπεῖν ὅ τι βούλομαι.

῾῾καὶ τί με, ἔφην, δεῖ λέγειν;᾽ ῾πρὸς τὰ εἰρημένα,᾽ εἶπέ τις τῶν καθημένων. οὐκοῦν λέγω, ἔφην, ὅτι οὐδὲν ἀληθές ἐστιν ὧν εἴρηκεν. ἐγὼ μέν, ὦ ἄνδρες, ἐνύπνια ᾤμην, ἔφη, ὁρᾶν, ἀγροὺς καὶ κώμας καὶ τοιαῦτα φλυαροῦντος. ἡμεῖς δὲ οὔτε κώμην ἔχομεν οὔτε ἵππους οὔτε ὄνους οὔτε βοῦς. εἴθε γὰρ εἴχομεν ἡμεῖς ὅσα οὗτος ἔλεγεν ἀγαθά, ἵνα καὶ ὑμῖν μετέδομεν καὶ αὐτοὶ τῶν μακαρίων ἦμεν. καὶ μὴν τὰ νῦν γ᾽ ὄντα ἡμῖν ἱκανά ἐστι, ἐξ ὧν εἴ τι βούλεσθε, λάβετε· κἂν πάντα ἐθέλητε, ἡμεῖς ἕτερα κτησόμεθα.᾽ ἐπὶ τούτῳ δὲ τῷ λόγῳ ἐπήνεσαν. εἶτα ἐπηρώτα με ὁ ἄρχων, τί δυνησόμεθα δοῦναι τῷ δήμῳ; κἀγὼ ῾τέτταρα, ἔφην, ἐλάφεια δέρματα πάνυ καλά.᾽ οἱ δὲ πολλοὶ αὐτῶν ἐγέλασαν. ὁ δὲ ἄρχων ἠγανάκτησε πρός με. ῾τὰ γὰρ ἄρκτεια, ἔφην, σκληρά ἐστιν, καὶ τὰ τράγεια οὐκ ἄξια τούτων, ἀλλὰ τὰ μὲν παλαιά, τὰ δὲ μικρὰ αὐτῶν· εἰ δὲ βούλεσθε, κἀκεῖνα λάβετε.᾽ πάλιν οὖν ἠγανάκτει, καὶ ἔφη με ἄγροικον εἶναι παντελῶς. κἀγώ 'πάλιν, εἶπον, αὖ καὶ σὺ ἀγροὺς λέγεις; οὐκ ἀκούεις ὅτι ἀγροὺς οὐκ ἔχομεν;' ὃ δὲ ἠρώτα με πότερον τάλαντον ἑκάτερος Ἀττικὸν δοῦναι ἐθέλοιμεν. ἐγὼ δὲ εἶπον 'οὐχ ἵσταμεν τὰ κρέα ἡμεῖς· ἃ δ' ἂν ᾖ, δίδομεν. ἔστι δὲ ὀλίγα ἐν ἁλσί, τἄλλα δ' ἐν τῷ καπνῷ ξηρά, οὐ πολὺ ἐκείνων χείρω, σκελίδες ὑῶν καὶ ἐλάφειοι καὶ ἄλλα γενναῖα κρέα.' ἐνταῦθα δὴ ἐθορύβουν καὶ ψεύδεσθαί με ἔφασαν. ὃ δὲ ἠρώτα με πότερον σῖτον ἔχομεν καὶ πόσον. εἶπον τὸν ὄντα ἀληθῶς· 'δύο, ἔφην, μεδίμνους πυρῶν καὶ τέτταρας κριθῶν καὶ τοσούτους κέγχρων, κυάμων δὲ ἡμίεκτον· οὐ γὰρ ἐγένοντο τῆτες. τοὺς μὲν οὖν πυροὺς καὶ τὰς κριθάς, ἔφην, ὑμεῖς λάβετε, τοὺς δὲ κέγχρους ἡμῖν ἄφετε. εἰ δὲ κέγχρων δεῖσθε, καὶ τούτους λάβετε.' 'οὐδὲ οἶνον ποιεῖτε;' ἄλλος τις ἠρώτησεν.' ποιοῦμεν, εἶπον. ἂν οὖν τις ὑμῶν ἀφίκηται, δώσομεν· ὅμως δὲ ἐλθέτω φέρων ἀσκόν τινα· ἡμεῖς γὰρ οὐκ ἔχομεν.' 'πόσαι δή τινές εἰσιν ὑμῖν ἄμπελοι;' 'δύο μέν, ἔφη, αἱ πρὸ τῶν θυρῶν, ἔσω δὲ τῆς αὐλῆς εἴκοσι· καὶ τοῦ ποταμοῦ πέραν ἃς ἔναγχος ἐφυτεύσαμεν, ἕτεραι τοσαῦται· εἰσὶ δὲ γενναῖαι σφόδρα καὶ τοὺς βότρυς φέρουσι μεγάλους. ἵνα δὲ μὴ πράγματα ἔχητε καθ' ἕκαστον ἐρωτῶντες, ἐρῶ καὶ τἄλλα ἅπερ ἐστὶν ἡμῖν· αἶγες ὀκτὼ θήλειαι, βοῦς κολοβή, μοσχάριον ἐξ αὐτῆς πάνυ καλόν, δρέπανα τέτταρα, δίκελλαι τέτταρες, λόγχαι τρεῖς, μάχαιραν ἡμῶν ἑκάτερος κέκτηται πρὸς τὰ θηρία. τὰ δὲ κεραμεᾶ σκεύη τί ἂν λέγοι τις; καὶ γυναῖκες ἡμῖν εἰσι καὶ τούτων τέκνα. οἰκοῦμεν δὲ ἐν δυοῖν σκηναῖς καλαῖς· καὶ τρίτην ἔχομεν, οὗ κεῖται τὸ σιτάριον καὶ τὰ δέρματα.' 'νὴ Δία, ἦ δ' ὃς ὁ ῥήτωρ, ὅπου καὶ τὸ ἀργύριον ἴσως κατορύττετε.' 'οὐκοῦν, ἔφην, ἀνάσκαψον ἐλθών, ὦ μῶρε. τίς δὲ κατορύττει ἀργύριον; οὐ γὰρ δὴ φύεταί γε.' ἐνταῦθα πάντες ἐγέλων, ἐκείνου δήπου καταγελάσαντες.' ταῦτά ἐστιν ἡμῖν· εἰ οὖν καὶ πάντα ἐθέλετε, ἡμεῖς ἑκόντες ὑμῖν χαριζόμεθα, καὶ οὐδὲν ὑμᾶς ἀφαιρεῖσθαι δεῖ πρὸς βίαν ὥσπερ ἀλλοτρίων ἢ πονηρῶν· ἐπεί τοι καὶ πολῖται τῆς πόλεώς ἐσμεν, ὡς ἐγὼ τοῦ πατρὸς ἤκουον. οὐκοῦν καὶ τρέφομεν ὑμετέρους πολίτας τοὺς παῖδας. κἂν ποτε δέησθε, βοηθήσουσιν ὑμῖν πρὸς λῃστὰς ἢ πρὸς πολεμίους. εἰ δὲ οὐκ ἐνθάδε ζῶμεν τοσούτων ἀνθρώπων ἐν ταὐτῷ διαγόντων, οὐ δήπου διά γε τοῦτο μισεῖσθαι ἄξιοί ἐσμεν. ὃ δὲ ἐτόλμησεν εἰπεῖν περὶ τῶν ναυαγίων, πρᾶγμα οὕτως ἀνόσιον καὶ πονηρόν (τοῦτο γὰρ σχεδὸν ἐξελαθόμην εἰπεῖν, ὃ πάντων πρῶτον ἔδει με εἰρηκέναι)· τίς ἂν πιστεύσειέ ποτε ὑμῶν;

πρὸς γὰρ τῇ ἀσεβείᾳ, καὶ ἀδύνατόν ἐστιν ἐκεῖθεν καὶ ὁτιοῦν λαβεῖν· οὕτω πάνυ σμικρὰ ἐκπίπτει. καὶ τοὺς λάρκους, οὓς ἅπαξ εὗρόν ποτε ἐκβεβρασμένους, καὶ τούτους ἀνέπηξα εἰς τὴν δρῦν τὴν ἱερὰν τὴν πλησίον τῆς θαλάττης. μὴ γὰρ εἴη ποτέ, ὦ Ζεῦ, λαβεῖν μηδὲ κερδᾶναι κέρδος τοιοῦτον ἀπὸ ἀνθρώπων δυστυχίας. ἀλλὰ ὠφελήθην μὲν οὐδὲν πώποτε, ἠλέησα δὲ πολλάκις ναυαγοὺς ἀφικομένους, καὶ τῇ σκηνῇ ὑπεδεξάμην, καὶ φαγεῖν ἔδωκα καὶ πιεῖν, καὶ εἴ τι ἄλλο ἐδυνάμην ἐπεβοήθησα. ἀλλὰ τίς ἂν ἐκείνων ἐμοὶ νῦν μαρτυρήσειεν; οὐδὲ γὰρ τοῦτο ἐποίουν μαρτυρίας ἕνεκα ἢ χάριτος, οὕς γε οὐδ᾽ ὁπόθεν ἦσαν ἠπιστάμην. μὴ γὰρ ὑμῶν γε μηδεὶς πάθοι τοιαῦτα.᾽

"ταῦτα δὲ ἐμοῦ λέγοντος ἀνίσταταί τις ἐκ μέσων· κἀγὼ πρὸς ἐμαυτὸν ἐνεθυμήθην ὅτι ἄλλος τοιοῦτος ἴσως, ἐμοῦ καταψευσόμενος.᾽ ὃ δὲ εἶπεν ἄνδρες, ἐγὼ πάλαι τοῦτον ἀμφιγνοῶν, ἠπίστουν ὅμως. ἐπεὶ δὲ σαφῶς αὐτὸν ἔγνωκα, δεινόν μοι δοκεῖ, μᾶλλον δὲ ἀσεβές, μὴ εἰπεῖν ἃ σύνοιδα αὐτῷ, μηδ᾽ ἀποδοῦναι λόγῳ χάριν, ἔργῳ τὰ μέγιστα εὖ παθών. εἰμὶ δέ, ἔφη, πολίτης, ὡς ἴστε, καὶ ὅδε, δείξας τὸν παρακαθήμενον (καὶ ὃς ἐπανέστη)· ἐτύχομεν δὲ πλέοντες ἐν τῇ Σωκλέους νηί, τρίτον ἔτος. καὶ διαφθαρείσης τῆς νεὼς περὶ τὸν Καφηρέα, πάνυ ὀλίγοι τινὲς ἐσώθημεν ἀπὸ πολλῶν. τοὺς μὲν οὖν πορφυρεῖς ἀνέλαβον· εἶχον γὰρ αὐτῶν τινες ἀργύριον ἐν φασκώλοις. ἡμεῖς δὲ γυμνοὶ ἐκπεσόντες δι᾽ ἀτραποῦ τινος ἐβαδίζομεν, ἐλπίζοντες εὑρήσειν σκέπην τινὰ ποιμένων ἢ βουκόλων, καὶ ἐκινδυνεύομεν ὑπὸ λιμοῦ τε καὶ δίψους διαφθαρῆναι. καὶ μόλις ποτὲ ἤλθομεν ἐπὶ σκηνάς τινας, καὶ στάντες ἐβοῶμεν. προελθὼν δὲ οὗτος, εἰσάγει τε ἡμᾶς ἔνδον καὶ ἀνέκαιε πῦρ· καὶ τὸν μὲν ἡμῶν αὐτὸς ἀνέτριβε, τὸν δὲ ἡ γυνή, στέατι· οὐ γὰρ ἦν αὐτοῖς ἔλαιον· τέλος δὲ ὕδωρ κατέχεον θερμόν, ἕως ἀνέλαβον ψυχροὺς ὄντας. ἔπειτα κατακλίναντες, καὶ περιβαλόντες οἷς εἶχον, παρέθηκαν φαγεῖν ἡμῖν ἄρτους πυρίνους, αὐτοὶ δὲ κέγχρον ἑφθὸν ἤσθιον. ἔδοσαν δὲ καὶ οἶνον ἡμῖν πιεῖν, ὕδωρ αὐτοὶ πίνοντες, καὶ κρέα ἐλάφεια ὀπτῶντες ἄφθονα, τὰ δὲ ἕψοντες· τῇ δ᾽ ὑστεραίᾳ βουλομένους ἀπιέναι κατέσχον ἐπὶ τρεῖς ἡμέρας. ἔπειτα προὔπεμψαν εἰς τὸ πεδίον, καὶ ἀπιοῦσι κρέας ἔδοσαν καὶ δέρμα ἑκατέρῳ πάνυ καλόν. ἐμὲ δὲ ὁρῶν ἔτι πονοῦντα τῷ πάθει, ἐνέδυσε χιτώνιον, τῆς θυγατρὸς ἀφελόμενος· ἐκείνη δὲ ἄλλο τι ῥάκος περιεζώσατο. τοῦτο, ἐπειδὴ ἐν τῇ κώμῃ ἐγενόμην, ἀπέδωκα. οὕτως ἡμεῖς γε ὑπὸ τούτου μάλιστα ἐσώθημεν μετὰ τοὺς θεούς.'

"ταῦτα δὲ ἐκείνου λέγοντος ὁ μὲν δῆμος ἤκουεν ἡδέως καὶ ἐπῄνουν με, ἐγὼ δὲ ἀναμνησθείς, 'χαῖρε, ἔφην, Σωτάδη·' καὶ προσελθὼν ἐφίλουν αὐτὸν καὶ τὸν ἕτερον.

"παρελθὼν δὲ ἐκεῖνος ὁ ἐπιεικὴς ὁ τὴν ἀρχὴν ὑπὲρ ἐμοῦ λέγων, 'ἐμοί, ἔφη, ὦ ἄνδρες, δοκεῖ καλέσαι τοῦτον εἰς τὸ πρυτανεῖον ἐπὶ ξένια. εἰ μὲν γὰρ ἐν πολέμῳ τινὰ ἔσωσε τῶν πολιτῶν ὑπερασπίσας, πολλῶν ἂν καὶ μεγάλων δωρεῶν ἔτυχε· νυνὶ δὲ δύο σώσας πολίτας, ἴσως δὲ καὶ ἄλλους, πῶς οὐκ ἔστιν ἄξιος τιμῆς; δοκεῖ δέ μοι ἀντὶ τοῦ χιτῶνος, ὃν ἔδωκε, τῷ πολίτῃ κινδυνεύοντι, τὴν θυγατέρα ἀποδύσας ἐπιδοῦναι αὐτῷ τὴν πόλιν χιτῶνα καὶ ἱμάτιον, ψηφίσασθαι δὲ αὐτοῖς καρποῦσθαι τὸ χωρίον καὶ αὐτοὺς καὶ τὰ τέκνα, καὶ μηδένα αὐτοῖς ἐνοχλεῖν, δοῦναι δὲ αὐτῷ καὶ ἑκατὸν δραχμὰς εἰς κατασκευήν· τὸ δὲ ἀργύριον τοῦτο ὑπὲρ τῆς πόλεως ἐγὼ παρ' ἐμαυτοῦ δίδωμι.' ἐπὶ τούτῳ δὲ ἐπῃνέθη, καὶ τἆλλα ἐγένετο ὡς εἶπεν, καὶ ἐκομίσθη παραχρῆμα εἰς τὸ θέατρον τὰ ἱμάτια καὶ τὸ ἀργύριον. ἐγὼ δὲ οὐκ ἐβουλόμην λαβεῖν, οἱ δ' εἶπον ὅτι 'οὐ δύνασαι δειπνεῖν ἐν τῷ δέρματι.' 'οὐκοῦν, εἶπον, τὸ τήμερον ἄδειπνος μενῶ.' ὅμως δὲ ἐνέδυσάν με τὸν χιτῶνα καὶ περιέβαλον τὸ ἱμάτιον. ἐγὼ δὲ ἄνωθεν βαλεῖν ἐβουλόμην τὸ δέρμα, οἳ δὲ οὐκ εἴων. τὸ δὲ ἀργύριον οὐκ ἐδεξάμην οὐδένα τρόπον, ἀλλ' ἀπωμοσάμην. 'τοῦτο δ', ἔφην, τῷ ῥήτορι δότε, ὅπως κατορύξῃ αὐτό· ἐπίσταται γάρ, δῆλον ὅτι.' ἀπ' ἐκείνου δὲ ἡμᾶς οὐδεὶς ἠνώχλησε."

σχεδὸν οὖν εἰρηκότος αὐτοῦ πρὸς ταῖς σκηναῖς ἦμεν. κἀγὼ γελάσας εἶπον "ἀλλ' ἕν τι ἀπεκρύψω τοὺς πολίτας, τὸ κάλλιστον τῶν κτημάτων." "τί τοῦτο;" εἶπεν. "τὸν κῆπον, ἔφην, τοῦτον, πάνυ καλὸν καὶ λάχανα πολλὰ καὶ δένδρα ἔχοντα." "οὐκ ἦν, ἔφη, τότε, ἀλλ' ὕστερον ἐποιήσαμεν."

εἰσελθόντος οὖν εὐωχούμεθα τὸ λοιπὸν τῆς ἡμέρας, ἡμεῖς μὲν κατακλιθέντες ἐπὶ φύλλων τε καὶ δερμάτων ἐπὶ στιβάδος ὑψηλῆς, ἡ δὲ γυνὴ πλησίον παρὰ τὸν ἄνδρα καθημένη. θυγάτηρ δὲ ὡραία γάμου ἐδιακόνει, καὶ ἐνέχει πιεῖν μέλανα οἶνον ἡδύν. οἱ δὲ παῖδες τὰ κρέα παρεσκεύαζον, καὶ αὐτοὶ ἅμα ἐδείπνουν παρατιθέντες.

ἤδη δ' ἱκανῶς ἡμῶν ἐχόντων, ἦλθε κἀκεῖνος ὁ ἕτερος. συνηκολούθει δὲ υἱὸς αὐτῷ, μειράκιον οὐκ ἀγεννές, λαγὼν φέρων. εἰσελθὼν δὲ οὗτος ἠρυθρίασεν· ἐν ᾧ δ' ὁ πατὴρ αὐτοῦ ἠσπάζετο ἡμᾶς, αὐτὸς ἐφίλησε τὴν κόρην καὶ τὸν λαγὼν ἐκείνη ἔδωκεν. ἡ μὲν οὖν παῖς ἐπαύσατο διακονοῦσα, καὶ παρὰ τῇ μητρὶ ἐκαθέζετο, τὸ δὲ μειράκιον ἀντ' ἐκείνης ἐδιακόνει. κἀγὼ τὸν ξένον ἠρώτησα "ἆρ' αὕτη ἐστίν, ἧς τὸν χιτῶνα ἀποδύσας τῷ ναυαγῷ ἔδωκας;" καὶ ὃς γελάσας, "οὔκ, ἔφη, ἀλλ' ἐκείνη πάλαι πρὸς ἄνδρα ἐδόθη, καὶ τέκνα ἔχει μεγάλα ἤδη, πρὸς ἄνδρα πλούσιον εἰς κώμην." "οὐκοῦν, ἔφην, ἐπαρκοῦσιν ὑμῖν ὅ τι ἂν δέησθε;" "οὐδέν, ἔφη ἡ γυνή, δεόμεθα ἡμεῖς. ἐκεῖνοι δὲ λαμβάνουσι καὶ ὁπηνίκ' ἄν τι θηραθῇ καὶ ὀπώραν καὶ λάχανα· οὐ γὰρ ἔστι κῆπος παρ' αὐτοῖς. πέρυσι δὲ παρ' αὐτῶν πυροὺς ἐλάβομεν, σπέρμα ψιλόν, καὶ ἀπέδομεν αὐτοῖς εὐθὺς τοῦ θέρους." "τί οὖν, ἔφην· καὶ ταύτην διανοεῖσθε διδόναι πλουσίῳ, ἵνα ὑμῖν καὶ αὐτὴ πυροὺς δανείσῃ;" ἐνταῦθα μέντοι ἄμφω ἠρυθριασάτην, ἥ τε κόρη καὶ τὸ μειράκιον. ὁ δὲ πατὴρ αὐτῆς ἔφη "πένητα ἄνδρα λήψεται, ὅμοιον ἡμῖν κυνηγέτην" καὶ μειδιάσας ἔβλεψεν εἰς τὸν νεανίσκον. κἀγὼ "τί οὖν οὐκ ἤδη δίδοτε; ἦ δεῖ ποθεν αὐτὸν ἐκ κώμης ἀφικέσθαι;" "δοκῶ μέν, ἔφη, οὐ μακράν ἐστιν· ἀλλ' ἔνδον ἐνθάδε. καὶ ποιήσομέν γε τοὺς γάμους ἡμέραν ἀγαθὴν ἐπιλεξάμενοι." κἀγὼ "πῶς, ἔφην, κρίνετε τὴν ἀγαθὴν ἡμέραν;" καὶ ὅς "ὅταν μὴ μικρὰ ᾖ ἡ σελήνη· δεῖ δὲ καὶ τὸν ἀέρα εἶναι καθαρόν, αἰθρίαν λαμπράν." κἀγὼ "τί δέ, ἔφην, τῷ ὄντι κυνηγέτης ἀγαθός ἐστιν;" "ἔγωγε, ἦ δ' ὃς ὁ νεανίσκος, καὶ ἔλαφον καὶ σῦν ὑφίσταμαι. ὄψῃ δὲ αὔριον, ἂν ἐθέλῃς, ὦ ξένε." "καὶ τὸν λαγὼν τοῦτον σύ, ἔφην, ἔλαβες;" "ἐγώ, ἔφη γελάσας, τῷ δικτύῳ τῆς νυκτός· ἦν γὰρ αἰθρία πάνυ καλή, καὶ ἡ σελήνη τηλικαύτη τὸ μέγεθος ἡλίκη οὐδεπώποτε ἐγένετο." ἐνταῦθα μέντοι ἐγέλασαν ἀμφότεροι, οὐ μόνον ὁ τῆς κόρης πατήρ, ἀλλὰ καὶ ὁ ἐκείνου. ὁ δὲ ᾐσχύνθη καὶ ἐσιώπησε. λέγει οὖν ὁ τῆς κόρης πατήρ "ἐγὼ μέν, ἔφη, ὦ παῖ, οὐδὲν ὑπερβάλλομαι. ὁ δὲ πατήρ σου περιμένει, ἔστ' ἂν ἱερεῖον πρίηται. δεῖ γὰρ θῦσαι τοῖς θεοῖς." εἶπεν οὖν ὁ νεώτερος ἀδελφὸς τῆς κόρης "ἀλλὰ ἱερεῖόν γε πάλαι οὗτος παρεσκεύακε, καὶ ἔστιν ἔνδον, τρεφόμενον ὄπισθεν τῆς σκηνῆς, γενναῖον." ἠρώτων οὖν αὐτὸν "ἀληθῶς;" ὁ δὲ ἔφη. "καὶ πόθεν σοι;" ἔφασαν. "ὅτε τὴν ὗν ἐλάβομεν τὴν τὰ τέκνα ἔχουσαν, τὰ μὲν ἄλλα διέδρα· καὶ ἦν, ἔφη, θάττω τοῦ λαγώ· ἑνὸς δὲ ἐγὼ λίθῳ ἔτυχον, καὶ ἁλόντι τὸ δέρμα ἐπέβαλον· τοῦτο ἠλλαξάμην ἐν τῇ κώμῃ, καὶ ἔλαβον ἀντ' αὐτοῦ χοῖρον, καὶ ἔθρεψα ποιήσας ὄπισθεν συφεόν." "ταῦτ' ἄρ', ἔφη, ἡ μήτηρ σοῦ ἐγέλα, ὁπότε θαυμάζοιμι ἀκούων γρυλλιζούσης τῆς συός, καὶ τὰς κριθὰς οὕτως ἀνήλισκες." "αἱ γὰρ εὐβοΐδες, εἶπεν, οὐχ ἱκαναὶ ἦσαν πιᾶναι. ἀλλὰ εἰ βούλεσθε ἰδεῖν αὐτήν, ἄξω ἀνύσας." οἱ δὲ ἐκέλευον. ἀπήεσαν οὖν ἐκεῖνός τε καὶ οἱ παῖδες αὐτόθεν δρόμῳ χαίροντες. ἐν δὲ τούτῳ ἡ παρθένος ἀναστᾶσα ἐξ ἑτέρας σκηνῆς ἐκόμισεν οὖα τετμημένα, καὶ μέσπιλα, καὶ μῆλα χειμερινά, καὶ τῆς γενναίας σταφυλῆς βότρυς σφριγῶντας, καὶ ἔθηκεν ἐπὶ τὴν τράπεζαν, καταψήσασα φύλλοις ἀπὸ τῶν κρεῶν, καὶ ὑποβαλοῦσα καθαρὰν πτερίδα. ἧκον δὲ καὶ οἱ παῖδες τὴν ὗν ἄγοντες μετὰ γέλωτος καὶ παιδιᾶς. συνηκολούθει δὲ ἡ μήτηρ τοῦ νεανίσκου, καὶ ἀδελφοὶ δύο παιδάρια· ἔφερον δὲ ἄρτους τε καθαρούς, καὶ ᾠὰ ἑφθὰ ἐν ξυλίνοις πίναξι, καὶ ἐρεβίνθους φρυκτούς. ἀσπασαμένη δὲ τὸν ἀδελφὸν ἡ γυνὴ καὶ τὴν ἀδελφιδῆν, ἐκαθίζετο παρὰ τῷ αὐτῆς ἀνδρί, καὶ εἶπεν, "ἰδοῦ τὸ ἱερεῖον, ὃ οὗτος πάλαι ἔτρεφεν εἰς τοὺς γάμους, καὶ τἆλλα τὰ παρ' ἡμῶν ἕτοιμά ἐστι, καὶ ἄλφιτα καὶ ἄλευρα πεποίηται· μόνον ἴσως οἰναρίου προσδεησόμεθα· καὶ τοῦτο οὐ χαλεπὸν ἐκ τῆς κώμης λαβεῖν." παρειστήκει δὲ αὐτῇ πλησίον ὁ υἱὸς πρὸς τὸν κηδεστὴν ἀποβλέπων. καὶ ὃς μειδιάσας εἶπεν "οὗτος, ἔφη, ἐστὶν ὁ ἐπέχων· ἴσως γὰρ ἔτι βούλεται πιᾶναι τὴν ὗν." καὶ τὸ μειράκιον "αὕτη μέν, εἶπεν, ὑπὸ τοῦ λίπους διαρραγήσεται." κἀγὼ βουλόμενος αὐτῷ βοηθῆσαι "ὅρα, ἔφην, μὴ ἐν ᾧ πιαίνεται ἡ ὗς οὗτος ὑμῖν λεπτὸς γένηται." ἡ δὲ μήτηρ "ἀληθῆ, εἶπεν, ὁ ξένος λέγει, ἐπεὶ καὶ νῦν λεπτότερος αὐτοῦ γέγονε· καὶ πρῴην ᾐσθόμην τῆς νυκτὸς αὐτὸν ἐγρηγορότα καὶ προελθόντα ἔξω τῆς σκηνῆς." "οἱ κύνες, ἔφη, ὑλάκτουν, καὶ ἐξῆλθον ὀψόμενος." "οὐ σύ γε, εἶπεν, ἀλλὰ περιεπάτεις ἀλύων. μὴ οὖν πλείω χρόνον ἐῶμεν ἀνιᾶσθαι αὐτόν." καὶ περιβαλοῦσα τὰς χεῖρας ἐφίλησε τὴν μητέρα τῆς κόρης. ἡ δὲ πρὸς τὸν ἄνδρα τὸν ἑαυτῆς "ποιῶμεν, εἶπεν, ὡς θέλουσι." καὶ ἔδοξε ταῦτα, καὶ εἶπον "εἰς τρίτην ποιῶμεν τοὺς γάμους." παρεκάλουν δὲ κἀμὲ προσμεῖναι τὴν ἡμέραν. κἀγὼ προσέμενον οὐκ ἀηδῶς.

Appendix: λόγοι τοῦ Θρασυμάχου

A1 Τραπεζίτης

ὁ Πασίων τραπεζίτης ἐστὶν ἐν Συρακούσαις· ἔχει δὲ τὴν τράπεζαν ἐν τῇ ἀγορᾷ. δανείζει δ' ὁ τραπεζίτης ἐπὶ τόκῳ· οἱ γὰρ δανειζόμενοι λαμβάνουσι μὲν τὰ χρήματα, ἀποδιδόασι δὲ καὶ τὰ χρήματα καὶ τόκον· ὁ δὲ τόκος οὕτω γίγνεται. ἢ γὰρ ἀποδιδόασιν ὁποσονδήποτε τοῦ μηνός, ἢ ὁποσονοῦν τοῦ πλοῦ. ἀριθμοῦσι δὲ κατὰ μνᾶν καὶ κατὰ μῆνα οὕτω πως·

ἐπὶ ὀβολῷ· ὁ τόκος γίγνεται εἷς ὀβολὸς τῆς μνᾶς τοῦ μηνός, δώδεκα ὄντες ὀβολοὶ τοῦ ἐνιαυτοῦ· καὶ οἱ δώδεκα ὀβολοὶ δύο δραχμαί, ἡ δὲ μνᾶ ἔχει δραχμὰς ἑκατόν.

ἐπὶ δυοῖν ὀβολοῖν· ὁ τόκος γίγνεται δύο ὀβολοὶ τῆς μνᾶς τοῦ μηνός, οὗτοι δ' εἰσὶν εἴκοσι τέτταρες τοῦ ἐνιαυτοῦ, ὄντες τέτταρες δραχμαὶ τῶν ἑκατὸν δραχμῶν τοῦ ἐνιαυτοῦ.

καὶ οὕτω κατὰ λόγον· ἐπὶ τρισὶν ὀβολοῖς, ἐπὶ τέτταρσιν, ἐπὶ πέντε, ἐπὶ δραχμῇ.

A2 Πασίων, Ζηνόθεμις, Ἡγέστρατος

Ζ. χαῖρε, ὦ Πασίων.

Π. χαῖρε καὶ σύ, ὦ ἄριστε· σὺ δὲ τίς εἶ, καὶ τί δεῖ σοι;

Ζ. Ζηνόθεμις μὲν ἔγωγε, ἀνὴρ Ἀθηναῖος· πλέω δ' Ἀθήναζε, ἐπιβάτης ὢν ἐπὶ τῆς νεὼς τοῦ Ἡγεστράτου. καὶ δεῖ μοι δανείζεσθαι πεντακοσίας δραχμάς.

Π. ἔχω τοι τἀργύριον, καὶ δανείζω ἐπὶ πέντε ὀβολοῖς· ἀλλὰ τίς ἐγγυητής σοι;

Ζ. ὅστις μοι ἐγγυητής; τίς ποτ' ἀνθρώπων; ἀλλ' ἰδού, ὁ ναύκληρος οὑτοσί. δεῦρό μοι, ὦ Ἡγέστρατε.

93

Η. ὅδ' εἰμί· τί ἐθέλεις;

Π. ἆρ' ἔχει οὐσίαν οὗτος ὁ Ζηνόθεμις;

Η. νὴ τὸν Δία, καὶ πολλήν γε· ἔνεστι γὰρ σῖτος αὐτῷ ἐν τῇ νηῒ πολύς.

Π. εὖ γε· πρὸς ταῦτα δανείζω, ὥστε σωθείσης μὲν τῆς νεώς, ἀποδοῦναι μετὰ τοῦ τόκου, ἀπολομένης δέ, μηδέν.

Ζ. ὁμολογῶ δὴ ἐπὶ τούτοις· γράφε τὰς συγγραφάς.

Π. γράφω.

Φίλων, Ἡγέστρατος, Ζηνόθεμις

Η. χαῖρε· ἆρ' ἐστὶ τράπεζα αὕτη;

Φ. ἔστι. τίς δ' εἶ σύ, καὶ πόθεν; ἔοικας γὰρ ξένῳ.

Η. καὶ δὴ ξένος εἰμί, καὶ ναύκληρος τῆς Ναυκλείας, πλέω δ' Ἀθήναζε, δανειζοίμην δ' ἂν χιλίας δραχμάς, ἐάν μοι δανείσῃς.

Φ. ἀλλ' οὐ γάρ σε γιγνώσκω, ὦ ξένε.

Η. ἀλλ' ἰδού, ἐς καιρὸν ἥκει Ζηνόθεμις οὗτος, ἐπιβάτης ὢν τοῦ πλοίου.

Φ. χαῖρε, ὦ Ζηνόθεμι· τίς οὗτος;

Ζ. ναύκληρος οὗτος τῆς Ναυκλείας, ἔχει δ' ἐν τῇ νηῒ γόμον ἴδιον σίτου.

Φ. δανείζω οὖν σοι τὰς χιλίας δραχμὰς ἐπὶ τέτταρσιν ὀβολοῖς, ἐφ' ᾧτε ἀποδοῦναι μὲν ἐὰν σωθῇ ἡ ναῦς, εἰ δὲ μή, μηδέν.

Η. ἐπὶ τούτοις ὡμολογήσθω· σὺ δὲ γράφε τὰς συγγραφάς.

Φ. γράφω δή.

Ἔξω

Η. καλῶς ἐποίησας, ὦ Ζηνόθεμι βέλτιστε, καὶ χάριν οἶδά σοι πολλήν.

Ζ. καὶ ἐγὼ σοί, ὦ Ἡγέστρατε· ὥσπερ γὰρ οἱ τέκτονες, ἐγὼ μὲν ἕλκω τὸν πρίονα, σὺ δ' ἀντενδίδως.

A3 Ὄρνιθες

τίκτουσι πρῶτον ᾠὰ
ὄρνιθες· εἶτ' ἐν ᾠῷ
συμπήγνυται νεοττός.
μεθ' ἡμέρας δὲ συχνὰς
ἕτοιμος ὢν νεοττὸς
αὐτὸς τὸ λέμμα κόπτει,
ἐκ τοὐστράκου δὲ πηδᾷ·
τοῦ λέμματος δ' ἐπ' οὐρᾷ
ἡμίτομον μάλιστα
φέρων, ἔσεισεν εὐθύς.

A4 Πέρδιξ καὶ χελώνη

πέρδικα τῇ χελώνῃ
ἐχθρὰν λέγουσιν εἶναι·
εἰ δ' ἐστὶ τοῦτ' ἀληθές,
οὐ δὴ κάτοιδ' ἔγωγε.
τῇ μὲν γὰρ οὐ πάρεστι
τῷ ῥυγχίῳ τιτρώσκειν
κεκρυμμένην χελώνην
ἐν ὀστράκῳ τοιούτῳ,
ἐάν γε μὴ προκύψῃ·
ὅμως δ' ἐὰν προκύψῃ,
πέρδικι δὴ πάρεστιν
ῥύγχει κάρα τετραίνειν.
πρὸς ταῦτ' ἄμεινόν ἐστι
ἔνδον μένειν χελώνην·
τὰ γὰρ θύραζε βλάπτει.

A5 Μύρμηξ

τῶν θηρίων ἁπάντων
σοφώτατον δοκεῖ μοι
μύρμηξ. ἐπεὶ τὸ πρῶτον
οἰκοῦσιν οὐκ ἀκόσμως,
σύμμεικτος ὥς τις ὄχλος·
τεταγμένοι δὲ πάντες

ποιοῦσι τἄργ' ἕκαστος.
οἱ μὲν μένοντες ἔνδον
σῴζουσι πάντα τῳά
καὶ κτήματ' ἀλλ' ἐν οἴκοις·
οἱ δ' αὖ, στράτευμα πιστόν,
ἐχθροῖς καλῶς μάχονται·
οἱ δ' ἐξοδοιποροῦντες
ἑώθινοι κατ' ἀγρούς,
ζητοῦσι τοῖς πολίταις
τροφήν τιν', ὡς ἀνάγκη.
ὥστ' οὐκέτ' ὄχλος εἰσίν,
ἀλλ' ἔσθ' ὅμοια πάντα
πόλει τε καὶ πολίταις.

A6 Μέλιτται

γένος τὸ τῶν μελιττῶν
ἀργὸν μὲν οὔποτ' ἐστίν,
ἐργάζεται δ' ἐσαιεί.
μί' ἐστὶν ἡ μεγίστη
μήτηρ τε καὶ τύραννος·
ἥτις καθ' ἡμέραν τοι
τρισμύρι' ᾠὰ τίκτει.
πρὸς τῇδ' ἔνεισι σίμβλῳ
ὑπηρέται τε πλεῖστοι,
πονοῦντες οἳ' ἀνάγκῃ,
κἄλλοι τινὲς πρόσεισιν,
κηφῆνες οἳ καλοῦνται·
οἱ δ' ἐσθίουσι πολλά,
μέλει δ' ἄρ' οὐδὲν ἄλλο.
αἱ δ' ἄσχολοι μέλιτται
ἔωθεν ἐκπέτονται·
καὶ τὴν τροφὴν ἅπασι
βομβοῦσι συλλέγουσαι.
οὐδ' εἰσὶ γαστρίμαργοι·
τὸ μὲν γὰρ ἐσθίουσιν,
πλείω δ' ἔνεστι θήκῃ

χειμὼν ὅταν γένηται.
προμανθάνουσιν ὥραν
κρύους τ᾽ ἐπομβρίας τε·
ὅταν θάνῃ μέλιττα,
ἔξω βαλεῖν ἀνάγκη
ὡς μὴ μύσος γένηται
νεκροῦ μένοντος ἔνδον.
ἐὰν δὲ φὼρ προσέρπῃ
κλέπτουσα τῶν μελιττῶν
μέλι ξένη μέλιττα,
φύλαξ τις ἐκδιώκει
ὡς ἐκβαλοῦσα κλέπτην.
σὺ δ᾽ ἂν θέλοις τίς εἶναι;
κηφήν τις ἀργὸς αἰεί,
ἢ καὶ φύλαξ μέλιττα,
ἢ καὶ τύραννος αὐτὴ
μήτηρ τε τῶν μελιττῶν;

A7 Ἀράχνη

τέχνην φύσις δέδωκεν
ἱστουργίας ἀράχνῃ.
εἰ δ᾽ οὐ στρέφουσ᾽ ἄτρακτον
ἐκ νηδύος τὸ νῆμα
ἄγουσα δημιουργεῖ,
εὐθὺς δ᾽ ὕφασμ᾽ ὑφαίνει
ἀράχνιον ποιοῦσα·
ποιεῖ δὲ τοῦτο μυίαις
καὶ θηρίοις τοιούτοις.
οὔκ ἐστι λεπτὸν οὕτως
οὐδὲν λίνον γυναικῶν
ὥσπερ τὸ τῆς ἀράχνης.
ἁλίσκεται δὲ μυῖα
εἰς τοὺς δόλους πεσοῦσα,
ἀλλ᾽ οὐχ ἁλίσκεται σφήξ,
οὐδ᾽ αὖ μέλιττα· πῶς γάρ;
μείζους γάρ εἰσιν αὗται.

A8 Θήρα Ἰνδική

λαγὼς τ' ἀλώπεκάς τε
θηρῶντες ἄνδρες Ἰνδοί,
κυνῶν μὲν οὐ δέονται·
κόραξ γὰρ ἀντὶ τούτων,
ἰκτῖνος ἀντὶ τούτων,
ὅ τ' αἰετὸς πάρεστιν.
συλλαμβάνουσι πρῶτον
τοὺς τῶνδε δὴ νεοττούς·
θηρευτικὴν δὲ τέχνην
ἐκμανθάνειν ποιοῦσι
τούτους τρόπῳ τοιῷδε.
πρᾶον λαγὼν λαβόντες
πρᾶον δ' ἀλώπεκ' ἄλλον,
τούτοις κρέας προσάπτειν
φιλοῦσι, κᾆτ' ἀφεῖναι·
ἕκαστος οὖν νεοττῶν—
ἰκτῖνος αἰετός τε
καὶ δὴ τρίτη κορώνη—
τάχιστα δὴ διώκει.
ἐπειδὰν αὖθ' ἕλωσι,
κρέας κατεσθίουσιν
ὡς μισθὸν ὄντα θήρας.
οὕτω μὲν οὖν μαθόντες
μετ' ἀγρίους πέτονται
λαγώς τ' ἀλώπεκάς τε·
τῶν δ' ὅστις ἄν τιν' αἱρῇ,
τὰ σπλάγχνα μισθὸν ἔσχεν.

A9 Γρύψ

περὶ γρυπὸς ὧδέ φασιν.
τετράπουν λέγουσιν εἶναι,
τὸ δὲ σῶμα τῷ λέοντι
προσεοικέναι μάλιστα·
ὄνυχας δ' ἔχειν μεγίστους

προσεοικότας λέοντος.
τὸ δὲ σῶμα πᾶν πτερωτόν,
μελανόπτερον τὸ νῶτον,
τὰ δ' ὄπισθέ φασ' ἐρυθρόν.
πτέρυγας λέγουσι λευκάς,
στόμα δ' αἰετῶδες εἶναι.
λέγεται δὲ γρὺψ ἅπαντα,
ὅσα θηρί' ἄλλα, νικᾶν,
ἐλέφαντα δ' ἐκφοβεῖσθαι
ἔφοδον δὲ καὶ λέοντος.
λέγεται δὲ κἂν καλιᾷ
κατὰ γῆς χρυσὸν ὀρύττειν,
φυλακὴν δ' ἀεὶ ποιεῖσθαι.
περὶ γρῦπα ταῦτά φασιν.

A10 Κύων

κύων δόμον φυλάττει
πάντων μάλιστα πιστός.
ἐὰν πανοῦργος ἔλθῃ
τὰ κτήμαθ' ὥστε κλέψαι,
αὖ αὖ κύων βαΰζει,
δάκνει τε τὸν πανοῦργον·
ἐὰν δὲ τῶν ἐν οἴκῳ
ἔλθῃ τις, εὐθὺς οὗτος
λείχει πόδας χέρας τε,
ἐφάλλεται δὲ σαίνων.
τί δῆτ' ἄμεινον ἄν μοι
πιστοῦ κυνὸς γένοιτο;

A11 Ψιττακός

ὄρνιθ' ἔχω κατ' οἶκον
ὃς ψιττακὸς καλεῖται.
οἰκίσκος ἐστὶν αὐτῷ
ὃν ἄσμενος κατοικεῖ.
θαυμαστός ἐστιν ὄρνις
καὶ ποικίλος τὸ χρῶμα·

καὶ θαῦμα δὴ μέγιστον·
ὅταν γὰρ οἴκαδ' ἔλθω,
"ἄριστε, φησί, χαῖρε."
ὅταν μόλω θύραζε,
"ὦ χαῖρε, φήσ', ἄριστε."
καὶ δίψ' ὅταν πιέζῃ,
ὕδωρ φέρειν κελεύει·
πείνη δ' ὅταν πιεσθῇ,
σῖτον φέρειν κελεύει,
δάκνει δὲ δάκτυλόν μοι,
ἂν μὴ φέρω τὰ πάντα.

A12 Πλοῦς

προσέρπομεν θάλατταν,
καθέλκομεν δὲ πλοῖον·
κώπαις δὲ χρώμεθ' οὐδέν,
ἀλλ' ἱστίοις ἅπασιν,
ὡς οὐρίου πνέοντος.
θύελλα δ' ἢν ἐπέλθη
αἴρουσα κῦμα λαβρόν,
φοβούμεθ' εὐθὺς ἡμεῖς
μὴ κἂν βυθῷ πνιγῶμεν·
καθίεμεν δὲ λαίφη,
ἐλαύνομεν δὲ κώπαις.
ἡ ναῦς δ' ἐάν γε σωθη
πλεύσασιν οἴκαδ' ἡμῖν,
θεοῖσιν εὐξόμεσθα,[1]
προσθέντες ὅρκον, ἦ μὴν
ἐν γῇ μενεῖν τὸ λοιπόν,
καὶ πολλὰ δὴ κελεύσειν
χαίρειν ἀεὶ θάλατταν.

A13 Τὰ τῆς ἡμέρας

ἀνίσταμαι πρὸς ὄρθρον
πρὶν ἥλιον φανῆναι,
καὶ λούομαι τὸ σῶμα
ὕδωρ χέων κατ᾽ αὐτοῦ.
κοσμῶ δὲ τὴν κόμην εὖ,
ὄδοντας εὖ καθαίρω.
ἐνδύομαι χιτῶνα
πέδιλά τ᾽ ἢ κοθόρνους,
κᾆτ᾽ εὔχομαι θεοῖσιν,
κᾆτ᾽ ἐντραγὼν πιών τε,
πορεύομαι κατ᾽ ἔργον.
μεσημβρίας δ᾽ ἀνελθὼν
ἄριστον ἐσθίω ᾽γώ,
ἴσως δὲ καὶ καθεύδω·
μεθ᾽ ὕπνον αὖτ᾽ ἀναστὰς
πορεύομαι κατ᾽ ἔργον.
πρὸς ἑσπέραν δ᾽ ἀνελθὼν
ἐς δεῖπνον αὖ κάθημαι.
ὅταν δ᾽ ἐπισκοτάζῃ,
κοιμώμενος καθεύδω.

A14 Ἄροτος

ἀροτὴρ λαβὼν ἄροτρον
τὸ βοῶν ζεῦγος ἐλαύνει
κατέχων χεροῖν ἐχέτλην.
ὅταν ἐς τὸ τέλσον ἔλθῃ,
τό τε τέρμα τῆς ἀρούρας,
θεράπων μένει τις ἄλλος
κύλικ᾽ ἐν χεροῖν προτείνων,
παραμύθιον πονοῦντι·
ὁ δὲ δὴ λαβὼν πιών τε
στρέφεται πάλιν κατ᾽ ὄγμους.

A15 Σπορεὺς καὶ θεριστής

ὁ δ' αὖ σπορεὺς μετελθών,
τὰ σπέρματα σκεδαννὺς
σπείρει μολὼν κατ' ὄγμους,
ἐνταῦθα μὲν τὰ πυρῶν,
ἐκεῖ δὲ καὶ τὰ κριθῶν.
μετὰ σπόρον δὲ πάντα
ἐκφύεται κατ' ἀγρούς,
ἔστ' ἂν στάχυς γένηται
ὡραῖος, ὡς θερίζειν·
θέρος δ' ἕτοιμον ἤδη.
εἶτ' ἔρχεται θεριστὴς
θέρος τεμῶν ἕτοιμον.
δέουσι δράγματ' εὐθύς·
πρὸς τὰς ἅλως φέρουσιν·
ἔπειτα κἀλοῶσι
βόες ποσὶν πατοῦντες.

A16 Ἀλοητός

ἀλοητός ἐστιν ἤδη.
ἐν ἅλῳ δράγματα κεῖται.
περὶ δῖνον αὖ στρέφονται
βόες, οὐδὲ τῶν βοῶν τις
ἀπογεύεται λεληθὼς
σταχύων, ἐν ᾧ στρέφονται.
τίνα δ' αἰτίαν λέγοιμ' ἄν;
κατέχοντα φιμὸν ἴσθι
στόμαθ', ὥστε μὴ δύνασθαι
ἀλοῶντας ἐντραγεῖν τι.
ἄγετ' ὦ βόες, στρέφεσθε
περὶ δῖνον· οὐ θέμις γὰρ
πάρος ἐντραγεῖν τροφῆς τι
πρὶν ἂν ἑσπέρα γένηται.

A17 Ἐκκλησία

τῆς κυρίας παρούσης
ἐκκλησιάζεται μὲν
ὃς ἂν θέλῃ πολίτης·
ἔξεστι πάντ᾽ ἀκούειν
τῶν ῥητόρων λεγόντων,
ἔξεστι κἀναβῆναι
ἅπασι τοῖς πολίταις
λέγειν θ᾽ ὅσ᾽ ἂν θέλωσιν.
ὅταν δὲ πᾶς τις εἴπῃ
ὃς ἂν θέλῃ λέγειν τι,
ψῆφον φέρουσι πάντες·
γνώμην δέ φασι νικᾶν
τὴν πλείοσιν δοκοῦσαν.

A18 Στρατός

ὅταν στρατὸς γένηται,
ἕκαστος ἐξ ἀνάγκης
στρατεύεται πολίτης.
φέρουσι δ᾽ ἄλλος ἄλλα.
πρῶτον χρεὼν ὁπλίτην
λέγειν, ὁποῖός ἐστιν.
θώραξ μὲν οὖν τὸ πρῶτον
τὰ στέρν᾽ ἔχει καλύψας·
χαλκοῦς δέ γ᾽ ἐσθ᾽ ὁ θώραξ.
κράνος κάρα στεγάζει,
περὶ σκελοῖν δὲ κνημίς.
ξίφος μὲν ὀξύθηκτον
ἡ δεξιὰ προτείνει·
ἀριστερὰ δὲ χαλκῆν
φορεῖ τιν᾽ ἀσπίδ᾽ αἰεί.
ὁ ψιλὸς εὐσταλὴς ὢν
γυμνός τ᾽ ἔχει τάδ᾽ ὅπλα·
ἀντ᾽ ἀσπίδος τε πέλτην,
καὶ ζεῦγος ἄλλ᾽ ἀκόντων.

ἄλλος τις αὖτ' ὀχεῖται
ἵππῳ, στρέφων χαλινόν·
ἱππέα καλοῦμεν αὐτόν.
ἄγει δὲ τὸ στράτευμα
ἐπιστάτης στρατηγός.

Vocabulary

ἄβατος οὐ παρέχων ἑαυτὸν βαίνειν οὗ μὴ
πάρεστι βαίνειν.

ἀγαῖσι ἀγαῖς. ἡ δ' ἀγὴ γίγνεται ἐάν
τι καταχθῇ. κωπῶν ἀγαί κωπαὶ
τεθραυσμέναι.

ἀγάλλομαι μέγα φρονῶ, σεμνύνομαι,
φιλοτιμοῦμαι.

ἄγαλμα μορφὴ θεοῦ λιθίνη ἢ χαλκῆ ἢ
ἀργυρᾶ ἢ χρυσᾶ. ὁ δ' ἀνδριάς, εἰκὼν
ἀνθρώπου.

ἄγᾶν λίαν, πλέον τοῦ δέοντος.

ἀγανακτῶ χαλεπαίνω. ἀγανακτεῖ τις,
χαλεπῶς φέρων.

ἀγγελίᾶν ἀγγέλλει ἄγγελος.

ἀγγέλλω λέγω ὡς νέον ὄν, ἀγγελίαν φέρω.

ἄγγελος ἀγγέλλει ἀγγελίαν.

ἀγέλη σύλλογος καὶ πλῆθος τῶν τ' ἄλλων
ζῴων καὶ τῶν βοῶν.

ἀγένειος ἄνευ πώγονος, ἄνευ γενείου.

ἀγεννής οὐ γενναῖος, οὐκ εὐγενής.

ἄγκιστρον σίδηρος καμπύλος ἐκ λίνου
ἐξηρτημένος πρὸς τὸ ἁλιεύειν.

ἄγκῦρα, anchor.

ἀγνοῶ οὐκ οἶδα. ἀγνοεῖ δὴ ὁ μὴ εἰδώς.

ἀγνώς ἄγνωστος.

ἄγνωστος ὃ μὴ δύναταί τις καταμαθεῖν καὶ
γιγνώσκειν, τοῦτ' ἄγνωστον.

ἀγορά, market-place. ἐν τῇ ἀγορᾷ
ἀγοράζουσι μὲν οἱ ἀγορασταί,
πωλοῦσι δὲ οἱ πωληταί καὶ δὴ καὶ
ἐκκλησιάζουσιν οἱ ἐκκλησιασταί.

ἄγρᾶ θήρα.

ἄγριος, wild, uncultivated, οὐχ ἥμερος. τὰ
μὲν δένδρα τὰ ἄγρια ἐν τῇ ὕλη ἐστὶ καὶ
πανταχοῦ τῶν δὲ θηρίων τῶν ἀγρίων
τὰ μὲν ἐχθρὰ τοῖς ἀνθρώποις, τὰ δὲ
θηρῶσιν οἱ ἄνθρωποι.

ἀγριῶ ἀγριοῦταί τις ἄγριος γενόμενος καὶ
χαλεπαίνων.

ἄγροικος ὁ ἐν ἀγροῖς.

ἀγρός, field. ἀγροί, countryside.

ἀγρυπνῶ ἐάν τις μὴ καθεύδη, ἀγρυπνεῖ.
ἀγρυπνία δ' ἔχει αὐτόν.

ἄγω, lead celebrate (feast). ἄγω μὲν ἵππον,
ἄγω δὲ καὶ ἑορτήν.—ὅρα καὶ τὸ φέρω.

ἀγών ἄμιλλα, ἔρις. ἀγωνίζονται δ'
ἀγωνισταί.

ἀγωνίζομαι ἀγῶνα ποιοῦμαι.

ἄδειπνος ἄνευ δείπνου.

ἀδελφιδῆ θυγάτηρ τῆς ἀδελφῆς ἢ τοῦ
ἀδελφοῦ. ὁ δ' ἄρρην ἐστὶν ἀδελφιδοῦς.

ἀδελφός, brother. παῖς ἐστι τῆς αὐτῆς
μητρός ὁ μὲν ἀδελφός, ἡ δ' ἀδελφή.

ᾄδω, sing. ᾠδὴν ᾄδομεν ᾄδει δὲ καὶ τὰ
ὀρνίθια.

ἄδωρος δῶρον ἄδωρον κακόν ἐστι δῶρον,
οἷον οὐκ ἄν τις ὀρθῶς καλοίη δῶρον.

ἀηδῶς οὐκ ἀσμένως, οὐχ ἡδέως.

Ἀθήναζε πρὸς Ἀθήνας.

Ἀθηναία Ἀθηνᾶ, ἡ Ἀθήνη, θεὰ οὖσα
παρθένος.

Ἀθήνη θεὰ τῶν Ἀθηνῶν φύλαξ καὶ
σώτειρα. ἔστι δὲ πασῶν τεχνῶν
ἔμπειρος.

105

Ἀθήνησιν ἐν Ἀθήναις.

ἆθλον μισθὸς ἀγῶνος· αὐτίκα γὰρ οἱ Ὀλυμπίασιν ἀθληταὶ ἐστεφανοῦντο κοτίνου στεφάνῳ.

ἀθῡμῶ ἄθυμός εἰμι καὶ οὐ θαρρῶ.

ἄθυρμα τοῖς ἀθύρμασι παίζει τὰ παιδία ἀθύρματα δ᾽ ἂν εἴη καὶ γυναικῶν κόσμος.

αἶα γῆ.

αἰγιαλός ἡ παρὰ θαλάττῃ γῆ, τὸ παραθαλάττιον τῆς γῆς.

Αἴγῑνα νῆσός ἐστι μεγάλη ἐν τῷ κόλπῳ, ἀπέχει δὲ ἑκατὸν καὶ εἴκοσι σταδίους τῆς Ἀττικῆς.

Αἰγῑναῖος τῆς Αἰγίνης.

Αἴγυπτος ἐν τῇ Αἰγύπτῳ ῥεῖ Νεῖλος ποταμός.

αἰδοῦμαι αἰδὼς ἔνεστί μοι, αἰσχύνομαι, δι᾽ αἰδοῦς εἰμι.

αἰετός, *eagle.*

αἰετώδης ὅμοιος αἰετῷ.

αἰθρίᾱ λαμπρὸς ἀήρ.

αἴθων λάμπων.

αἱμασιᾱ τοῖχος κήπου ἢ χωρίου.

αἴνιγμα γνώμη νοῦν ἔχουσα οὐ σαφῆ γρῖφος.

αἴξ, *goat.*

αἰόλος πολλὰ χρώματα ἔχων.

αἰπόλος αἰγῶν νομεύς.

αἴρω, *lift.*

αἰσθάνομαι ὁρῶν ἢ ἀκούων ἢ θιγγάνων. αὕτη δ᾽ ἐστὶν αἴσθησις. μανθάνω δὲ τῇ αἰσθήσει.

αἴσιος εὐτυχὴς ἐκ θεῶν.

αἰσχρός κακός, οὐ καλὸς ἰδεῖν.

αἰσχῡνομαι αἰδοῦμαι· αἰσχύνη μ᾽ ἔχει, ὥστε μὴ λέγειν ἢ ποιεῖν τι.

αἰτίᾱ παντὸς γενομένου ἐστὶν αἰτία αὐτίκα γὰρ ὁ ὑετὸς αἰτία τοῦ ὑγρὸν γενέσθαι.

αἰτῶ, *demand,* ἀξιῶ ἔχειν. αἰτεῖ τις ἢ ἀξιοῖ ἔχειν ὅς ἂν κελεύῃ ἄλλον δοῦναι ἑαυτῷ ἢ ἀποδοῦναι.

ἄκανθα, *thorn.*

ἀκάτιον πλοῖον μικρόν.

ἀκίνητος οὐ κινούμενος· κατὰ χώραν μένων αἰεί.

ἄκλητος οὗτος, ὃν ἂν μηδεὶς καλῇ ἐπὶ δεῖπνον. τίς δ᾽ ἂν ἄκλητος ἔλθοι;

ἀκμάζω ἐν ἀκμῇ εἰμι.

ἀκμή τὸ ἀκρότατον· καιρός.

ἀκοή ἔργον τῶν ὤτων· τὸ ἀκούειν.

ἀκολουθῶ, *follow.* ἀκολουθοῦσιν οἱ ἑπόμενοι καὶ οἱ ἀκόλουθοι.

ἀκόντιον ἄκων μικρός, δόρυ μικρόν.

ἄκοσμος ἄνευ κόσμου.

ἀκόσμως οὐ κατὰ κόσμον.

ἀκριβῶς, *exactly,* καθ᾽ ἕκαστα.

ἀκρόπολις ἡ ἄκρα πόλις· ἡ πέτρα ἡ Ἀθήνησιν, ὅπου ἵδρυται ὁ Παρθενών.

ἄκρος, *top, end (adj.).* τὰ ἄκρα τὰ ἔσχατα, καὶ κρημνοὶ τῆς γῆς, ἀκρωτήρια.

ἀκρωτήριον ἄκρον τῆς γῆς· κρημνὸς προέχων εἰς τὴν θάλατταν.

ἀκτή αἰγιαλός· τὸ παραθαλάττιον, ῥαχία, οὐ κατάγνυται καὶ ῥήγνυται ὁ κλύδων τῆς θαλάττης.

ἀλγηδών ἄλγος, λύπη.

ἀλγῶ, *feel pain.* ἀλγεῖ τις ἄλγος ἔχων.

ἄλευρα πυροὶ ἀληλεσμένοι.

ἀληθής οὐ ψευδής· τὰ ὄντα ἀληθῆ ἐστιν.

ἀληθινός ἀληθής, οὐ ψευδής.

ἀλητούργητος ἄνευ λητουργίας.

ἁλιεύς ὁ ἰχθῦς θηρῶν.

ἁλιεύω ἁλιεύς εἰμι· ἰχθῦς αἴρω.

ἅλις ὅσον χρή, ἅλις ἐστίν· ὃ ἀρκεῖ. οὔτε πλέον τοῦ δέοντος οὔτ᾽ ἔλαττον, τοῦτ᾽ ἐστὶν ἅλις.

ἁλίσκομαι ἁλίσκεταί τις, ἐὰν μὲν αἱρεθῇ ὑπὸ πολεμίων, ἐὰν δὲ κρίνῃ ὁ κριτὴς ἀδικεῖν.

ἀλλά, *but.*

ἀλλὰ νὴ Δία οὕτως τις σημαίνει τὸ ὑπὸ τοῦ ἐναντίου λεγόμενον, ἵνα ἐξετάσῃ ἀντιλέγων.

ἀλλήλους, -λων, *each other.*

ἀλλοιόμορφος δεινὸς τὴν μορφήν, θαυμάσιος.

ἄλλος, *other, another; besides.*

ἄλλοτε, *sometimes,* ἐνίοτε, ἔστιν ὅτε.

ἀλλότριος οὐκ οἰκεῖος· τὰ τῶν ἄλλων ἀλλότρια ἂν εἴη, τὰ μὴ ἴδια.

ἄλλως, *otherwise,* ἄλλῳ τρόπῳ, οὐ τῷ αὐτῷ τρόπῳ. — εἰκῇ, ἄνευ νοῦ.

ἄλμη ὕδωρ ἁλμυρόν, ἅλς, θάλαττα.

ἁλόντι αἱρεθέντι. ὅρα τὸ ἁλίσκομαι.

ἅλς, *salt.*

ἀλύω πλανῶμαι ὡς ἐκτὸς ὢν ἐμαυτοῦ.

ἄλφιτα κριθαὶ ἀληλεσμέναι.

ἀλῶ σῖτον ἀλοῦμεν τῇ μύλῃ.

ἀλώπηξ, *fox.*

ἅμα, *together,* μετ' ἀλλήλων οὐ χωρίς.

ἅμαξα, *cart, carriage.* ἐφ' ἁμάξης ὀχούμεθα ἕλκουσι δ' ἅμαξαν ἵπποι ἢ βόες. εἰσὶ δὲ νῦν καὶ αὐτόμαται ἅμαξαι.

ἁμαρτάνω οὐκ ὀρθῶς ποιῶ, σφάλλομαι.

ἀμείβομαι ἀποκρίνομαι.

ἄμεινον μᾶλλον εὖ, κάλλιον.

ἀμείνων μᾶλλον ἀγαθὸς ἢ ἀνδρεῖος.

ἀμέλγω οἶν ἢ βοῦν, πιέζων τὸ οὖθαρ ὥστ' ἐκρεῖν τὸ γάλα.

ἀμέλεια ἐάν τις ᾖ ἀμελής, οὐδὲν μέλει αὐτῷ οὐδενός.

ἀμελῶ τούτου, οὗ μηδέν μοι μέλει.

ἀμήχανος ἐὰν μή τις ᾖ μηχανὴ τοῦ ἐκφεύγειν.

ἅμιλλα ἀγών, *contest.*

ἀμουσία ἀμαθία, ἀβελτερία, φαυλότης τῶν τρόπων.

ἄμουσος ἄνευ μουσικῆς.

ἀμύνω, *drive back, beat off.* ἀμύνομεν τοὺς πολεμίους τοῖς φίλοις ἀμυνόμεθα δ' ἡμῖν αὐτοῖς.

ἀμφί τι, *around, near, about.*

ἀμφί τινος, *about.*

ἀμφιγνοῶ οὐκ οἶδα ὅ τι ποιήσω ἀπορῶ, ἐνδοιάζω.

ἀμφιέννῡμι περιβάλλω ἐσθῆτά τινι. αὐτὸς δὲ καθ' ἡμέραν ἀμφιέννυμαι.

ἀμφιέσασθαι περιβαλέσθαι.

ἀμφικαλύπτω κρύπτω, περιβάλλω.

ἀμῶ τὸ ἀμᾶν ἐστι τὸ θερίζειν, τὸ τὸν σῖτον τέμνειν.

ἀνά τι, *up along, throughout, over.* ἀνὰ δέκα, *by tens.*

ἀναγιγνώσκω, *read.*

ἀναγκάζω βιάζω.

ἀναγκαῖος κατ' ἀνάγκην, ἢ ἀνάγκῃ.

ἀνάγκη, *necessity.*

ἀνάγομαι τὴν ναῦν, ἀρχόμενος τοῦ πλοῦ.

ἀναγωγή ἀρχὴ τοῦ πλοῦ.

ἀναδέω δέω περὶ τῆς κεφαλῆς τῆς ἄλλου τινός· περὶ δὲ τῆς ἐμαυτοῦ, ἀναδοῦμαι.

ἀναδίδωμι ἀναπέμπω.

ἀναδοῦμαι περισφίγγομαι περὶ τῆς κεφαλῆς.

ἀναζητῶ ζητῶ μετὰ σπουδῆς.

ἀνάθημα ὃ δίδομεν τοῖς θεοῖς, ἀναθέντες ἐν τοῖς νεῴς.

ἀναιδής ἄνευ αἰδοῦς· ἀναίσχυντος. ἐὰν μή τις ἔχῃ αἰδῶ, ἀναιδής ἐστιν.

ἀναιρῶ ἀναλαμβάνω.

ἀνακαλύπτομαι ἀποβάλλω τὸ κάλυμμα.

ἀνάκειμαι τοῖς θεοῖς ἀνατιθέασιν ἀναθήματα ταῦτα δ' ἀνάκειται.

ἀνακρούομαι (ἐπὶ) πρύμναν, *back water, hold up the ship,* ἔμπαλιν ἐρέττω.

ἀνακρούω ἵππον ἐλαύνω ὥστε βαίνειν ἔμπαλιν, ἔχοντα τοὺς ὀπισθίους πόδας ἔμπροσθεν.

ἀνακύπτω ἐξωθῶ τὴν κεφαλὴν ὑπέρ τινος.

ἀναλαμβάνω ἀναψύχω.

ἀνᾱλίσκω δαπάνην δίδωμι· ἀργύριον ἀποδίδωμι καὶ χρόνον ἀναλίσκοι τις ἄν, καὶ φροντίδας, καὶ ἄλλα.

ἀναμένω, *wait.*

ἀναμιμνήσκω εἰς μνήμην ἐπαναφέρω, ὥστε μὴ λελῆσθαι.

ἀνανεύω οὔ φημι, ἀναβάλλων τὴν κεφαλήν. ἐὰν δὲ φῶ, κατανεύω.

ἀναπήγνῡμι ἀνατίθημι ἀνάθημα.

ἀναρχίᾱ τὸ μηδένα ἄρχειν· ὅταν ἄρχῃ μηδείς.

ἀνασκάπτω ἐκ τῆς γῆς τὸ ἐναντίον τοῦ κατορύττειν.

ἀνασπῶ, *pull up.* ἀνασπᾷ μέν τις ἀγκύρας, ἀποσπᾷ δὲ ξίφος ἐκ τοῦ κολεοῦ.

ἀναστενάζω στένω. στένουσι δ' οἵ τε θρηνοῦντες καὶ τῶν ὀρνίθων ἔνιοι.

ἀνατέλλω μετὰ τὴν ἔω ἀνατέλλει ὁ ἥλιος, νυκτὸς δ' ἀνατέλλει ἥ τε σελήνη καὶ τὰ ἄστρα αὕτη δ' ἐστὶν ἀνατολή.

ἀνατρΐβω ἐὰν ψυχρὰ ᾖ τὰ σκέλη καὶ τὰ τοιαῦτα, ἀνατρίβοντες ταῖς χερσὶν θερμαίνομεν.

ἀναφέρω, *lift.*

ἀναχωρῶ, *retire,* βαίνω πρὸς τὸ ὄπισθεν. ἀναχωροῦσιν οἱ πολέμιοι ὅταν πάλιν οἴκαδε πορεύωνται.

ἀναψυχή παυλα, παραμύθιον.

ἀναψΰχω ἀναψυχὴν παρέχω καὶ ἡσυχίαν, ὥστε ἀναπνεῖν καὶ ἀναβιοῦν πάλιν.

ἀνδράποδον δοῦλος.

ἀνδρεῖος οὐ δειλός, ἀλλ' ὡς πρέπει ἄνδρα εἶναι.

ἀνδριᾱς εἰκὼν ἀνδρός· λέγοις δ' ἂν ἄλλο μὲν τὸν ἀνδριάντα, ἄλλο δὲ τὸ ἄγαλμα.

ἀνδρών τὸ τῶν ἀνδρῶν δωμάτιον.

ἀνέκραγον ἐβόησα.

ἄνεμος, *wind;* αὔρα Βορέας, Νότος, Ζέφυρος, Εὖρος. πνεῖ καὶ φυσᾷ ὁ ἄνεμος.

ἄνευ τινός, without.

ἀνήρ ἄνθρωπος ἄρρην.

ἀνθρακεὺς καίει ἄνθρακας.

ἄνθραξ καίουσι μὲν ξύλον ὥστε μέλαν γενέσθαι, καὶ τούτῳ χρῶνται οἱ μαγειροὶ ἵνα ὀπτῶσι κρέα. οὗτοι δ' εἰσὶν ἄνθρακες.

ἀνθρώπινος ἀνθρώπου, ἢ ὥσπερ ἀνθρώπου.

ἀνίκητος ἀήττητος, οὐ νενικημένος.

ἀνιῶμαι ὀδύνην ἔχω· ταλαιπωρῶ.

ἄνοδος ἡ ἄνω ὁδός.

ἀνοίγω, *open (v.).*

ἀνοικτός, *open (adj.).*

ἀνόσιος ἀνόσιον ὃ μὴ ἔξεστι πράττειν ἀσεβές· ἐχθρὸν τοῖς θεοῖς.

ἀνταμείβομαι ἀποκρίνομαι, λέγω ἐρωτηθείς.

ἀντέχομαί τινος, ὅταν ἀντιλαμβάνωμαι αὐτοῦ, μηδὲ ἐθέλω ἀφιέναι.

ἀντέχω βεβαιὸς ὢν οὐκ ἀναχωρῶ.

ἀντί τινος, *instead.*

ἀντλίᾱ ὕδωρ ἐστὶν ἐν κοίλῃ νηΐ, ἣν ἐξαντλοῦσιν οἱ ναῦται, μὴ καταποντισθῇ.

ἄντρον κοῖλος τόπος ἐν πέτρᾳ.

ἀντῳδός ἀκούσας τις ᾠδήν, ᾄδοι ἂν ᾠδὴν ἀντὶ ταύτης ἀντῳδόν.

ἀνυπόδητος ἄνευ ὑποδημάτων, ἀπέδιλος.

ἀνύω τελῶ, τελευτῶ. ἀνύσας ποιῶ ταχέως ποιῶ.

ἄξενος οὐ φιλόξενος.

ἀξίᾱ ἐστὶ τοῦθ', οὗπερ ἄξιόν ἐστί τι.

ἀξΐνη, *axe.*

ἄπᾱγε ἄπαγε σεαυτόν, ἢ ἄπαγε, ἀπελθέ οὐκ ἂν φθάνοις ἀπελθών;

ἀπαγορεύω κάμνω.

ἀπαλός μαλθακός, μαλακός· οὐ σκληρός, οὐ τραχύς.

ἀπαμΰνω κατίσχω ὥστε μὴ πλησίον ἰέναι ἀπωθῶ.

ἀπαντῶ βαίνω ἐναντίον. ἀπαντᾷ δ' ὃς ἂν
ἐντύχῃ τινί. —ἀποκρίνομαι λέγων,
ἀνταμείβομαι.

ἅπαξ, *once.*

ἀπαρτῶ δέω ἔκ τινος, ἐξαρτῶ δεσμοῖς
χρώμενος.

ἅπᾶς πᾶς.

ἀπάτη δόλος· τὸ ψευδές· τὸ μὴ ἀληθές.

ἀπέδρᾶ, ἀπέδρᾱμεν ὅρα τὸ τρέχω.

ἀπειλῶ λέγων δράσειν τι κακὸν ἀπειλεῖ τις
αὕτη δ' ἂν εἴη ἀπειλή.

ἀπεῖπον ἔκαμνον.

ἀπέχει, *is distant.*

ἀπηλλάγη ἀπῆλθεν.

ἁπλοῦς, *simple.* ἁπλούστερος, -τατος.

ἄπνοια ἐπειδὰν μὴ πνέωνται οἱ ἄνεμοι, ἢ
μὴ πνέῃ ἄνθρωπος.

ἄπνους ἄνευ πνεύματος.

ἀπό τινος, *from.*

ἀποβάθρᾱ ᾗ ἐκβαίνουσιν ἐκ τῆς νεώς.

ἀποδίδομαι πωλῶ, ὦνον λαβών.

ἀποδιδράσκω ἀποτρέχω.

ἀποδίδωμι οἷ' ἂν χρῇ διδόναι.

ἀποδύω περιαιρῶ ἐσθῆτά τινι.

ἀποθήκη ἐν ταύτῃ ἀποτίθεμεν καὶ σῖτον
καὶ ἄλλα.

ἀποθνήσκω τελευτῶ τὸν βίον.

ἀποθραύω θραύσας ἢ παίσας ῥήγνυμι ἀπό
τινος.

ἀποικοδομῶ οἰκοδομῶ τεῖχος ἐγκάρσιον,
ὥστε μὴ δίοδον εἶναι.

ἀποκρύπτω καλύπτω εὖ.

ἀποκτείνω, *kill.* ὃν ἂν ἀποκτείνῃς, οὗτος
ἀποθνήσκει, καὶ νεκρὸς γίγνεται ἤδη.

ἀπολαύω μετέχω.

ἀπόλλῡμι διαφθείρω· ἀφανίζω.

ἀπομάττω ἀπομόργνυμι, καταψῶ, τρίβω
ταῖς χερσίν.

ἀπόμνῡμι μὴ ἔχειν ὅ τι μὴ ἔχω ὄμνυμι δ'
ἔχειν ὅ τι ἂν ἔχω.

ἀπομύττομαι καθαίρω τὴν ῥῖνα μετὰ
φυσήματος, ὥσπερ σαλπιγκτὴς
σαλπίζων τῇ σάλπιγγι.

ἀπονίζω (-νίψω, -ένιψα) λούω, ἀπολούω
ὕδατι.

ἀπορῶ οὐκ ἔχω πόρον οὔτε μηχανήν, ᾗτινι
χρήσομαι.

ἀποσβέννῡμι σβέννυμι.

ἀπόστασίς ἐστιν τὸ μεταξύ, ὅταν
ἀποστῶσιν ἀλλήλων τινὲς καὶ
ἀπέχωσιν.

ἀποστρέφω καὶ ἀποτρέπω καὶ
ἀποτρέπομαι.

ἀποχωρῶ ἀπέρχομαι.

ἅπτομαι θιγγάνω.

ἀπωθῶ, *reject;* ἀπαμύνω.

ἀπώλετο διεφθάρη, ἠφανίσθη, φροῦδος
ἐγένετο.

ἆρα (*question-mark*).

ἄρα, *therefore, then.* ταῦτ' ἄρα, then that
was why.

ἀράχνη, *spider.* ἡ δὲ νεῖ ἀράχνια.

ἀράχνιον νῆμα ἀράχνης.

ἀργός ἄνευ ἔργου· οὐκ ἐνεργός κενός·
κείμενος μάτην.

ἀργύριον, *money.*

ἄργυρος, *silver.*

ἀργυροῦς, *silvern.*

ἀριθμός, *number.* ἡ τοῦ ἀριθμοῦ τέχνη
ἀριθμητικὴ ἂν καλοῖτο.

ἀριθμῶ, *count.*

ἀριστεῖα τἀριστεῖα ἔπαινος καὶ μισθὸς τοῦ
ἀρίστου.

ἀριστερός, *left.* αἱ χεῖρές εἰσιν ἡ μὲν δεξιά,
ἡ δὲ ἀριστερά.

ἄριστον, *breakfast.*

ἄριστος μάλιστα ἀγαθός. (ἀγαθός,
ἀμείνων, ἄριστος.)

ἀριστῶ ἄριστον ἐσθίω. ὅρα τὸ ἄριστον.

ἄρκτειος ἄρκτου (bear).

ἀρκτοῦρος ἄστρον ἐστί, ἀνατέλλει δὲ πρὸς τὸ φθινόπωρον, μηνὸς Βοηδρομιῶνος.

Ἁρμόδιος καὶ Ἀριστογείτων ἀπέκτειναν Ἵππαρχον, ἀδελφὸν ὄντα Ἱππίου τοῦ Ἀθήνησιν τυράννου· ἐτυράννευε δ᾽ ὁ Ἱππίας ἔτι τέτταρα ἔτη μετὰ ταῦτα ἐξέπεσεν, καὶ κατέστη δημοκρατία.

ἁρμονίᾱ συμφωνία καὶ κόσμος.

ἄρνες ὁ ἀμνός, τοῦ ἀρνός, τῷ ἀρνί, τὸν ἄρνα, καὶ τὰ λοιπὰ οὕτως τέκνον τοῦ προβάτου.

ἀροτὴρ ἢ **ἀρότης** ἀροῖ τὴν γῆν ἀρότρῳ.

ἄροτρον ὄργανον τοῦ τὴν γῆν ἀροῦν.

ἄρρην ὁ ἀνὴρ ἄρρην, ἡ δὲ γυνὴ θήλεια.

ἄρριχος κανοῦν.

ἄρτι νεωστί.

ἀρτιγέννητος ἄρτι γεγενημένος.

ἄρτος, *bread.* ἀμείνων ἐστὶν ἄρτος μάζης ὅρα τὸ μᾶζα.

ἀρχαῖος παλαιός, τοῦ πάλαι.

ἀρχεῖον οἴκημα ἐν ᾧ ὁ ἄρχων κάθηται· τὰ δ᾽ ἀρχεῖα ἄλλα τ᾽ ἐστὶ καὶ τὰ δημόσια γράμματα.

ἀρχή τὸ ἄρχειν.

ἀρχηγός ἄρχων, πρῶτος· ὃς ἂν ἄρχῃ καὶ ἄγῃ.

ἀρχήν τὴν ἀρχήν, at all.

ἀρχιδιδάσκαλος, *chief instructor.*

ἄρχω, *rule.* ἄρχει ὁ ἄρχων τῶν ἀρχομένων.

ἀρῶ ἀροῖ τις τὴν γῆν ἀρότης ὤν, πρῶτον μὲν καθιεὶς τὸ ἄροτρον, ἔπειτα ἐλαύνων τὼ βόε ὥστε κατατέμνει αὔλακας ἐν τῇ ἀρούρᾳ.

ἀρωγή βοήθεια.

ἀσέβεια οἱ ἀσεβεῖς ποιοῦσι τὰ θεοῖς ἐχθρά, ἀμελοῦντες τῶν θεῶν.

Ἀσκληπιεῖον ἱερὸν ἢ τέμενος Ἀσκληπιοῦ, θεοῦ ἰατροῦ.

ἀσκός ὥσπερ σάκκος δερμάτινος· ἐξέδερον γὰρ τοὺς αἶγας καὶ ἐποίουν τὸ δέρμα ἀσκόν, ὥστε ἐγχέαι οἶνον.

ἀσκῶ ποιῶ τι κατ᾽ ἔθος. ἀσκεῖ δέ τις τέχνην, ἀσκῶν δὲ ἔμπειρος γίγνεται· ἀσκοίη δ᾽ ἂν καὶ ἀρετὴν καὶ κακίαν.

ᾆσμα ᾠδή. ᾄδομεν ᾄσματα.

ἄσμενος, *willing,* ἑκών, οὐκ ἄκων, ἑκούσιος, οὐκ ἀκούσιος.

ἀσπάζομαι ξένος ξένον ἀσπάζεται, καὶ καλεῖ ἐπὶ ξενίαν.

ἀστήρ ἄστρον. λάμπουσι δ᾽ οἱ ἀστέρες ἐν τῷ οὐρανῷ.

ἀστράγαλος, *knuckle-bone.*

ἀστραπή, *lightning.* ἀστράπτει ἡ ἀστραπή.

ἀστράπτω ἀστράπτει ὁ Ζεὺς ἀστραπὴν δεικνὺς ἐκ τῶν νεφελῶν, μετὰ βροντῆς.

ἄστρον, *star,* ἀστήρ. ἄστρα ἢ ἀστέρες φέγγη μέν εἰσιν ἐν τῷ οὐρανῷ, ἀλλ᾽ οὐ τὰ μέγιστα φέγγη.

ἄσχολος ἐνεργός, ἄνευ σχολῆς.

ἀτελής ἄνευ τελῶν ἢ φόρων. τὰ γὰρ τέλη φόρος ἐστίν, ὃν ἀποδιδόασιν οἱ πολῖται τῇ πόλει.

ἄτρακτος, *spindle.*

ἀτραπός ὁδὸς στενή ἐστιν ἡ ἀτραπός.

ἄττα, *neut. pl. of indef.* τις.

ἅττα, ἅτινα, *neut. pl. of* ὅστις.

Ἀττικὴ γῆ ἡ περὶ τῶν Ἀθηνῶν.

ἀτυχίᾱ κακὴ τυχή, δυστυχία.

αὖ, αὖθις πάλιν.

αὐλή, *courtyard.* κενόν ἐστι χωρίον πρὸ τῆς οἰκίας.

αὐλός ὄργανον τῆς μουσικῆς· κάλαμος δ᾽ ἐστὶν ἔχων τρήματα πολλά.

αὐλῶ χρῶμαι αὐλῷ, ὄντι ὀργάνῳ μουσικῷ· αὐλῶν δ᾽ εἰμὶ αὐλητής, ὁ δὲ φθόγγος αὔλημα.

αὐξάνω μεῖζον ποιῶ.

αὖος ξηρός, οὐχ ὑγρός.

αὐτίκα, *now; for example.*

αὐτόγυον ἄροτρον αὐτόγυόν ἐστιν, ἐὰν ὁ
γύης αὐτόφυτος ᾖ μηδὲ συμπηκτός.

αὐτόθεν εὐθύς.

αὐτοῖς ὀβελοῖς μετὰ τῶν ὀβελῶν.

αὐτομολῶ ὁ ἀποδιδράσκων καὶ ἀποφεύγων
δοῦλος αὐτομολεῖ ὡσαύτως δὲ καὶ ὁ
πρὸς πολεμίους φεύγων.

αὐτόπτης ὁρῶν αὐτός.

αὐχήν τράχηλος· τὸ μεταξὺ κεφαλῆς τε καὶ
σώματος.

ἀφαίρεσις τὸ ἀφαιρεῖν· μόνον οὐ κλοπή.

ἀφαρπάζω βίᾳ λαβὼν ἀποφέρω.

ἄφθονος ἄνευ φθόνου· πολύς.

ἀφίημι οὐ κωλύω τινὰ μὴ οὐκ ἀπελθεῖν. καὶ
δὴ καί τις ἀφίησι τόξα τε καὶ ἄλλα βέλη.

ἀφικνοῦμαι ὁδοιπορῶν πρῶτον μὲν
ὁρμᾶταί τις καὶ ἄρχεται τῆς ὁδοῦ μετὰ
ταῦτα πορεύεται καὶ ἐν ὁδῷ ἐστι τέλος
δ᾽ ἀφικνεῖται οἷπερ ἦν ὡρμημένος.

ἄφνω ἐξαιφνῆς, ἀπροσδοκήτως.

ἀφορῶ μόλις ὁρῶ πόρρωθεν, μακρὰν
βλέπω, ἀποβλέπω, ἀμελήσας τῶν
ἄλλων.

ἀφρασμόνως ἄνευ τοῦ φράζεσθαι,
ἀπερισκέπτως, ἄνευ νοῦ.

ἄφραστος δυσμαθής· χαλεπὸς μαθεῖν.

Ἀφροδίτη θεὰ ἐρωτική.

ἄχθομαι λυποῦμαι, χαλεπῶς φέρω.

ἄχρι οὗ ἕως.

ἄχρι τινός, *up to, as far as*, μέχρι.

ἄχυρον ἀπόντων τῶν σταχύων, τὸ ἄλλο
ἄχυρόν ἐστιν.

βαδίζω, *walk*. βαδίζεις δὴ τοῖς ποσὶ
χρώμενος.

βακτηρίᾱ ξύλον, σκῆπτρον.

βάλανος καρπὸς δρυῶν. τοῦτον δὲ
τρώγουσιν οἱ χοῖροι.

βαπτίζω καθίημι εἰς τὸ ὕδωρ, βρέχω.

βάρος, *weight*. τὸ βάρος βαρύ ἐστιν, καὶ
βαρύνει τινά.

βαρύνομαι ὀργίζομαί πως, χαλεπῶς φέρω,
ἄχθομαι.

βαρύς φωνὴ βαρεῖα μὲν ἀνδρός, ὀξεῖα δὲ
γυναικός.

βασιλεύς ἄρχων πόλεως οὐ καθ᾽ αἵρεσιν
ἀλλὰ κατὰ γένος.

βασιλεύω βασιλεύς εἰμι.

βασιλικός τοῦ βασιλέως.

βασκαίνω, *bewitch with the evil eye*.
βασκανία ἐστὶν αὕτη, ὁ δὲ βασκαίνων
βάσκανος.

βαστάζω φέρω.

βάτος, *bramble*.

βάτραχος τοῦτο τὸ ἕρπετον κράζει
βρεκεκεκὲξ κοὰξ κοάξ, οἰκεῖ δ᾽ ἐν ἕλεσι
καὶ λίμναις.

βεβυσμένος κεκλησμένος· ὅρα καὶ τὸ βύω.

βῆμα ἴχνος βαίνοντος. καὶ δὴ καὶ τὰ ἴκρια,
ἐφ᾽ ὧν ἐπιστὰς ὁ ῥήτωρ λέγει ἀναβαίνει
μὲν ἐπὶ τὸ βῆμα, καταβαίνει δ᾽ ἀπὸ τοῦ
βήματος.

βίᾱ, *force*, κράτος.

βιβλίον μικρὰ βίβλος. ἔνεστι δ᾽ ἐν τῷ
βιβλίῳ γράμματα.

βλαβερός ὅ τι ἂν βλάπτῃ, βλαβερόν ἐστιν.

βλάπτω κακὸν ποιῶ.

βλαστάνω, *grow, sprout*.

βλαύτη, *slipper*. ὑπόδημα κομψόν. ἄλλο μὲν
βλαύτη, ἄλλο δὲ κόθορνος.

βλέπω, *see*, ὁρῶ, θεῶμαι.

βληχή τὰ πρόβατα βληχᾶται οὕτως βῆ βῆ·
καὶ αὕτη δὴ βληχή.

βοηθῶ βοήθειαν δίδωμι, ἀμύνω τινί.

βοΐδιον βοῦς μικρός.

Βοιωτίᾱ γῆ ἐστιν ὅμορος τῇ)Αττικῇ. ἐν
μέσῳ δὲ τούτων Κιθαιρὼν ὄρος.

βόλος τὸ βαλλόμενον. βόλος ἰχθύων, ὅταν
βάλλωσι τὰ δίκτυα οἱ ἁλιῆς.

βόμβος φθόγγος μελιττῶν, αἵπερ
βομβοῦσιν.

βομβῶ βόμβον ποιούμενοι βομβοῦσιν αἵ τε μέλιτται καὶ οἱ σφῆκες.

βόρειος μετὰ βορέου ἀνέμου.

βόσκημα βοῦς ἢ αἴξ ἢ πρόβατον ἅπερ βόσκεται ὑπ' ἀνθρώπων, ταῦτα βοσκήματα.

βόσκω βόσκει τις τὰ ζῷα νέμων, καὶ τροφὴν διδοὺς ἐν νομῷ. τὰ δὲ βόσκεται.

βοτάνη πόα.

βουκόλος φυλάττει τοὺς βοῦς, βουκολεῖ τοὺς βοῦς.

βουκολῶ βουκολεῖ ὁ βουκόλος φύλαξ ὢν τῶν βοῶν.

βουλευτήριον οἴκημα τῆς βουλῆς.

βουλή, *advice, counsel.* βουλεύει δ' ὁ βουλευτὴς βουλὰς διδούς.

βοῦς, *ox, cow.*

βοῶ βοὴν ποιοῦμαι.

βραχέως ὀλίγοις λόγοις, οὐ πολλὰ λέγων.

βραχίων τὸν βραχίονα λέγοις ἂν τὸ ἀπὸ τοῦ ὤμου μέχρι τῆς χειρός.

βραχύς οὐ μακρός, ἐλαχύς.

βρέφος παιδίον νεογέννητον βρέφος λέγοις ἄν.

βρέχω ὑγρὸν ποιῶ. ἐάν τινα καταλάβῃ ὑετός, μετ' ὀλίγον βεβρεγμένος ἐστίν.

βροντή, *thunder.* βροντᾷ ἡ βροντή.

βροντῶ βροντᾷ ὁ Ζεὺς βροντὴν ποιούμενος ἐν ταῖς νεφέλαις μετὰ ψόφου.

βρόχος κύκλος σχοινίου ᾧπερ αἴρεται ἡ κεφαλὴ ἢ ὁ τράχηλος.

βρύχιος ψόφον ποιούμενος μέγαν, ὥσπερ βροντήν.

βύβλινος τῆς παπύρου.

Βυζάντιον ἐπὶ Βοσπόρου ἐστὶ πόλις, οὗ καὶ ὕστερον Κωνσταντίνου πόλις ἐκτίσθη.

βυθός, ὁ τὸ βάθος.

βύω εἰσωθῶ τι εἰς ὀπήν, ὥστε κλῄειν αὐτήν.

βωμός, *altar.* οὐκ ἦν ἐν τῷ νεῷ ὁ βωμός, ἀλλ' ἔξω ὑπὸ Διός.

γαλαθηνός πίνων ἔτι γάλα.

γαλήνη ἡσυχία τῆς θυλάττης.

Γαμηλιών, *January.*

γάμος γίγνεται, ὅταν τις ἀνὴρ γυναῖκα λάβῃ καὶ ὁ μὲν γαμεῖ, ἡ δὲ γαμεῖται. τοὺς δὲ γάμους λέγοιεν ἂν τὴν ἑορτὴν τοῦ γάμου.

γάρ, *for.*

γαστήρ εἰς τὴν γαστέρα καθίεμεν τὰ σιτία ἐσθίοντες.

γαστρίμαργος δοῦλος τῆς γαστρός.

γαυλός, *milk-pail.*

γεγώς γεγονώς, πεφυκώς, ὤν.

γείτων οἱ γείτονες πλησίον οἰκοῦσι. κακὸς δὲ γείτων μέγα κακόν.

γελοῖος διὰ τὰ γελοῖα γελῶ.

γελῶ, *laugh.* γελᾷ ὁ γελαστὴς γέλασμα ποιεῖ δὲ γελᾶν ὁ γελωτοποιός. τὸ δὲ γελᾶν, γέλως.

γελωτοποιός ὁ ποιῶν ἄλλους γελᾶν.

γένειον τὸ ὑπὸ τοῦ στόματος· ἐπὶ δὲ τοῦ γενείου ἔπεστιν ὁ πώγων.

γενναῖος εὐγενής, ἄριστος, οὐκ ἀγεννής.

γένος, *kind.* πολλὰ γένη ἐστὶ τῶν νεῶν.

γένυς ἐν τῷ γένυι πεπηγμένοι εἰσὶν οἱ ὀδόντες τὸ δὲ στόμα ἔνδον δύο ἔχει γένυε.

γεραιός οὐ νέος.

γεραίτερος μᾶλλον γεραιός, πλείω ἔτη γεγονώς.

γέρων ἀνὴρ πολλὰ ἔτη γεγονώς γέροντα δ' ἂν ὀρθῶς λέγοις οὐ κατ' ἔτη, ἀλλὰ κατ' ἤθη. (γεραίτερος, γεραίτατος.)

γεωργός, *farmer,* γεωργεῖ δ' ἐν ἀγροῖς ἐργάζεται τὴν γῆν.

γῆ, *land, soil, earth.*

γῆρας ἡλικία γερόντων.

Γίγας τέρας ἐστί, τὸ μέγεθος οὐ κατ' ἄνθρωπον οἱ δὲ Γίγαντες πόλεμον καταστήσαντες τοῖς θεοῖς ἐνικήθησαν.

γιγνώσκω κρίνω.

γλαῦξ, *owl.* τὴν γλαῦκα δὲ λέγοις ἂν ὀρθῶς λέγων Ἀθηνᾶς ὄρνιθα.

γλεῦκος ὀπὸς βοτρύων.

γλυκύς ἡδύς.

γλῶττα, *tongue.* τῇ γλώττῃ λέγομεν.

γνώμη διάνοια· τὸ ἐν τῷ νῷ· τὸ γιγνωσκόμενον.

γνωρίζω γιγνώσκω ἰδών. γνώριμος δὲ ὁ γνωριζόμενος.

γνώρισμα σημεῖον ὥστε γνωρίζειν.

γνωστέον δεῖ γιγνώσκειν.

γόμος ὅ τι ἂν ᾖ ἐν νηῒ φορτική, γόμος ἐστί σῖτος ἢ οἶνος ἢ ἄλλα ἐμπόρια.

γόμφος πάτταλος· ἧλος· τούτοις συζεύγνυμεν ἄττα, θείνοντες ῥαιστῆρι.

γόνυ, ἀφὴ τοῦ σκέλους, ἡ μεταξὺ μηροῦ καὶ κνήμης.

γοῦν, *at least.*

γρῖφος ἐν συμποσίῳ οἱ συμπίνοντες ᾔκασαν ἀλλήλους, λέγοντες ὅ τι ὁ δεῖνα ὅμοιός ἐστι τῷ τοιούτῳ οὕτω γὰρ καὶ ἔπαιζον καὶ ἐπήνουν ἀλλήλους οὗτος δή· στι γρῖφος. ἦν δὲ καὶ αἴνιγμα ὁ γρῖφος.

γρῦ οἱ χοῖροι κοΐζουσι γρῦ γρῦ, οὐκ εὔφωνοι ὄντες δή.

γρύζω λέγω γρῦ· οὐδὲ γρύζειν ἔξεστιν οὐ λέγειν ἔξεστιν οὐδέν οὐ λέγω οὐδὲ γρῦ.

γρυλλίζω οἱ σύες γρυλλίζουσι κοΐζουσι γρῦ γρῦ.

γρύψ, *griffin.*

γύης, *plowtail.*

γυμνάσιον ἐν γυμνασίῳ γυμνάζονται, ἄλλως τε καὶ παλαίοντες καὶ ἀκοντίζοντες καὶ τρέχοντες.

γυμνῶ γυμνὸν ποιῶ. ἐάν τις περιαιρῆται τὰς ἐσθῆτας, γυμνοῖ ἑαυτόν. γυμνοῦται δ᾽ ἡ γῆ τοῦ χειμῶνος.

γύψον, *chalk.*

δαίς ἑστίασιν ἢ μέγα δεῖπνον λέγοις ἂν τὴν δαῖτα.

δάκνω δάκοις ἂν τοῖς ὀδοῦσιν.

δακρύω δάκρυα καταβάλλω ἀπ᾽ ὀφθαλμῶν, κλαίω μετὰ δακρύων.

δάκτυλος, *finger.* ἡ χεὶρ ἔχει πέντε δακτύλους, ὁ δὲ ποὺς πέντε.

δανείζω κίχρημι ἀργύριον ὥστε λαβεῖν πάλιν μετὰ τόκου ὁ δὲ λαβὼν δανείζεται.

Δᾱρεῖός τῶν Περσῶν ἢ Μήδων βασιλεύς.

δᾷς ξύλον καιόμενον, λαμπάς. φῶς διδόασιν αἱ δᾷδες.

δασύς λάσιος, πολλὰς τρίχας ἔχων.

δεῖ, *needs, wants.* δεῖ μοι τούτου, ὃ μὴ ἔχω ἀλλ᾽ ἔχειν ἐθέλω.

δειλός φαῦλος· τὸ ἐναντίον τοῦ ἀνδρείου, ὥσπερ καὶ ἡ δειλία τῆς ἀνδρείας.

δειμαίνω δέος ἔχω.

δεῖπνον, *dinner, supper.*

δειπνῶ δεῖπνον ἐσθίω. ὥρα τὸ δεῖπνον.

δείσᾱς φοβηθείς, τρέσας, ὀρρωδῶν.

δεκάδραχμον νόμισμα δέκα δραχμῶν.

δεκάς ἀριθμὸς τῶν δέκα ἡ δεκάς.

δεκάτη μοῖρα δεκάτη τῆς προσόδου μία μοῖρα τῶν δέκα μοιρῶν.

δέλεαρ οἱ ἁλιῆς ἁλιεύσοντες, κρέας ἐπὶ τοῦ ἀγκίστρου ἐπιτιθέασι δέλεαρ τοῦτο.

Δελφοί πόλις τῆς Φωκίδος, πλησίον οὖσα τῷ Παρνασῷ, ἐν ᾗπερ ἦν ἱερὸν καὶ μαντεῖον Ἀπόλλωνος.

δένδρον, *tree.*

δεξιός, *clever, dexterous.*

δεξιὰ χείρ, *right hand.* αἱ χεῖρές εἰσιν ἡ μὲν δεξιά, ἡ δ᾽ ἀριστερά.

δέομαι ἱκετεύω.

δέος προσδοκῶντες κίνδυνον ἐν δέει ἐσμέν.

δέπαστρον ποτήριον.

δέραια ὁ περὶ τῆς δέρης κόσμος.

δέρη τράχηλος, αὐχήν.

δέρμα δορά· τὸ ἔξω τοῦ σώματος ἐν τῷ δέρματι συνέχεται ὀστᾶ τε καὶ σάρξ.

δεσμεύω δέω δεσμοῖς.

δεσμός, *bond, tie.*

δεσπότης κύριος τῆς οἰκίας, ἢ τῶν δούλων.

δεῦρο πρὸς τοῦτον τὸν τόπον, ἐνταυθοῖ.

δεῦτε δεῦρο ἴτε.

δεύτερός ἐστιν ὁ μετὰ τὸν πρῶτον.

δέχομαι λαμβάνω ἑκών, ἀσπάζομαι.

δέω, *bind.* **δέομαι,** *ask, want.*

δή *emphasizes.* καὶ δή, (1) *now suppose;* (2) *there you are then.*

δῆγμα δάκνοντός τινος δῆγμα γίγνεται τὸ δάκνειν.

δῆλος, *plain,* ἢ φανερός, σαφής. εὖ ὁρῶμεν τὰ δῆλα ὄντα, κακῶς δὲ τὰ μὴ δῆλα, οὐδαμῶς δὲ τὰ ἄδηλα.

δήμαρχος ἄρχει τοῦ δήμου.

δημεύω ἡ πόλις βίᾳ λαβοῦσα τὰ τῶν προδοτῶν, δημεύει. δήμευσις δ' αὕτη.

δημηγόρος ὁ λέγων παρὰ τῷ δήμῳ καὶ ἐρεθίζων τοὺς φαύλους.

δημιουργός τέκτονές τε καὶ οἱ ἄλλοι τεχνῖται, καὶ κοροπλάθοι καὶ λιθοτόμοι.

δημιουργῶ ἐργάζομαι δημιουργὸς ὤν.

δημοκρατία ἐστὶν ὅπου ἂν κρατῇ ὁ δῆμος καὶ οἱ πολλοὶ τῶν πολιτῶν, ἀλλὰ μὴ οἱ ὀλίγοι μηδὲ βασιλεὺς μηδὲ τύραννος.

δῆμος, (1) *people;* (2) *deme, district, or parish.*

δημόσιος τοῦ δήμου.

δημότης ὁ ἐν δήμῳ, ὥσπερ πολίτης ὁ ἐν πόλει.

δημοτικός τοῦ δήμου· τὸ κατὰ τὸν δῆμον ἕκαστόν ἐστι δημοτικόν.

δήπου, *no doubt, I suppose.*

διά τι, *on account of.*

διά τινος, *by means of, through (a place).* **διὰ χρόνου,** *after a time;* **διὰ τάχους,** *quickly;* **δι' ὀργῆς,** *in anger.*

διάγω τὸν βίον διάγω, ζῶ.

διαδόχος ἕτερος μεθ' ἕτερον ἔχων τι, διαδόχος ὢν διαδέχεται.

διαδρομή εἰσβολὴ εἰς τὴν γῆν καὶ δρόμος διὰ τῆς γῆς.

διαθέω οἱ τρέχοντες ἐν ἁμίλλῃ διαθέουσιν.

διάκειμαι εὖ εὖ ἔχω.

διᾱκονῶ ὑπηρετῶ, ὥσπερ οἰκέτης ποιῶ τὰ δέοντα. διακονεῖ δ' ὁ διάκονος.

διαλάμπω φαίνομαι.

διαλλάττω φίλους ποιῶ.

διαλογίζομαι περισκοπῶ, ἐν φροντίδι εἰμί.

διαλῡω διαλλάττω.

διαμασῶμαι διαμασᾶταί τις δάκνων τι πολλάκις τοῖς ὀδοῦσιν ἀλλὰ μὴ καταφαγών, ἐξελὼν δὲ πάλιν ἐκ στόματος. οὕτω μαλθακὸν γίγνεται τοῦθ' ὅπερ τις διαμασᾶται.

διανέμω διαδίδωμι τὰ μέρη, ἓν ἑκάστῳ.

διαρπάζω διαρπάζουσί τινες βίᾳ διανέμοντες καὶ διαιροῦντες.

διαρραγείης ἀπόλοιο κάκιστα διαρραγείς, τῆς γαστρὸς διαρρηγνυμένης.

διατελῶ ἀεί πως διάκειμαι, ἀεὶ ποιῶ. διατελεῖ γὰρ δακρύων ὁ αἰεὶ δακρύων.

διατρέχω διατρέχουσιν ἅμιλλαν καὶ ἀγῶνα ποιούμενοι, κατ' ἔριν, ἕκαστος ἵνα νικᾷ.

διατρῑβω χρόνον διατρίβω.

διαφέρω ταῦτ' ἂν διαφέροι, ἃ μὴ ταὐτά στιν.

διαφθείρω διόλλυμι, ἀφανίζω.

διαφυή, *division.*

διδακτός ὅ τι ἂν δυνώμεθα διδάσκειν, τοῦτο διδακτόν. καὶ ὃν ἂν διδάξῃς, οὗτος διδακτός.

διδασκαλεῖον ἐν ᾧ διδάσκει ὁ διδάσκαλος.

διδάσκαλος μὲν διδάσκει, μανθάνουσι δ' οἱ μαθηταί.

διδάσκει μὲν ὁ διδάσκαλος, μανθάνουσι δ' οἱ μαθηταί. καὶ δὴ καὶ διδάσκει δρᾶμα ὁ ποιήσας, μανθάνουσι δ' οἱ ὑποκριταὶ καὶ ὁ χορός.

δίδραχμον νόμισμα δυοῖν δραχμαῖν.

διέδρᾱ διέδραμε. τὸ δὲ ῥῆμ’ ἐστὶ διαδιδράσκω.

διέξειμι λέγω ἕκαστα.

διηγοῦμαι διέξειμι, μυθολογοῦμαι.

δίκαιος, *just,* οὐκ ἄδικος.

δικαιοσύνη τὸ δίκαιον· ἡ δικαίου ἀνδρὸς ἀρετή.

δικαστής ὁ δίκην δικάζων· οἱ δὲ δικαζόμενοι ὁ μὲν διώκει, ὁ δὲ φεύγει. εἶτ’ ἀκούσας δὲ τὰ λεγόμενα, ὁ δικαστὴς γιγνώσκει, τοῦ ἀδικοῦντος καταγνούς.

δίκελλα, *pitchfork,* ὄργανον ἔχουσα κάμακα καὶ δύο ὄδοντας.

δίκτυον, *net.*

δινῶ δινεῖ τις περιάγων κύκλῳ οὗτος δ’ ἂν εἴη δῖνος.

διοίγω ἀνοίγω διασχίσας μέσον.

Διονῡσιακός τοῦ Διονύσου, ὅστις ἦν θεὸς ὁ τὸν οἶνον εὑρών.

διότι, *because.*

διπλοῦς δὶς τοσοῦτος.

δίσκος κύκλος χαλκοῦς ὃν ῥίπτουσιν οἱ ἀγωνιζόμενοι.

διφθέρα χλαῖνα δερματίνη ἀγροίκου.

δίφρος, *chair,* ἕδρα, θρόνος. καθίζομεν καὶ ἐφ’ ἕδρας καὶ ἐπὶ δίφρου. ἔστι δὲ καὶ ἅμαξά τις ἣν ἕλκουσι δύο ἵπποι ἢ τέτταρες.

διχάδε ὁ ἐν μέσῳ ἐσχισμένος διχάδε διοίγεται.

δίχηλος χηλὴν ἔχων διπλῆν, ὥσπερ βοῦς καὶ σῦς.

δίψα, δίψος ὅρα τὸ διψῶ.

διψῶ ἐάν τις ἐθέλῃ μὲν πίνειν, δύνηται δὲ μή, οὗτος διψῇ τὸ δὲ διψῆν, ἡ δίψα.

διώβολον ἔχει δύο ὀβολούς.

διώκω τὸν φεύγοντα.

δόλιος, *crafty,* κλεπτικός.

δόλος, *trick.*

δόναξ κάλαμος· φύονται δ’ οἱ δόνακες παρὰ τοὺς ποταμούς.

δορά δέρμα.

δορκάς εἶδός τι ἐλάφων.

δόρυ κάμαξ ἄκοντος· ξύλον· καὶ παρ’ Αἰσχύλῳ ναῦς.

δουλῶ δοῦλον ποιῶ· ἐναντίον δ’ ἐστὶ τοῦ ἐλευθεροῦν.

δράκων ὄφις. ἑρπετόν ἐστι μακρὸν ἄνευ σκελῶν δάκνει δὲ καὶ ἀποκτείνει τῷ ἰῷ.

δρᾶμα γίγνεται ἐν τῷ θεάτρῳ ποιοῦσι δὲ δράματα οἱ κωμῳδοὶ καὶ οἱ τραγῳδοί. ὁ μὲν ποιητὴς διδάσκει τὸ δρᾶμα, οἱ δ’ ὑποκριταὶ ὑποκρίνονται.

δραχμή, *drachma.* νόμισμά’ στιν ἀργυροῦν ἡ δραχμή, ἑκατοστὸν μόριον οὖσα τῆς μνᾶς.

δρεπάνη δρέπανον.

δρέπανον μάχαιρα καμπύλη μετὰ λαβῆς, ᾧ τέμνουσι τὸν σῖτον, θερίζοντες καὶ ἀμῶντες. δρέπω, *pluck, cut.*

δρόμος τὸ τρέχειν· καὶ τόπος ἐν ᾧ τρέχουσιν.

δρῡμοί, *thickets, brushwood.* δρυμοί εἰσι τὰ ταπεινὰ τῶν δένδρων.

δρῦς, *oak.* ἡ δὲ βαλάνους φύει.

δύναμαι οἷός τ’ εἰμί.

δυνατός, *able,* οἷός τε.

δύσις, *setting.*

δύσκολος ἐναντίος οὗτος τῷ εὐκόλῳ.

δυστυχίᾱ κακὴ τύχη.

δῶμα οἰκία.

δωμάτιον, *room,* οἰκίσκος.

δωρεᾱ δῶρον.

δῶρον, *gift,* τὸ διδόμενον. δίδομεν δῶρα.

ἐάν τὸ εἰ μετὰ τοῦ ἄν.

ἔαρ μέρος τοῦ ἐνιαυτοῦ τὸ μετὰ χειμῶνα. ἦρός τοι βλαστάνει τὰ δένδρα.

ἐγγύς, *near,* πέλας, οὐ πόρρω.

ἐγκαλύπτομαι τὴν κεφαλὴν καλύπτομαι.

ἐγκαλῶ κατηγορῶ.

ἐγκάπτω ἀνοίξας τὸ στόμα καταλαμβάνω, καταλαβὼν δὲ κλήω τὸ στόμα εὐθύς.

ἐγκάρσιος, *across.*

ἐγκοιμῶμαι ἐγκαθεύδω· καθεύδω ἐν ἱερῷ.

ἐγρηγορώς ἐξηγερμένος ὕπνου· ἀγρυπνῶν. τὸ δὲ ῥῆμα, ἐγείρω ἐγερῶ ἤγειρα.

ἐγχέω χέω οἶνον εἰς ποτήριον ἐκ κρατῆρος.

ἐγχώριος ὁ ἐν τῇ χώρᾳ.

ἔδαφος ἡ κοίλη ναῦς ἐστι τὸ τῆς νεὼς ἔδαφος τὸ κάτωθεν καὶ ἐντός.

ἔδος ἕδρα, ἱερόν· ἄγαλμα.

ἕδρᾱ, *seat.* καθίζομεν ἐφ' ἕδρας.

ἐδώδιμος ὅσα ἐσθίειν πάρεστιν, ἐδώδιμα.

ἔθειρα τρίχες ἵππων αἱ ἐπ' αὐχένος.

εἰ, *if.* εἰ μή, *except, unless.*

εἶδον ἔβλεψα, ἐθεασάμην.

εἶδος ὄψις, γένος.

εἰέν *Well, very well then.*

εἰκάζω χρώμενος τεκμηρίοις καὶ σημείοις νομίζω.

εἰκών μορφὴ ὁμοία ἢ ζωγραφία.

εἰρηναῖος εἰρήνην μὲν φιλεῖ ὁ τοιοῦτος, μάχην δὲ μισεῖ.

εἰρήνη, *peace.*

εἰρωνείᾱ ἀπάτη ἢ σχήματος ἢ λόγων ἢ ἔργων τὸ κρύπτειν τὰ ἀληθῆ προφασιζόμενον τὰ μὴ ὄντα.

εἴς τι, *to, into.*

εἶτα, *then, next,* ἔπειτα.

ἔκ τινος (ἐξ before vowels), *out of.*

ἕκαστος, *each.* ἕκαστα πάντα, ἅπαντα.

ἕκᾱτι ἕνεκα, χάριν.

ἔκγονος τέκνον.

ἐκδέρω περιαιρῶ τὸ δέρμα.

ἐκκλησίᾱ ἐν τῇ ἐκκλησίᾳ ἐκκλησιάζουσιν οἱ πολῖται, ὅταν δέῃ τι ποιεῖν δημοσίᾳ.

ἔκκριτος ἐκλεχθείς. οὓς ἂν αἱροῖτό τις, οὗτοι ἔκκριτοι.

ἐκκρούω ἐκβάλλω πληγῇ.

ἐκλακτίζω ἵππος ἐκλακτίζει τοῖς ὀπισθίοις ποσὶ βάλλων καὶ λακτίζων.

ἐκμανθάνω εὖ μανθάνω ὥστε λέγειν δύνασθαι ἄνευ τῶν γραμμάτων.

ἑκούσιος, *willing,* οὐκ ἀκούσιος.

ἐκπηδῶ, *leap,* ἅλλομαι. ἐκπηδᾷ δὲ τὸ νεόττιον ἐκ τοῦ ᾠοῦ.

ἐκπίπτω πίπτω ἔκ τινος τόπου, πίπτω ποθέν, ἐκβάλλομαι.

ἐκπράττω, *exact.* ἐκπράττει τά τ' ἄλλα καὶ τοὺς φόρους ὁ κύριος, ἢ ὃς ἂν δίκαιος ᾖ τοῦτο ποιεῖν.

ἐκπρίω ἐκτέμνω πρίονι.

ἐκταράττω φοβῶ, σφόδρα ταράττω.

ἐκτεύς ἕκτον μέρος τοῦ μεδίμνου.

ἐλαιᾱ, *olive.* καὶ δένδρον καὶ καρπός ἐστιν ἐλαία, ἐκ δὲ τοῦ καρποῦ γίγνεται ἔλαιον.

ἔλαιον, *olive-oil.* τῶν ἐλαιῶν πιεζομένων ἔλαιον ἐκρεῖ.

ἐλάτη, *pine.*

ἐλατήρ ἐστιν ὃς ἂν ἐλάσῃ.

ἐλαύνω ἵππους ἐλαύνομεν καὶ βοῦς καὶ ἁμάξας καὶ πλοῖα καὶ δὴ καὶ ὄγμον καὶ αἱμασίαν.

ἐλάφειος τοῦ ἐλάφου. τὰ δ' ἐλάφειά ἐστι τὰ κρέα.

ἔλαφος ἄγριον ζῷον κέρατα ἔχον, ὅπερ καὶ τρέχει εὖ οἱ δὲ κυνηγέται θηρῶσι τά τ' ἄλλα ζῷα καὶ τοὺς ἐλάφους.

ἐλαφρός οὐ βαρίς.

ἐλεεινός οἰκτρός.

ἐλεός, *trencher of wood.*

ἐλεύθερος ἐναντίον τῷ δούλῳ.

ἐλέφας ἆρ' οὐκ οἶσθα ὅ τι εἰσὶν οἱ ἐλέφαντες; φεῦ τῆς ἀμαθίας.

ἐλεῶ οἰκτίρω, δι' οἴκτου εἰμί.

ἕλκω, *pull.*

Ἑλληνικός, *Greek,* Ἕλλην.

ἕλος ὕδωρ ἐπὶ γῆς κείμενον. ἐὰν μὲν βαθὺ ᾖ, λίμνη ἐστίν, εἰ δὲ μή, ἕλος.

ἐλπίς προσδοκία. ἐλπίζομεν καὶ κακὰ καὶ καλά, μάλιστα δὲ καλά, ὥστε κἂν λέγοις καλὴν τὴν ἐλπίδα.

ἔλῡμα, *plowstock.*

ἐμβάλλω ποταμὸς ἐμβάλλει ἢ ἐκβάλλει εἰς τὴν θάλατταν.

ἐμβολή ἔφοδος· ὅταν ἐμβάλληται ναῦς νηΐ.

ἔμβολον τὸ ἔμπροσθε τῆς νεώς, ὅπερ ἐμβάλλεται ἄλλῃ νηῒ ἐν ναυμαχίᾳ.

ἐμμένω ἀγαπῶ, ποιῶ ἃ ὡμολόγηται, κατὰ τὰ ὁμολογούμενα.

ἔμπαλιν, *backwards.*

ἐμπλέω πλέω ἐν νηΐ.

ἐμποδίζω, *hinder, entangle.*

ἐμποδών ἐν ὁδῷ· παρὰ ποσίν. τὸ ἐμποδὼν ἐμποδίζει καὶ κωλύει μὴ ποιεῖν ἃ ἂν ἐθέλωμεν. τὸ δ' ἐναντίον, ἐκποδών.

ἐμποιῶ ἐμβάλλω. ὅταν λύπην ἐμποιῶμεν, ποιοῦμέν τινα λυπεῖσθαι καὶ λυποῦμεν αὐτόν.

ἐμπορίᾱ ἡ ἐμπόρων τέχνη.

ἔμπορος πλεῖ κατὰ θάλατταν καὶ κατὰ γῆν, ὥστε ἀγοράζειν τε καὶ πωλεῖν.

ἔμπροσθε(ν), *in front.*

ἐμπρόσθιος ὁ ἔμπροσθεν.

ἐμφανής φανερός.

ἐμφῦσημα πνεῦμα· καὶ γὰρ φυσᾷ τὸ πνεῦμα.

ἔμψῡχος ἔχων ψυχήν, ζῶν.

ἔν τινι, *in.*

ἔναγχος νεωστί.

ἐναντίος, *opposite.*

ἐνδάκνω λαμβάνων ἔχω τοῖς ὀδοῦσιν. οἱ δ' ἵπποι ἐνδάκοιεν ἂν τὸν χαλινόν.

ἐνδεδυμένος ἠμφιεσμένος.

ἐνδεής ἄνευ τινός· οἱ δ' ἐνδεεῖς δέονταί τινος.

ἔνδοθεν ἔνδον.

ἔνδον ἐντός, ἔν τινι οἰκίᾳ.

ἐνδῡ́ομαι ἀμφιέννυμαι.

ἐνδῡ́ω ἀμφιέννυμι.

ἔνεκά τινος, *on account of,* ἕκατι, χάριν.

ἐνεργός ἐν ἔργῳ ὤν· οὐκ ἀργός.

ἐνέχω ἔχω ἐν ἐμαυτῷ.

ἐνθῡμοῦμαι ἐν θυμῷ ἔχω, νομίζω.

ἔνιοι, *some,* ἄλλοι, εἰσὶν οἵ. οἱ μὲν … οἱ δέ.

ἐνίοτε, *sometimes,* ἄλλοτε, ἔστιν ὅτε.

ἐνοχλῶ πράγματα παρέχω.

ἐντείνω, *stretch.* τὸ ἐναντίον τοῦ χαλᾶν.

ἐν τοῖς μάλιστα μᾶλλον τῶν πλειόνων εἴ τις καὶ ἄλλος.

ἐντός, *inside.* ἐντὸς τῆς οἰκίας οἰκοῦμεν.

ἐνύπνιον ὁρῶμεν ἐνύπνια ἐν ὕπνῳ καθεύδοντες.

ἐνυφαντός ὅ τι ἂν ὑφαίνωμεν ἐν τῷ πέπλῳ, τοῦτ' ἐνυφαντόν.

ἐξαρτῶ ἐξάπτω.

ἐξᾴττω ἐξορμᾶσθαι αἰφνιδίως.

ἐξεγείρω ψόφος ἄν ἢ πληγὴ ἐξεγείροι ἂν καθεύδοντα ὁ δ' εὐθὺς ἐξεγείρεται.

ἐξέθανον θάνατος κατέλαβεν αὐτούς.

ἐξελαθόμην λήθη μ' εἶχεν, οὐκ ἐμνήσθην.

ἐξερευνῶ ζητῶ.

ἔξεστι *licet.*

ἐξήκοντα ἑξάκις δέκα.

ἐξηξάτην ἐξηλθέτην ἐξαίφνης.

ἐξίημι ἐκπέμπω.

ἔξω, *outside.* ἔξω τῆς πόλεώς εἰσιν οἱ ἀγροί.

ἐξωμίς ἐσθής τις· χιτὼν χειρίδας οὐκ ἔχων, γυμνῶν ὄντων τῶν βραχιόνων.

ἔοικα ὅμοιός εἰμι.

ἑορτή, *feast.* ἄγομεν ἑορτάς.

ἐπᾴδω ἐπῳδάς, μάγος ὢν καὶ γόης. γοητεύω.

ἐπαινῶ, *praise.* τὸ δ' ἐπαινεῖν, ἔπαινος ἐπαινοῦσι μὲν τὰ καλά, μέμφονται δὲ τὰ κακά.

ἐπάναγκες ἀναγκαίως, κατ' ἀνάγκην.

ἐπαναλαμβάνω αὖθις λέγω.

ἐπανέρχομαι πάλιν ἔρχομαι.

ἐπαρκῶ πορίζω, κομίζω.

ἐπειδή, *when, since.*

ἔπειτα, *then, next,* εἶτα.

ἐπεκχωρῶ ὑποχωρῶ.

ἐπέχω παύω· παυσάμενος ὀλίγον, εἶτα ἄρχομαι αὖθις.

ἐπί τι, *towards, upon, against.* τὸ ἐπ' ἐμέ, *as far as concerns me,* ἔμουγ' ἕκατι.

ἐπί τινος, *upon, towards, in the time of.* ἐπὶ τεττάρων, *four deep;* ἐπ' ἐμοῦ ζῶντος ἐμοῦ.

ἐπί τινι, *at, for a purpose.* ἐπ' ἐμοί, *in my power;* ἐπὶ τούτῳ, *on this condition.*

ἐπιβάτης ὁ συμπλέων μέν, ναύτης δὲ μὴ ὤν.

ἐπιβιβάζω ἐντίθημι ἐν πλοίῳ.

ἐπιγίγνομαι ἕπομαι, ἀκολουθῶ. ἡ νὺξ γὰρ ἐπιγίγνεται τῇ ἡμέρᾳ.

Ἐπίδαυρος πόλις ἐστὶ τῆς Πελοποννήσου, ἐν ᾗ τέμενος κλεινότατον τοῦ Ἀσκληπιοῦ. ἔκεισε φοιτῶσιν οἱ νοσῶντες, ἵνα ὑγιεῖς γένωνται.

ἐπιδημῶ ἐν τῇ πόλει εἰμί, οὐκ ἀποδημῶ. τὸ δ' ἐπιδημεῖν, ἐπιδημία.

ἐπιδρομή δρόμος.

ἐπιεικής χρηστοὶ οἱ ἐπιεικεῖς.

ἐπίκειμαι ἐπέρχομαι ὡς πολέμιος κεῖμαι ἐπί τινος.

ἐπικύπτω κάμπτω τὸ σῶμα πρὸς τοὔμπροσθεν.

ἐπιλαμβάνομαι, *interrupt,* λέγω ἄλλου λέγοντος.

ἐπιλέγομαι ἐξαιροῦμαι· ἐκκρίνω.

ἐπιλέπω περιαιρῶ τὸν φλοιόν.

ἐπιλήνιος ὃς πρέπει τῇ ληνῷ.

ἐπιλήσμων δεινὸς λανθάνεσθαι ῥᾳδίως λήθην ἔχων.

ἐπίλογος μῦθος.

ἐπιμελής πρόθυμος· οὐ ῥᾴθυμος, οὐκ ἀμελής, μετὰ ἐπιμελείας.

ἐπιμελοῦμαι προθυμοῦμαι· πάντα ποιῶ ὅπως τι γενήσεται.

ἐπινέφελος ἐὰν νεφελαὶ φαίνωνται ἐν οὐρανῷ.

ἐπινίκια τὰ ἐπινίκια ἱερά, τὰ ἀντὶ τῆς νίκης σφαχθέντα.

ἐπιπάττω ἐπαλείφω. ἐπιπάττομεν ἐπ' ὠτειλῆς φάρμακα, ἅπερ ὀνομάζεται παστὰ ἢ ἐπίπαστα.

ἐπιπολῆς ἐπ' ἄκρας τῆς γῆς.

ἐπιπταίρω, *sneeze.* καλὸς ὄρνις τὸ πταίρειν.

ἐπίσημον σημεῖον.

ἐπισκοπῶ ὁρῶ τὰ γιγνόμενα. ἐπισκοπεῖ δ' ὁ ἐπίσκοπος.

ἐπίσταμαι οἶδα.

ἐπιστήμη, *science, knowledge.*

ἐπισφαλής σφαλερός· ὅπου ῥᾳδίως ἄν τις ὀλισθάνοι.

ἐπιτρέπω δίδωμι ἄλλῳ ὥστε κρίνειν.

ἕπομαι ἀκολουθῶ· δεύτερος ἔρχομαι ἢ μετ' ἄλλους.

ἐπομβρίᾱ ὄμβρος, ὑετός.

ἔπος λόγος.

ἐπῳδή ᾄδουσιν ἐπῳδὰς οἱ μάγοι καὶ γόητες καὶ φαρμακίδες καὶ φαρμακεύτριαι. πολλάκις δὲ καὶ γραῦς τοῦτο ποιεῖ.

ἐπῴζει ὀρνίθιον ὅπερ καθίζει ἐπὶ τῶν ᾠῶν.

ἐραστής ἐρᾷ.

ἐργάζομαι ἔργα ποιῶ ἢ πράττω.

ἐργαστήριον λέγεται καὶ μαστιγίας δοῦλος κακός. κυρίως δ' ἐστὶ τόπος οὗτος ἐν ᾧ ἐργάζεταί τις.

ἔργον, *work;* ἐργάζεται δ' ὁ ἐργάτης.

ἐρέβινθος, *parched pea.*

ἐρεθίζω προσκαλῶ εἰς ἔριν καὶ ἅμιλλαν.

ἐρείπιον, *ruin.*

ἐρέτης ὁ ἐρέττων χρώμενος κωπῇ.

ἐρέττω, *row.* οἱ ἐρέται ἐρέττουσι ταῖς κωπαῖς.

ἐρευνῶ ζητῶ.

ἐρημίᾱ ἐστὶν οὗ ἄν μηδεὶς ᾖ.

ἔρια, *wool.* τὰ ἔρια κλώθουσιν αἱ γυναῖκες.

ἐρίζω ἁμιλλῶμαι, ἀγωνίζομαι, ἔριν ποιοῦμαι.

ἔριφος τέκνον αἰγός.

ἑρμηνεύς ἐστιν ὁ δηλῶν τὰ μὴ φανερά.

Ἑρμῆς κοινός εἰώθασιν οἱ εὑρόντες τι διανέμειν κοινῇ, λέγοντες κοινὸς Ἑρμῆς· οὗτος γὰρ δίδωσι τὰ εὑρισκόμενα καὶ καλοῦσι τοῦτο ἕρμαιον.

ἔρρει κακῶς διάκειται· ἀπόλωλε κακῶς.

ἔρρω ἐπὶ κακῷ ἔρχομαι· φροῦδος γίγνομαι.

ἐρυθριῶ ἐάν τις ἐρυθριᾷ, ἐρυθραὶ φαίνονται αἱ παρειαί.

ἐρῶ ἐρᾷ τίς τινος ἐὰν ἔρως ἐπιπέσῃ φιλεῖ δὲ σφόδρα καὶ ποθεῖ.

ἐρωτῶ, *ask.* οὐκ εἰδὼς ἀλλ' ἐθέλων μαθεῖν ἐρωτῶ, ἤ πυνθάνομαι. ἐρωτῶ ἐρωτήματι ὁ μὲν ἐρωτᾷ, ὁ δὲ ἀποκρίνεται ἐρωτῶντι.

ἐσαιεί αἰεί.

ἐσθίω, *eat.* ἐσθίομεν σιτία, πίνομεν δὲ οἶνον καὶ ὕδωρ ἄνευ δὲ τοῦ ἐσθίειν οὔκ ἐστι βιωτόν.

ἐσπείσαμεν σπονδὴν ἐποιησάμεθα.

ἑσπέρᾱ μετὰ τὴν ἡμέραν, ἑσπέρα μετὰ δὲ τὴν ἑσπέραν, νύξ ἐν μέσῳ δ' ἐστὶν ἑσπέρα τῆς θ' ἡμέρας καὶ τῆς νυκτός.

ἑσπέριος ἑσπέρας.

ἔσσεται ἔσται.

ἑστίᾱ, *hearth.*

ἑστίᾱσις δεῖπνον μέγα.

ἔστιν ὅτε ἐνίοτε, ἄλλοτε.

ἑστιῶ ὁ μὲν ἑστιᾷ, οἱ δ' ἑστιῶνται δεῖπνον δ' ἐστὶ τοῦτο μέγα.

ἔσχατος ἔσχατά ἐστι τὰ ἄκρα καὶ τὰ τέλη.

ἕτερος, *one (of two).*

ἑτερόφθαλμός ἐστιν ὁ ἕτερον μὲν ὀφθαλμὸν τυφλός, ἕτερον δὲ μὴ τυφλός.

ἑτέρωθεν, *on one side, from one direction (of two).*

ἐτησίᾱς ἄνεμος πνεῖ κατ' ἔτος ὁ αὐτός.

ἔτι νῦν ὡς καὶ πρίν· πρὸς τούτοις.

ἕτοῖμος, *ready.*

ἔτος τό τ' ἔτος καὶ ὁ ἐνιαυτὸς τὸ αὐτό.

εὐβοΐς, *chestnut.* κάρυον Εὐβοϊκόν.

εὔβοτος καλὸς ὥστε βόσκειν πρόβατα καὶ τὰ τοιαῦτα.

εὐγενείᾱ ἀγαθὴ φύσις. οἱ δ' εὐγενεῖς ἀμείνους τῶν φαύλων καὶ φορτικῶν ἀνδρῶν.

εὐδαιμονίζω νομίζω εὐδαίμονα.

εὐδίᾱ, *fine weather.*

εὐδοκιμῶ ἐπαίνου τυγχάνω, ἐπαινοῦμαι.

εὐεργέτης ὁ εὖ ποιῶν τινα. εὐεργέτης δὲ τοῦ δήμου οὐκ ἄλλως τις ἂν γένοιτο ἤ ψηφισαμένου τοῦ δήμου.

εὐθύνω ἄγω, ἐλαύνω τῇ εὐθείᾳ ὁδῷ.

εὐθύς, *at once.*

εὔκολος, *good-tempered,* ὁ μὴ δύσκολος.

εὐμενής ἵλεως.

εὔμηλος ἔχων μῆλα καλά, ταῦτα δ' ἐστὶ πρόβατα.

εὐνή κλίνη· καθεύδομεν ἐν εὐνῇ.

εὔπνους ῥάδιος διαπνεῖν· πνεῦμα ἔχων ῥᾴδιον.

εὐπορῶ εὔπορός εἰμι· ἅλις ἔχω τινός.

εὑρίσκω, *find.* καὶ ζητήσας τις εὑρίσκει καὶ μὴ ζητήσας.

εὖρος, *breadth.*

εὐτάκτως ἐν κόσμῳ.

εὐτυχίᾱ τύχη ἀγαθή, ἐναντία οὖσα τῇ δυστυχίᾳ. εὐτυχεῖ ὁ εὐτυχὴς διὰ τὴν εὐτυχίαν.

εὐφεγγής καλὸν φῶς φαίνων.

εὐφημῶ ἤ καλῶς λέγω, ἤ σιγῶ. εὐφήμει, *hush.*

εὐφωνίᾱ καλὴ φωνή.

εὐχή, *prayer.*

εὔχομαι λιτὰς ποιοῦμαι· αἰτῶ τοὺς θεούς.

εὐώδης ὀσμὴν καλὴν παρέχων, εὖ ὄζων

εὐωχοῦμαι δειπνῶ μετὰ χαρᾶς, εὖ ἔχω.

ἐφάπτομαι ἅπτομαι, θιγγάνω.

ἔφασκον ἔλεγον.

ἐφεξῆς κατὰ κόσμον, κατὰ τάξιν, ἐν τάξει ἄλλος μετ' ἄλλον.

ἔφηβος νεανίας ἑκκαίδεκα ἐτῶν μέχρι τῶν ὀκτωκαίδεκα τότε δ' ἐξέρχεται ἐξ ἐφήβων, ἀνὴρ ὢν ἤδη.

ἐφημέριος μίαν ἡμέραν ζῶν.

ἑφθός ὅ τι ἂν ἕψῃς, ἑφθόν ἐστιν.

ἐχέτλη λαβὴ τοῦ ἀρότρου, ἥνπερ λαμβάνων ἔχει ὁ ἀρότης.

ἐχθαίρω ἐχθρὸν νομίζω, μισῶ, στυγῶ.

ἐχθρός ἐστιν ὃς ἂν ἐχθαίρῃ ὁ δὲ φίλος φιλεῖ.

ἔχομαι ἀντιλαμβάνομαι, ἅπτομαι.

ἔχω, *have,* κέκτημαι ἔστι μοι.

ἔψω, *boil.* ἕψω ᾠὸν καὶ κρέας ἐν ὕδατι θερμῷ. τὸ μὲν ὕδωρ ἐγχέω εἰς λέβητα ὁ δὲ λέβης κεῖται ἐν τρίποδι ὁ δ' αὖ τρίπους ἕστηκεν ἐπὶ πυρός καίεται μὲν τὸ πῦρ, ζεῖ δὲ τὸ ὕδωρ, καὶ ἕψεται τὸ ᾠὸν ἤδη.

ἐῶ ἐπιτρέπω· περιορῶ· δίδωμι ποιεῖν οὐ κωλύω.

ἑώθινος ἔωθεν.

ἑῴκει ὅμοιος ἦν.

ἑῷος ἔωθεν, ἅμ' ἔῳ· πρωῒ τῆς ἡμέρας.

ἕως, *until.*

ἕως ἐν ἄκρᾳ νυκτὶ πρῶτον μὲν ὄρθρος γίγνεται, ἔπειτα δὲ φῶς ὑποφαίνεται ἐν οὐρανῷ πρὶν ἥλιον ἀνατέλλειν αὕτη δ' ἕως ἐστίν.—ἅμ' ἔῳ, ἔωθεν.

ζεῦγος δύο πεδίλω ζεῦγός ἐστιν ἓν πεδίλων.

ζέφυρος ἄνεμος πνεῖ ἀφ' ἡλίου δύσεως.

ζέω, *boil.* ζεῖ ὕδωρ ἐν λέβητι ἐπὶ πυρὸς ὄν.

ζηλῶ μακαρίζω, καὶ ἐθέλοιμ' ἂν καὶ αὐτὸς τὸ αὐτὸ πάσχειν.

ζηλωτός ἄξιος ζηλοῦσθαι.

ζητῶ, *seek.* ὃ ἂν ζητῶ, ἐθέλω εὑρίσκειν.

ζυγόν, *yoke.*

ζωγραφίᾱ ζῷα ἢ ἀλλαὶ μορφαὶ γεγραμμέναι ζωγραφεῖ δ' ὁ ζωγράφος.

ζωγρῶ σῴζω πολέμιον καὶ οὐκ ἀποκτείνω. ζωγροῦσιν οἱ μὴ ἀποκτανόντες, σώσαντες δὲ τοὺς ἐν πολέμῳ.

ζώννῡμι περιβάλλω ζώνην ἢ ζωστῆρα περὶ τοῦ μέσου.

ἦ ἔφη. ἦ δ' ὅς = ἔλεγεν, εἶπεν. ἦν ἔφην.

ἦ γάρ; ἆρα;

ἡβῶ χαίρω ὡς νέος ὤν, καὶ ἐν ἥβῃ τῆς ἡλικίας.

ἡγεμών ἡγεῖται ὁ ἡγεμών· λέγοις δ' ἂν τὸν ἡγεμόνα ἀρχηγόν.

ἡδέως ἀσμένως.

ἥδομαι τέρπομαι.

ἡδονή τὸ ἐν τῷ βίῳ ἡδύ· ἔχομεν γὰρ ἡδονὴν ὅταν χαίρωμεν.

ἡδύς ἡδὺ μὲν τὸ μέλι, ἡδὺ δέ πως καὶ τὸ γάλα. καὶ δὴ καὶ λέγοις ἂν ὀρθῶς λέγων ἡδὺν ἄνθρωπον καὶ φωνήν. ἀλλ' ἡδίων ἄλλος ἄλλου ἥδιστος δὲ πάντων ὁ μάλιστα ἡδύς.

ἤθροιστο ἠθροισμένον ἦν. λέγομεν δὲ καὶ ἀθροίζειν καὶ συλλέγειν τὸ αὐτό.

ἤκασεν ὅρα τὸ εἰκάζω.

ἠλακάτη, *distaff.*

ἤλατο ἐπήδησεν.

ἡλικίᾱ ὥρα βίου.

ἡλίκος οἷος, ὡς μέγας.

ἥλιος, *sun.* λάμπει ὁ ἥλιος καθ' ἡμέραν.

ἡμέρᾱ, *day.* καθ' ἡμέρᾱν ἑκάστη ἡμέρᾳ.

ἡμερήσιος μιᾶς ἡμέρας.

ἥμερος, *tame, not wild,* οὐκ ἄγριος. τὰ μὲν δένδρα τὰ ἥμερα φυτεύεται ἐν κήποις τὰ δὲ ζῷα τὰ ἥμερα δουλεύει τοῖς ἀνθρώποις.

ἡμερῶ ἥμερον ποιῶν τις ἡμεροῖ.

ἡμέτερος, *our*. εἰς ἡμετέρου εἰς τὴν ἡμετέραν οἰκίαν.

ἡμίεκτον ἥμισυς ἑκτεύς.

ἡμίονος, *mule*, ἐξ ἵππου τε καὶ ὄνου γεγονώς.

ἥμισυς ἔστι τὸ μὲν ἥμισυ, τὸ δὲ διπλοῦν. αὐτίκα γὰρ τὸ ἓν ἥμισύ ἐστι τοῖν δυοῖν.

ἡμίτομος τὸ ἥμισυ τοῦ τετμημένου.

ἡνίᾱ τὰς ἡνίας χερσὶ κατέχοντες ἐλαύνομεν ἵππον.

ἡνίκα ἐπειδή, ὅτε.

ἡνίοχος ὁ ἔχων τὰς ἡνίας τῶν ἵππων.

ἤπειρος ἔστιν ἡ γῆ ἡ μὲν νῆσος ἡ δ᾽ ἤπειρος.

ἤπιος, *gentle*.

Ἡρακλεῖαι στῆλαι ὁ Ἡρακλῆς πορευσάμενος πρὸς τὰ ἔσχατα τῆς γῆς, δύο στήλας ἐπέστησεν, ἑτέραν μὲν ἐν Ἰσπανίᾳ, ἑτέραν δ᾽ ἐν Λιβύῃ. τούτων ἐν μέσῳ μέν ἐστι στενὴ θάλαττα, ἔξω δ᾽ ὠκεανός. στήλη δὲ λίθος.

Ἡρακλῆς ἥρως μέγιστος.

ἠρέμα ἡσύχως.

ἥρως, *hero, demigod*.

Ἡσίοδος ποιητὴς ἐπικός, ὃς ἐποίησε τὰ Ἔργα καὶ Ἡμέρας, σχεδὸν διακόσια ἔτη μετὰ τὸν Ὅμηρον.

ἡσυχάζω, *keep quiet*, ἥσυχος μένω, ἡσυχίαν ἄγω.

ἥσυχος ἡσυχίαν ἄγων ἢ ἔχων, ἡσυχάζων.

ἧττον, *less*.

ἡττῶ ἡττᾷ τις νικήσας, ὁ δὲ νικηθεὶς ἡττᾶται ἥττων γενόμενος.

ἠχή, ἦχος φθόγγος, ψόφος.

θάλαττα ἡ γῆ ἐστιν ἐν τῇ θαλάττῃ, καὶ δὴ καὶ πλοῖα πλεῖ. τὸ δ᾽ ὕδωρ τὸ τῆς θαλάττης ἁλμυρόν ἐστιν.

θαλαττώδης ὥσπερ θάλαττα, ἢ μέγας ὢν ἢ ἁλμυρός.

θάλεια δαίς δεῖπνον πλούσιον.

θαλλοφόρος φέρων θαλλόν· ἔρια δ᾽ ἐστὶ ταῦτα.

θάλπος καῦμα· θαλπόμεθα δὲ τῷ θάλπει.

θάλπω θερμὸν ποιῶ.

θάνατος ὅταν τις ἀποθάνῃ, θάνατος ἐπιγίγνεται.

θαρρῶ οὐ φόβος ἐστί μοι. οὐ φοβοῦμαι, οὐ δέδοικα.

θάττων ταχὺς μᾶλλον.

θαυμάζω, *wonder*. θαυμάζομεν θαύματα καὶ τέρατα καὶ δεινὰ πράγματα.

θαυμάσιος τὰ θαυμάσια θαυμάζομεν.

θαυμασίως ὡς θαυμάσιόν ἐστιν ὡς ...

θαυμαστός θαυμάσιος· ἃ ἂν θαυμάζωμεν, θαυμαστά.

θέᾱμα θέα, ὄψις, τὸ ὁρώμενον.

θέᾱτρον, *theatre*. ἐν τῷ θεάτρῳ θεῶνται οἱ θεαταί.

θείνω παίω.

θέλγω ἰῶμαι δοὺς φάρμακα.

Θεμιστοκλῆς λέγοις ἂν τὸν Θεμιστοκλέα τῶν Ἀθηναίων δεξιώτατον καὶ σοφώτατον πρόμαντις γὰρ ἦν τοῦ μέλλοντος, καὶ ἐδίδαξε ναῦς ναυπηγεῖν, καὶ κτήσασθαι τὸ κράτος τῆς θαλάττης.

θερίζω ὅταν ἕτοιμος ᾖ ὁ σῖτος ἐν ἀγροῖς, τέμνει αὐτὸν ἀνύσας ὁ θεριστής θερίζει ἢ ἀμᾷ τὸ θέρος.

θερμαίνω θερμὸν ποιῶ.

θέρμη θερμότης, τὸ θερμόν.

θερμός οὐ ψυχρός. θερμοὺς ποιεῖ ἡμᾶς ὁ ἥλιος.

θέρος ἢ ὥρα τοῦ ἐνιαυτοῦ, ἢ ὁ σῖτος.

θεῶμαι προσβλέπω θεατὴς ὤν.

θήκη τύμβος, τάφος. καὶ δὴ καὶ ἐν θήκῃ ἀποτίθεμεν τὰ χρήματα ὥστε σῴζειν.

θῆλυς ἔστι τὸ μὲν ἄρρεν, τὸ δὲ θῆλυ.

θήρειος τῶν θηρίων, θηριώδης.

θηρεύω, *hunt*, θηρῶ.

θηριώδης ὥσπερ θηρίον· ἄγριος.

θηρῶ πειρῶμαι αἱρεῖν. οἱ θηρευταὶ θηρῶσι λαγὼς καὶ πέρδικας καὶ λέοντας καὶ ἄρκτους καὶ ἄλλα ἄγρια ζῷα.

θησαυρός, *treasure.* θησαυρίζομεν θησαυρόν.

θλίβω θραύω.

θόρυβος ψόφος καὶ κίνησις.

θορυβῶ θόρυβον ποιοῦμαι καὶ ταραχήν.

θοὐπέρθυρον τὸ ὑπέρθυρον ὅπερ κεῖται ὑπὲρ τῆς θύρας.

θοῶς ταχέως.

θρασέως μετὰ θράσους.

θρασύς ὁ ἄνευ δέους.

θραῦμα ἀγή· θραύματα γίγνεται θραυομένων τινῶν ἢ ἀγνυομένων.

θραύω, *break,* ῥήγνυμι, ἄγνυμι.

θρόνος ἕδρα.

θρῴσκω, *jump.*

θύελλα χειμών.

θῦμίᾱμα τὸ καιόμενον· πῦρ.

θύμον, *thyme.*

θύννος, *tuna.*

θύρᾱ, *door,* πύλαι. διὰ τῆς θύρας εἰσερχόμεθα εἰς τὴν οἰκίαν αἱ δὲ πύλαι δύο εἰσὶ σανίδες.

θύω θυσίαν ποιοῦμαι, ἱερὰ σφάξας τῷ θεῷ.

ἴᾱτρα τὰ ἴατρα μισθός ἐστι τοῦ ἰᾶσθαι. [ῑ.]

ἰᾱτρὸς ἰᾶται τοὺς νοσοῦντας.

ἰδού, *look.*

ἱδρύω κτίζω, οἰκοδομῶ.

ἱδρὼς γίγνεται ὅταν τὸ ὕδωρ ἐκρέῃ ἐκ παντὸς τοῦ σώματος τότε δ᾽ ἱδροῖ τις.

ἱέρεια ὁ μὲν ἱερεύς, ἡ δ᾽ ἱέρεια.

ἱερεῖον ἱερὸν πρὸς τὸ σφάξαι καὶ θῦσαι.

ἱεροποιὸς ποιεῖ τὰ ἱερὰ σφάζει γὰρ τὰ ἱερὰ καὶ τὰ τοιαῦτα.

ἱερός, *sacred.* **ἱερόν,** *(1) victim, (2) shrine.* τὰ μὲν ἱερὰ τὰ ζῶντα σφάζομεν τοῖς θεοῖς τὰ δ᾽ ἐστὶ τεμένη. ἐν γὰρ τῷ ἱερῷ τέμενός ἐστι τοῦ θεοῦ, καὶ ὁ νεὼς καὶ ὁ βωμὸς καὶ ἄλλοι οἶκοι. πάντα τὰ τοῦ θεοῦ ἱερά τὰ δὲ τῶν ἀνθρώπων ὅσια.

ἱκανός, *sufficient.*

ἱκετεύω εὔχομαι, ἱκέτης γενόμενος.

ἰκτῖνος, *kite.*

ἱλαρός, *merry.*

ἵλεως, *propitious.*

ἱμάς, *thong.*

ἱμάτιον ἐσθής τις.

ἴον ἄνθος τι· *violet or iris.*

ἱππαγωγός ἐστι ναῦς, ἐὰν ἄγῃ ἵππους.

ἱππεύω ἐφ᾽ ἵππου ὀχοῦμαι ἢ στρατεύομαι.

ἵππος, *horse, mare.* ὁ ἱππεὺς ἀναβαίνει μὲν ἐφ᾽ ἵππον, καθίζει καὶ ὀχεῖται δ᾽ ἐφ᾽ ἵππου, καὶ μάχεται ἀφ᾽ ἵππου.

ἰσημερίᾱ ἐπειδὰν ἴσαι ὦσιν ἡμέρα τε καὶ νύξ.

ἰσόνομος ἔχων νόμους ἴσους καὶ δικαίους.

ἴσος, *equal.* τὼ δύο ἴσω ἐστὸν τῷ δὶς ἑνί.

ἵστημι, *place; weigh.*

ἱστίον πλέουσιν αἱ νῆες ἱστίοις χρώμεναι.

ἱστοβοεύς, *plow-pole.*

ἱστός, *mast, loom.*

ἱστουργίᾱ ἡ τοῦ ἱστοῦ τέχνη.

ἰσχάς σῦκον ξηρόν.

ἰτέᾱ, *willow.*

ἰχθῦς τὰ ζῷα τῆς θαλάττης ἰχθύες εἰσίν.

ἴχνος τὰ ἴχνη σημεῖά ἐστι τῶν ποδῶν.

κάθαρμα χρῆμα κάκιστον. καθαίροντες γὰρ τὸ ἔδαφος τὰ καθάρματα ἐκβάλλομεν.

καθαρός ἄνευ πηλοῦ καὶ ῥύπου ἄλλα τ᾽ ἐστὶ καθαρὰ καὶ τὸ ὕδωρ.

καθέδρᾱ. ἕδρα, δίφρος.

καθέλκω, *drag.*

καθέρπω, *go or creep down.*

καθεύδω, *sleep.* καθεύδοντες ἐν ὕπνῳ ἐσμέν.

κάθημαι καθίζω.

καθίζω, *establish; sit.*

καθικνοῦμαι κατέρχομαι.

καθίστημι εἰς οἶκτον, ἐὰν ποιῶ ὥστε οἰκτίρειν.

καθοσιῶ φέροντες δίδομεν θεῷ τὴν θυσίαν.

καί, *and, even.*

καὶ γάρ, *the fact is, indeed.*

καὶ δή, *(1) now suppose, (2) there then.*

καὶ μάλα, *certainly.*

καὶ μὴν ... γε, *and besides.*

καίπερ, *although.*

καιρός, *proper time.*

καίω, *burn.* ὅ τε ἥλιος καίει καὶ τὸ πῦρ.

κακοδαίμων οὐκ εὐδαίμων· δυστυχής, χρώμενος κακοδαιμονίᾳ.

κάλαμος, *reed, pen.*

καλαῦροψ βακτηρία ἢ ξύλον τῶν βουκόλων.

καλῑά οἰκοδομεῖ καλιὰς τὰ ὀρνίθια, ἐν οἷς ἐπῴζει, καθίζοντα ἐπὶ τῶν ᾠῶν.

κάλλιστος μάλιστα καλός.

καλλωπίζομαι καλὸν ἐμαυτὸν κοσμῶ, πρὸς καλὸν σχῆμα.

καλῶ, *call.*

κάλως, *rope.*

κάματος πόνος, ἔργον μέγα.

κάμνω, *grow weary.*

καμπύλος, *curved.*

κανηφόρος ἡ φέρουσα κανοῦν ἐν ἑορτῇ.

κανοῦν, *basket.*

καπνὸς ἐξίεται ὅταν πῦρ ἅψηται ἔστι δέ πως μέλας.

καρβάτιναι ὑποδήματα δερμάτινα.

καρπός, *fruit.* καρπὸν φύει τὰ ἀκρόδρυα ἢ καρποφόρα δένδρα. καλεῖται δὲ καὶ ὀπώρα ὁ καρπός.

καρποῦμαι καρπὸν ἔχω· χρῶμαι, ἀπολαύω.

καρποφόρος ὃς καρπὸν φέρει, ὁ φέρων καρπόν.

κάρυον, *nut.* τῷ καρύῳ ἔξω μέν ἐστι λέμμα ἢ λεπίς, ἔνδον δὲ κόκκος ἢ πυρήν

πίθηκος δὲ καὶ ψιττακὸς τὸ μὲν λέμμα θραύει, τὸν δὲ κό/κον ἢ πυρῆνα ἐσθίει.

Καρχηδών μεγίστη τῶν Φοινίκων πόλις ἐν Λιβύῃ οὖσα.

κατά τι, *according to, along, throughout, near.*

κατά τινος, *down from, against (opposite of* ἀνά*).*

κατὰ χώραν ἐν τῇ ἑαυτοῦ χώρᾳ ἕκαστος.

κατάγνῡμι θραύω.

καταδέω εὖ δέω.

καταδύω εἰσέρχομαι.

κατακαίω καίω τὸ πᾶν.

κατακλίνω ἄγω εἰς κλίνην, ποιῶ κατακλίνεσθαι ἢ κατακεῖσθαι. ἐν κλίνῃ κατακλινόμεθα, καὶ δειπνοῦντες καὶ νοσοῦντες.

κατακλῶ κατακλᾷ τις ἀποθραύσας τοὺς τῶν δένδρων κλάδους.

κατακόπτω, *cut down.*

κατάλυσις γίγνεται, ἐπειδὰν καταλύσωμέν τι καὶ παύσωμεν τέλος, παῦλα.

κατανεύω κινῶ κάτω τὴν κεφαλήν, ἐὰν συμφῶ.

κατανοῶ καταμανθάνω, ὁρῶ.

κατανύω τελῶ, τελευτῶ.

καταπίπτω, *fall.*

καταποντίζομαι καταδύω ἐν θαλάττῃ.

κατάρᾱτος, *accursed.*

κατασκευή τὸ ποιεῖν πάντα ἕτοιμα.

καταστρέφομαι στρέφω ἄνω κάτω, νικῶ, διαφθείρω.

κατάστρωμα, *deck.*

καταφρονῶ φαῦλον νομίζω. καταφρονοῦμεν ἐκείνων, οὓς ἐν ὀλιγωρίᾳ ἔχομεν.

καταψεύδομαι ψευδῆ λέγω κατά τινος.

καταψῶ καταψᾷ τις ἀπομοργνὺς ὥσπερ καταψῶμεν ἱδρῶτα τοῦ σώματος τῇ χειρὶ ἢ σινδόνι.

κατεκάησαν ἀπώλοντο πυρί.

κατέχω ἀντιλαμβάνω, ἅπτομαι, ἔχομαι.

κατηγορῶ ὅταν δικάζωνται, ὁ διώκων λέγει ὅ τι ἐποίησεν ὁ φεύγων, κατηγορεῖ δ' αὐτοῦ οὕτως.

κατίσχω ἀμύνω.

κατοικίζω κτίζω, οἰκοδομῶ πόλιν.

κατοικῶ γῆν οἰκῶ ἐν γῇ.

κατολισθάνω, *slip down.*

κατορύττω κατασκάπτω.

κάτωθε(ν), *below.*

καυματώδης ἔχων καῦμα· ὅταν καύσῃ ἥλιος.

Καφηρεύς τῆς Εὐβοίας ἄκρον.

κέγχροι, *millet.*

κείρω τέμνω τρίχας ἢ ὄνυχας· κείρουσι δὲ καὶ πρόβατα ἔχοντες μαχαίρας κουρίδας.

κέκτημαι ἔχω, πέπαμαι.

κέλαδος θόρυβος καὶ βοή.

κελαινός μέλας.

κελεύω, *bid.* κελεύει δὲ καὶ ὁ κελευστὴς ἐν τῷ πλοίῳ, τὸ δὲ κελευόμενον κέλευσμα.

κέλης ἢ ἵππος ταχὺς ἢ πλοῖον μικρόν τε καὶ ταχύ.

κένταυρος ὁ μὲν ἥμισυς ἀνήρ, ὁ δ' ἥμισυς ἵππος.

κέντρον τῷ κέντρῳ κεντοῦσιν αἵ τε μέλιτται καὶ οἱ σκορπίοι κεντοῦσι δὲ καὶ οἱ βουκόλοι τοὺς βοῦς. ὀξύ τί ἐστι τὸ κέντρον.

κεντῶ κέντρον εἰσβάλλω. εἰ δὲ μαθεῖν χρὴ τί τὸ κέντρον, ζητοίης ἄν.

κεραίᾱ ξύλον τοῦ ἱστοῦ ἐγκάρσιον, ἐξ οὗ ἅπτεται τὸ ἱστίον.

κεραμεοῦς πήλινος· ὁ γὰρ κέραμος πήλινόν ἐστι σκεῦος.

κεράννῡμι μείγνυμι. κεραννύουσι δὲ οἶνον μεθ' ὕδατος πολλοῦ.

κέρας ἔχει ἡ βοῦς δύο κέρατε ἐν κεφαλῇ. ἔχει δὲ καὶ στρατὸς δύο κέρατε, τὸ μὲν δεξιόν, τὸ δ' εὐώνυμον.

κερδαίνω κέρδος ἔχω, πλεονεκτῶ.

κερκίς, *shuttle.*

κέρμα τὰ κέρματ' ἐστὶ τὰ μικρὰ νομίσματα.

κηδεστής πατὴρ τῆς νύμφης· ἡ δὲ νύμφη μέλλει γαμεῖσθαι.

κηλῶ κηλεῖ ὁ κηλητὴς θέλγων ἐπῳδαῖς.

κῆπος, *garden.* ἐν κήπῳ φυτεύεται τὰ φυτὰ καὶ λάχανα καὶ δένδρα φυτεύομεν ἐν τῷ κήπῳ.

κηρός ποιοῦσιν αἱ μέλιτται καὶ μέλι καὶ κηρόν· τὸ μὲν μέλι ἐσθίομεν, τὸν δὲ κηρὸν οὔ.

κηφήν μέλιττα ἀρσενική· οἱ δ' οὐδὲν ἐργάζονται.

κιθαρίζω ψάλλω τὴν κιθάραν.

κινδυνεύω ἐν κινδύνῳ εἰμί.

κινῶ, *move.*

κιττός, *ivy.*

κίχρημι δανείζω. (χρήσω, ἔχρησα.) καὶ μὴν ὁ χρησάμενος ἐδανείσατο.

κλάδος, *branch, twig.* τὰ ἄκρα τῶν δένδρων κλάδοι ἐστίν, ἐπὶ δὲ τῶν κλάδων φύλλα φύεται.

κλαίω, *weep.*

κλάς κλάδος.

κλέος δόξα ἐστὶ τὸ κλέος.

κλέπτης ὁ λαμβάνων τὰ μὴ ἑαυτοῦ ἀπ' ἄλλων ἀκουσίων ὄντων ἢ λάθρα. κλέπτει δ' ὁ κλέπτης.

κλέπτω ὁ κλέπτης κλέπτει. ὅρα τὸ κλέπτης.

κλής, *key.*

κλήω, *shut.*

κλίνη, *couch, bed.* κλινόμεθα ἐπὶ κλίνης.

κλύδων κῦμα θαλάττης.

κλυδώνιον κλύδων· θόρυβος θαλάττης.

κλώζω, *cluck.* ἡ ἀλεκτρυὼν κλώζει ᾠὸν τεκοῦσα.

κλώθω ἡ γυνὴ κλώθει λίνον ἐξ ἐρίων, χρωμένη ἀτράκτῳ τε καὶ ἠλακάτῃ.

κνημίς αἱ κνημῖδες περίκεινται περὶ τῶν κνημῶν.

κνίζω λαβὼν σάρκα δυοῖν δακτύλοιν πιέζειν.

κόβᾱλος, *hobgoblin, booby.*

κοΐζω κοΐζουσι μὲν χοῖροι, βοῶσι δ᾽ ἄνθρωποι.

κοῖλος, *hollow.*

κοιμῶ, *lull to rest.*

κοινωνός ὁ μετέχων. κοινωνοῦσι δ᾽ οἱ κοινωνοί, κοινωνίαν ἔχοντες.

κόκκος πυρήν· τὸ ἔνδον τοῦ καρύου.

κολακεύω ὁ κόλαξ κολακεύων πάντα ποιεῖ ὥστε χαρίζεσθαι, θέλγων καὶ θωπεύων καὶ ἐπαινῶν.

κολοβός ἄνευ κεράτων, ἢ κατεαγότων τῶν κεράτων ἴσως ἔχων μικρὰ τὰ κέρατα.

κόλπος, *bosom, fold (= pocket).*

κόμαρος, ἡ, *strawberry-tree.*

κόμη, *hair,* τρίχες. κομῶσι δ᾽ οἳ τὰς κόμας ἔχουσι μακράς.

κομίζω φέρω.

κομπάζω χρῆσθαι κόμποις.

κόμπος, *boast.*

κοπιάζει ὁ ἄνεμος ἐὰν παύσηται πνέων.

κόπος ἔργα πολλά.

κόπτω παίω.

κόραξ οἱ κόρακες φθέγγονται καῦ καῦ μέλανες δ᾽ εἰσὶ τὸ χρῶμα. τὸ δ᾽ ἐς κόρακας εὐχή ἐστιν διασπαράττοιέν σε οἱ κόρακες τοῖς ῥυγχίοις νεκρὸν ὄντα ἄθαπτον.

κορέσασθαι ἀντὶ τοῦ δεῖ κορέσασθαι. τὸ δὲ κορέννῡμι ταὐτό ἐστιν ὅπερ τὸ ἅλις δίδωμι, ὥστε οἱ κορεσάμενοι ἅλις ἔχουσιν.

κόρη τῶν παιδίων ὁ μέν ἐστι παιδίσκος, ἡ δὲ κόρη.

Κορίνθιος τῆς Κορίνθου.

κόρος, *satiety.* κόρος ἐστὶ τὸ πλήρη γενέσθαι καὶ μηδὲν πλέον ἐθέλειν ἔχειν.

κόρρη κατὰ κόρρης· πλησίον τῶν ὤτων.

κόρυμβα, *stern-ornaments.*

κόρυς κράνος ὁπλίτου.

κορώνη γένος κοράκων αἱ κορῶναι.

κοσμίως ἐν κόσμῳ.

κόσμος, *order, ornament.* κοσμεῖ δ᾽ ὁ κοσμητής.

κοσμῶ, *deck out.*

κότινος ἀγρία ἐλαία.

κοῦφος οὐ βαρύς, οὐδὲν βάρος ἔχων.

κράζω φθέγγομαι ὥσπερ βάτραχος ἢ κόραξ.

κραιπαλῶ κραιπαλᾷ τις ἀλγῶν τὴν κεφαλὴν ἅτε πιὼν οἶνον.

κράνος σκέπασμα κεφαλῆς ὁπλίτου.

κραυγή φθόγγος μέγας, ὀλολυγμός, κώκυμα οὐχὶ φωνή, ἀλλ᾽ ἄνευ νοῦ τις ψόφος.

κρέας, *flesh.* σὰρξ ζῴων παντοίων, ἥνπερ ἐσθίομεν.

κρημνοβάτης βαίνων ἐπὶ τῶν κρημνῶν ἐπὶ λόφων περιπατοῦντες.

κρημνός πέτρα ὑψηλή.

κρῑθαί, *barley.*

κρίσις δικαζομένων τινῶν κρίνει ὁ κριτής, πότερος μὲν ἀδικεῖ, πότερος δ᾽ οὔ αὕτη δὲ κρίσις ἂν καλοῖτο.

κροκή ὕφασμα.

κροκόδειλος μῶν ἀγνοεῖς καὶ τοῦτο; φεῦ, φεῦ.

κρόμμυον, *onion.*

κρύος τὸ κρύος ψῦχός ἐστιν.

κρύσταλλος ὕδωρ πεπηγμένον.

κτανέτην ἐκτανέτην, ἄνευ τῆς αὐξήσεως.

κτῶμαι κτᾶταί τις πορίζων τε καὶ παρασκευάζων— ἑαυτῷ κτήματα κτησάμενος δὲ κέκτηται.

κύαμος, *bean.*

κυβερνῶ ὁ κυβερνήτης κυβερνᾷ τὴν ναῦν τῷ πηδαλίῳ χρώμενος, ὥστε μὴ ἁμαρτεῖν τῆς ὁδοῦ.

κυβιστητήρ ὃς ἂν θρῴσκῃ καὶ τρόχους ποιῆται τῷ σώματι, χορεύων μετὰ τέχνης παντοίας, ἢ κατιὼν εἰς τὸ ὕδωρ ἐξ ὑψηλοῦ τόπου.

κυβιστῶ κολυμβῶ.

κῦδος δόξα.

κύκλος, *circle, wheel.*

κυκλῶ, ἐν κύκλῳ περιέχω.

Κυλλήνη ὄρος τῆς Ἀρκαδίας.

κύμβαλον ὄργανον χαλκοῦν· κροτοῦσι δὲ ζεῦγος κυμβάλων ἐπ᾽ ἀλλήλων.

κυνηγέτης οἱ κυνηγέται θηρῶσι θήραν μετὰ κυνῶν.

κύριος, *master, having rights over something.*

κυρτῶ κυρτὸν ποιῶ. ὁ ἄνεμος κυρτοῖ τὰ ἱστία πνέων.

κύων, *dog,* καὶ ὁ σείριος οὗτος δὲ μηνὸς Μεταγειτνιῶνος καταδύει ἅμ᾽ ἡλίῳ, καὶ καύματα ἐπιγίγνεται.

κώκῡμα βοή τις.

κωλ̆ύω ἐμποδίζω.

κῶμα τοῦτο πάσχουσιν οἱ νοσοῦντες, ἐὰν κωφοὶ καὶ ἄφωνοι καὶ ἀκίνητοι ὦσιν, ὥσπερ νεκροί.

κώμη, *village.*

κωμήτης ἐστὶν ὁ ἐν κώμῃ οἰκῶν, ὥσπερ καὶ πολίτης ὁ ἐν πόλει οἰκῶν.

κωπή, *oar,* ἔρετμος.

κωφός ἄνευ ἀκοῆς.

λαβή ὅταν λαβώμεθά τινος, λαβή ἐστιν ὁ δὲ λαβὴν ἐνδίδωσιν.

λαβρός ἰσχυρός, μέγας, βίαιος.

λαγχάνω, *get by lot, have allotted.*

λαγώς, *hare.*

λάθρᾱ οὐ φανερῶς, κλεπτικῶς.

λαῖφος ἱστίον.

λαλῶ λέγω πολλὰ καὶ ἄφρονα.

λαμβάνω, *take.*

λαμπρός λάμπων, στίλβων· κλεινός.

λάμπω, *shine.* φῶς δίδωσιν ὥσπερ λαμπὰς ὁ ἥλιος λάμπων.

λανθάνω ποιῶν ὃ μηδεὶς ὁρᾷ.

λάρκος κανοῦν ἐν ᾧ οἱ ἀνθρακῆς φέρουσι τοὺς ἄνθρακας.

λάχανον, *vegetable.*

λάχνη τρίχες τοῦ τῶν ζῴων δέρματος.

λεαίνω λεῖον ποιῶ.

λέβης, *cauldron.* κεῖται ὁ λέβης ἐπὶ τοῦ τρίποδος ὑπὸ δὲ τοῦ λέβητος καίεται πῦρ οὕτω δὴ ζεῖ τὸ ὕδωρ τὸ ἐν τῷ λέβητι.

λέγω, *speak, say.* λέγω λόγον τῇ φωνῇ, ἀνοίξας μὲν τὸ στόμα, γλώττῃ δὲ χρώμενος. ὁ μὲν λέγει, ὁ δ᾽ ἀκούει.

λειμών ἐν τῷ λειμῶνι βλαστάνει πόα.

λεῖος, *smooth,* οὐ τραχύς.

λείπω, *leave.*

λείψανον τὰ λείψανα ταῦτ᾽ ἐστιν ἅπερ ἂν τις λείψῃ

λεκάνη, *dish.*

λεκιθίτης, *bannock.*

λεκτέος, *needing to be said.*

λέμμα ὄστρακον ᾠοῦ.

λευκός, *white.* λευκόν ἐστι τοῦτ᾽ ἐφ᾽ οὗ γράφω τὸ δ᾽ ἐναντίον τοῦ λευκοῦ, μέλας.

Λεωνίδας βασιλεὺς Σπάρτης, ὃς μετ᾽ ἄλλων τριακοσίων ἀπέθανεν ἐν Θερμοπύλαις.

λήγω παύομαι.

λήθη, *forgetfulness.* λήθην ἔχων λανθάνομαι, οὐ μέμνημαι.

λῆμα θῡμος, θράσος, ἀνδρεία.

ληνός, *winepress.*

λῆρος φλυαρία, μωρία.

ληστής κλέπτης βίαιος.

λητουργίᾱ ἔδει τοὺς πλουσίους τῶν πολιτῶν λητουργεῖν λητουργίας τῇ πόλει, ἀναλίσκοντας κατὰ τάξιν καὶ δαπάνην παρέχοντας. ἦσαν δὲ αἱ ἐγκύκλιοι λητουργίαι χορηγία, γυμνασιαρχία, ἑστίασις τῆς φυλῆς, ἀρχιθεωρία ἐν πολέμῳ δ᾽ ἄλλαι τ᾽ ἦσαν καὶ ἡ τριηραρχία.

λητουργῶ ὅρα τὸ λητουργία.

λίαν πλέον τοῦ δέοντος.

λίθινος λίθου.

λίθος, *stone.*

λίκνον ἐν λίκνῳ κοιμᾶται τὸ βρέφος.

λιμήν ἐν λιμένι ὁρμοῦσιν αἱ νῆες, ἔξω κινδύνου.

λίμνη ὕδωρ ἐν μέσῃ τῇ γῇ πλώιμον πλοίοις. τὸ δ᾽ ἕλος ἐστὶ βραχύ.

λῑμός πεῖνα μεγίστη.

λίνον, *thread,* σχοινίον λεπτόν. κλώθουσαι τὰ ἔρια λίνου ποιοῦσιν αἱ γυναῖκες.

λῑπαρῶ ἱκετεύω.

λίπος τὸ παχύ, δημός.

λόγος κατὰ λόγον, ὡσαύτως· ὡς εἰκὸς ἐκ τούτων.

λόγχη δόρυ.

λοιδορία λοιδοροῦσιν οἳ ἂν κακὰ λέγωσιν ἀλλήλους μεγάλῃ τῇ φωνῇ.

λοιπός, *remaining.* ὅταν λάβῃς μέρος τινός, τὸ ἄλλο λοιπόν ἐστι, τὸ λειφθὲν ἢ λελειμμένον.

λουτρόν τὸ λούεσθαι.

λούω τι χρώμενος ὕδατι, ἵνα γένηται καθαρὸν ἀντὶ αὐχμηροῦ λούομαι δὲ καθ᾽ ἡμέραν τὸ σῶμα. χρῆν γοῦν ποιεῖν τοῦτο, εἴ τις μὴ ἐποίησεν.

λοφιά χαίτη.

λόφος, *hill.* ὁ λόφος ἢ τὸ ὄρος, τόπος ὑψηλός.

λόχμη δρυμός.

λοχῶ λοχᾷ τις πολέμιος ὢν κρύψας ἑαυτὸν ἵνα φθάσῃ ἐπιπεσὼν τῷ πολεμίῳ.

λύγος, *withy.*

λύκος, *wolf.*

λῡμαίνομαι σχεδὸν διαφθείρω κακὸν ποιῶν.

λύπη, *sorrow, pain.* λυπεῖ μὲν ἡμᾶς πολλά, ἡμεῖς δὲ λυπούμεθα.

λυπηρός λύπης μεστός, λύπην ἐμποιῶν.

λύρα ὄργανον τῆς μουσικῆς· γράφε γὰρ δὴ γράμμασιν Ἀγγλικοῖς τὸ ὄνομα.

λύχνος λαμπάς, φῶς, δᾷς· ἀλλὰ πήλινος ἦν ὁ λύχνος, καὶ ἔλαιον ἐκαίετο διὰ θρυαλλίδος.

λύω, *loose, end.*

λῷον ἄμεινον.

μά, *by (in oaths).*

μάγειρος παρασκευάζει δεῖπνον.

μᾶζα, *cake, plankbread.* παροιμία ἀγαθὸν καὶ μᾶζα μετ᾽ ἄρτον.

μαθητής μανθάνουσι μαθηταί, διδάσκουσι διδάσκαλοι.

μάκαρ, *blessed.*

μακάριος μάκαρ· πλούσιος.

μακέλη ὄργανον τοῦ σκάπτειν. σκάπτοι τις ἂν οὕτως καθίησι μὲν τὸν σίδηρον τῆς μακέλης εἰς τὴν γῆν, καὶ καταπατεῖ τῷ ποδί μετὰ ταῦτα ἐκβάλλει βῶλον.

μακράν, *afar,* πόρρωθεν, ἐν γῇ πολὺ ἀπεχούσῃ.

μάλα πάνυ, πολύ.

μάλθα, *wax (smeared on a tablet).* ἐν μάλθῃ γράφομεν.

μαλθακός, *soft,* οὐ σκληρός.

μάλιστα, *very.* μάλιστά γε, *yes.*

μᾶλλον, *rather, more.* (μάλα, μᾶλλον, μάλιστα.)

μάμμη τίτθη· αὕτη δ᾽ ἂν δοίη γάλα τῷ βρέφει.

μάνδρᾱ σταθμός· αὐλὴ καὶ οἰκίσκος τῶν ποιμένων ἐπὶ τοῖς ὄρεσιν.

μανθάνω, *learn.* μανθάνομεν ἃ μὴ ἴσμεν ἄλλος δέ τις διδάσκει.

μαντεῖον ἱερὸν ἐν ᾧ μάντις χρῇ τὸ μέλλον χρηστήριον.

μάντις προορᾷ τὸ μέλλον ὁ μάντις μαντεύεται οὖν. τὸν δὲ μάντιν οὐκ ἂν λάθοις οὔτε λέγων οὔτε πράττων.

μαραίνω μαραίνεται μὲν τὸ ἄνθος ὅταν καταπέσῃ ἀποθνῇσκον, μαραίνεται δὲ καὶ πῦρ ὅταν παύσηται καιόμενον.

μαρτυρῶ μαρτυρίαν παρέχω.

μαστιγίας δοῦλος μαστιγωθεὶς ἔστι δέ τις λοιδορία τὸ ὄνομα.

μαστίξ κάμαξ μακρὸς ἔχων ἵμαντα, ᾧ μαστιγοῖ τις ἵππους.

μασχάλη τὸ μεταξὺ βραχίονος καὶ σώματος τὸ ὑπὸ τοῦ ὤμου.

μάχαιρα, *knife.*

μάχη, *battle.* μάχονται ἐν μάχῃ οἱ μαχηταί.

μεγαλοπρεπής μέγας καὶ λαμπρὸς καὶ σεμνός.

Μέγαρα ἐν μέσῳ ἐστὶν τῶν τ' Ἀθηνῶν καὶ τῆς Κορίνθου ἀπέχει δὲ τῶν μὲν Ἀθηνῶν διακοσίους καὶ ὀκτὼ μάλιστα σταδίους, τῆς δὲ Κορίνθου διακοσίους καὶ πεντήκοντα.

μέγεθος, *size.*

μέγιστος μέγας μάλιστα, μείζων τῶν ἄλλων τὸ δ' ἐναντίον, ὀλιγίστος.

μέδιμνος χωρεῖ χοίνικας ὀκτὼ καὶ τετταράκοντα.

μέθη γίγνεται, ἐπειδὰν πίῃ τις πλέον τοῦ δέοντος τότε μεθύσκει.

μειδιῶ μειδιᾷ τις γελῶν ἄνευ ψόφου, μόλις ἀνοίξας τὸ στόμα.

μειράκιον νεανίας.

μελανόπτερος μέλανα πτερὰ ἔχων.

μέλει, *it concerns.*

μέλιττα, *bee.*

μέλλω, *be about to do something, or bound to do it; also delay.*

μέλος ᾆσμα· μέρος σώματος.

μὲν οὖν, *no, no (in a correction).*

μένω, *remain.* τὸ μένειν ἐστὶ τὸ μὴ ἀπελθεῖν.

μέρος μοῖρα. τὸ ὅλον μεμερισμένον ἔχει μέρη.

μεσημβρία μέση ἡμέρα· ἔστι δὲ καὶ ὁ ἐναντίος τῷ βορέᾳ τόπος.

μέσος, *middle.* τὸ μέσον ἐστὶ τὸ μεταξὺ δυοῖν ἢ πλεόνων.

μέσπιλον, *medlar.*

μεσσόθι ἐν μέσῳ, μεσοῦντος.

μεστός πλήρης, πεπλησμένος.

μετά τι, *after.*

μετά τινος, *with.*

μεταλλάττω, *change,* ποιῶ ἀλλοῖον.

μεταξύ τινων, *between.*

μεταπέμπομαι πέμπω ἄγγελον κελεύοντά τινα ἐλθεῖν.

μεταπηδᾷ πηδᾷ ἢ ἄλλεται ἄλλοτε ἄλλοσε.

μεταχειρίζω ἔχω ἐν χερσίν, χρῶμαι, νωμῶ.

μετέχω μοῖραν ἔχω τινός.

μετέωρος ναῦς μετέωρος ἐν θαλάττῃ ἐστὶ καὶ οὐκ ἐπ' αἰγιαλοῦ.

μετοπωρινός τοῦ μετοπώρου.

μέτριος μέτριά ἐστι τὰ μέτρον ἔχοντα καὶ μὴ ἄνευ μέτρου ὄντα τὰ ἐν μέσῳ, μήτε λίαν μεγάλα μήτε λίαν μικρά τὰ μὴ ὑπὲρ τὰ δέοντα.

μέτωπον τὸ ὑπὲρ τῶν ὀφθαλμῶν.

μεχρί τινος, *up to, as far as,* ἄχρι.

Μηδικός τῶν Μήδων. τὰ δὲ Μηδικὰ ὁ πόλεμός ἐστι τοῦ τε Δαρείου καὶ τοῦ Ξέρξου.

μῆκος, *length.*

μῆλον, *apple.*

μήν δώδεκα μῆνές εἰσι τοῦ ἐνιαυτοῦ. εἰσὶ δὲ δέκα μὲν ἡμέραι ἱσταμένου μηνός, δέκα δὲ μεσοῦντος, δέκα δ' ἢ ἐννέα φθίνοντος. (ἦν γὰρ τὸ πρὶν σελήνη ὁ μήν.)

μηνύω ἀγγέλλω.

μηρύομαι ὑφαίνω.

μηχανῶμαι μηχανᾶται ὁ μηχανὴν ποιούμενος.

μιαρός, *vile.*

μικρός, *small.* οὐ μέγας, οὐκ ὀλίγος τὸ δὲ μικρὸν τὸ μὴ μέγα ἢ τὸ μὴ ὀλίγον.

μῖμηλός, *mimicking.* μιμεῖται εὖ ὁ μιμηλός.

μῖμοῦμαι ὅμοια ποιῶ, ὅμοιον σχῆμα.

μισθός, *wages.*

μιστύλλω κόπτω κρέα ὥστε μικρὰ γενέσθαι.

μισῶ τὸ ἐναντίον, φιλῶ. μισεῖ δέ τις μῖσος ἔχων.

μνᾶ, *mina.* βάρος τι ἡ μνᾶ ἐστιν, μέρος ἑξηκοστὸν τοῦ ταλάντου.

μνῆμα τύμβος, τάφος, στήλη ἀποθανόντος.

μνήμη τὸ ἐναντίον τῆς λήθης. μιμνησκόμεθα τῇ μνήμῃ, λανθανόμεθα τῇ λήθῃ.

μόλις οὐκ ἄσμενος, οὐχ ἑκών, μόνον οὐκ.

μόλω (βλώσκω, μολοῦμαι, ἔμολον) = ἔρχομαι.

μόριον, *part,* μέρος, μοῖρα.

μορμώ ἔμπουσα. λέγουσιν αἱ τροφαὶ μορμώ, ἵνα φοβῶσι τὰ παιδία.

μορφή, *shape,* τὸ εἶδος.

μοσχάριον μόσχος μικρός.

μόσχος ἡ βοῦς τίκτει μόσχους.

μουσικός τὰς μούσας φιλῶν. ἔστι δὲ καὶ τέχνη ἡ μουσική.

μῦθος, *story.*

μυῖα, *fly.*

μύλη τῇ μύλῃ χρωμένη ἀλεῖ ἡ γυνὴ πυροὺς καὶ κριθάς ἐκ μὲν τῶν ἄλευρα ἐκβαίνει, ἐκ δὲ τῶν ἄλφιτα.

μυριάς οὐκ ἂν ἁμάρτοις μυριάδα ἀνδρῶν λέγων μυρίους ἄνδρας.

μύρμηξ, *ant.*

μυρσίνη στέφανος μύρτου.

μύρτος, *myrtle.*

μύσος, *pollution, dirt.*

μυστικός, *mystic, secret.*

μυχός ὁ ἔνδον μάλιστα τόπος τοῦ ναοῦ.

μύω κλήω τοὺς ὀφθαλμούς.

μῶρος τὸ ἐναντίον τοῦ σοφοῦ μῶρόν ἐστιν.

ναίω οἰκῶ.

ναός, *temple,* νεώς. ἐν τοῖς νεῷς σέβονται οἱ θεοί, ἀνάκειται δ' ἀναθήματα. ὁ Ἀθήνησι νεὼς τῆς Ἀθήνης ὀνομάζεται ὁ Παρθενών.

ναυāγός κατεαγυίας τῆς νεὼς ναυαγοὶ γίγνονται οἱ ναῦται.

ναυāγῶ ναυαγεῖ τις, καὶ ναυαγός ἐστιν, ἐὰν κατάξῃ τὸ πλοῖον ἐπὶ πέτραις.

ναύαρχος ἄρχων τῶν ναυτῶν.

ναύκληρος ὁ πρῶτος τῶν ναυτῶν, ἢ ὁ τὴν ναῦν κεκτημένος.

ναυμαχῶ ὅπου ἂν μάχωνται ναυσίν, ναυμαχίας γιγνομένης ναυμαχοῦσιν. ἔστι δ' ἐναντίον ἡ πεζομαχία.

ναῦς πλοῖον.

ναύτης ναῦταί εἰσι τὸ πλήρωμα τῆς νεώς.

ναυτικός τοῦ ναύτου.

νεανικός, *young and strong, lively.*

νεανίσκος νεανίας, μειράκιον.

νεβρίς δέρμα νεβροῦ, ὅστις ἐστὶ σκύμνος ἐλάφου.

νεκρός σῶμα ἀνθρώπου ἀποθανόντος.

νέμω τροφὴν δίδωμι.

νεογνός νεογέννητος.

νέος, *young, new.*

νεόττιον τέκνον ἐστὶν ὀρνιθίου.

νεοττός τέκνον ὄρνιθος.

νεῦρον, *gut, sinew.*

νέφος νεφέλη· νέφη δ' ἔχων ὁ οὐρανὸς νεφελώδης.

νέω, *spin.*

νεωκόρος προσπόλος τις τοῦ ναοῦ.

νεωστί, *lately.*

νέωτα εἰς νέωτα, τοῦ μετὰ τοῦτο ἐνιαυτοῦ.

νή, *by (in oaths).*

Νηλεὺς καὶ **Πελίας,** υἱὼ τοῦ Ποσειδῶνος, ἐξετέθησαν ὑπὸ τῆς μητρός ἐκτεθέντες δὲ ἐσώθησαν ὑπ αἰπόλων τινῶν. μαθόντες δ ὕστερον τὸ γένος, εἷλον τὸν θρόνον τοῦ Κρηθέως ὃς ἔγημε τὴν μητέρα, καὶ βασιλῆς κατέστησαν Ἰωλκοῦ.

νήπιος νεογέννητος· νέος. νήπιόν ἐστι τὸ βρέφος.

νησιώτης ὁ ἐν νήσῳ οἰκῶν.

νῆσος γῆ ἐν μέσῳ τῷ ὕδατι οὖσα καὶ οἱ ἐν νήσῳ, νησιῶται καλοῦνται.

νῆττα ὄρνις, ἥτις φωνὴν ἔχει ὥσπερ ὁ βάτραχος κοὰξ κοάξ.

νίκη, *victory.*

νικῶ νίκην ἔχω, κρατῶ.

νομάς νέμων βοσκήματα, καὶ διὰ τοῦτο οὐκ ἐν τῷ αὐτῷ μένων.

νομεύς ὁ νέμων αἶγας ἢ βοῦς ἢ πρόβατα.

νομίζω, *think,* οἴομαι, δοκῶ. τὰ νομιζόμενα γίγνεται κατὰ νόμον καὶ κατὰ ἔθος.

νόμιος τοῦ νομοῦ (οὐχὶ τοῦ νόμου). Ἑρμῆς δὲ νόμιος θεὸς ἦν προστάτης τῶν αἰγῶν καὶ προβάτων καὶ τῶν τοιῶνδε.

νόμισμα, *coinage.*

νομός *(1), pasturage,* ἐν τῷ νομῷ νέμονται αἵ τε βόες καὶ τἆλλα ζῷα.

νόμος *(2), law.* νόμους τίθησι μὲν ὁ τύραννος ἢ ὁ νομοθέτης, τίθενται δ' αὐτοὶ ἑαυτοῖς οἱ πολῖται.

νότιος ὑγρός, ὑδατώδης. ἔστι δὲ καὶ νότιος ἄνεμος ὁ νότος, ὁ ἀπὸ μεσημβρίας πνέων.

νοῦς διαφέρει τῷ νῷ ἄνθρωπος ζῴου.

Νύμφη νύμφαι εἰσὶ δένδρων καὶ κρηνῶν, θεῖαί τινες οὖσαι.

νῦν, *now.*

νυστάζω νυστάζει τις ἐπειδὰν τάχιστα ἐθέλῃ καθεύδειν οἱ δ' ὀφθαλμοὶ συγκλῄονται αὐτόματοι.

νωθρός, *lazy.*

νῶτον, *back,* τὸ ὄπισθε τοῦ σώματος.

ξαίνω, *card (wool),* σπαράττω.

ξανθός, *tawny brown.*

ξένια, τά ξενία· καλοῦσι δ' ἐπὶ ξένια ὅταν ξενίσωσι δημοσίᾳ.

ξενίζω δέχομαι ξένον, ἀσπάζομαι.

ξένος, *stranger, guest, host.*

Ξέρξης υἱὸς ἦν τοῦ Δαρείου, καὶ αὐτὸς βασιλεὺς τῶν Περσῶν μετὰ τὸν Δαρεῖον.

ξηραίνω ξηρὸν ποιῶ.

ξηρός, *dry,* τὸ ἐναντίον τοῦ ὑγροῦ. ξηραίνει δ' ἥλιος τὰ ὑγρά.

ξίφος φάσγανον· μάχαιρα στρατιώτου κώπην ἔχουσα, ἐν κολεῷ κειμένη, ἐξ ἧς ἀποσπᾷ ὁ ἔχων χρησόμενος.

ξύλινος, *wooden.*

ξύλον, *wood, stick.* τοῦτο ἔχομεν κατακόψαντες τὰ δένδρα, καὶ χρῶνται ξύλῳ οἱ ναυπηγοὶ καὶ οἱ τέκτονες.

ξυστός ἐπειδὰν ξύωμεν κάμακα δόρατος καὶ ποιοῦμεν λεῖον, ξυστόν ἐστιν ἤδη.

ὀβελός ξύλον θηκτόν, ἀμφὶ ᾧ ὀπτῶσι τὸ κρέας.

ὀβολός, *obol.* ἕκτον μέρος ἐστὶ τῆς δραχμῆς.

ὄγμος τὸ ἄροτρον ὄγμους κατατέμνει ἐν τῇ ἀρούρᾳ. τέλσον δ' ἐστὶ τὸ τέρμα τοῦ ὄγμου.

ὁδοιπορῶ πορεύομαι ἐν ὁδῷ· βαδίζω ὁδίτης ὤν.

ὁδός, *road.* ἐν τῇ ὁδῷ πορεύονται μὲν αἱ ἄμαξαι, ὁδοιποροῦμεν δ' ἡμεῖς.

ὀδύνη λύπη, πόνος.

ὄζος κλάδος.

οἶδα χάριν εὖ παθὼν οὐκ ἀμνήμων εἰμί, ἀλλὰ μέμνημαι χάριν ἔχων εὐχάριστός εἰμι, οὐκ ἀχάριστος.

οἴκαδε πρὸς οἶκον.

οἰκέτης οἱ ἐν οἰκίᾳ δοῦλοι, οἰκέται.

οἴκημα οἰκία.

οἴκησις οἰκία.

οἰκία, *house.* οἰκία ἢ οἶκός ἐστιν οὗπερ οἰκοῦμεν ἢ διάγομεν τὸν βίον.

οἰκίσκος οἶκος μικρός, οἰκία μικρά, δωμάτιον.

οἰκοδομῶ ποιῶ οἰκίαν ἢ τεῖχος.

οἴκοθεν ἐξ οἰκίας.

οἴκοι ἐν οἰκίᾳ.

οἰκονομίᾱ, *management.*

οἰκτίρω δι᾽ οἴκτου εἰμί.

οἰκτισμός οἰκτρὸν σχῆμα καὶ στόνος.

οἶκτος, *pity.* οἰκτίρουσιν δι᾽ οἴκτου ὄντες πάντες ὅταν ἴδωσι τὰ οἰκτρά.

οἰκτρός ἄξιος οἴκτου.

οἰκῶ, οἰκεῖς, *dwell,* οἶκον ἔχω ἢ οἰκίαν, διάγω τὸν βίον.

οἴμοι, *alas,* φεῦ.

οἰμωγή βοή, οἴμοι.

οἰμώζω βοῶ οἴμοι.

οἰνοχόος ὁ χέων τὸν οἶνον.

οἶς πρόβατον. (οἰός, οἰΐ, οἶν, οἶες.)

οἰστρῶ ταράττω ὥσπερ οἶστρος ἔστι δ᾽ ὁ οἶστρος μυῖά τις ἔχουσα κέντρον.

οἴχομαι φροῦδός εἰμι.

οἰωνός ὄρνις· καὶ δὴ καὶ θεῖον σημεῖον καλοῦ ἢ κακοῦ.

ὀκέλλω ἐξωθῶ ναῦν εἰς τὴν γῆν.

ὀκνῶ ὀκνεῖ τις ποιεῖν ἃ μὴ ἐθέλει, εἴτε φοβούμενος εἴτ᾽ αἰσχυνόμενος εἴτε καὶ ἄλλως.

ὄλβιος ὄλβον ἔχων. εὐδαίμων καὶ πλούσιος.

ὀλιγανθρωπίᾱ ἐστὶν ἐὰν ὀλίγοι παρῶσιν ἄνθρωποι τὸ δ᾽ ἐναντίον πολυανθρωπία.

ὀλίγος, *small;* **ὀλίγοι,** *few.* μικρός, οὐ πολύς, οὐ πολλοί.

ὀλίγου δέω ὀλίγον κωλύει τὸ μὴ ποιεῖν τι σχεδόν.

ὀλόλυγμα βοὴ σεμνὴ γυναικῶν ἐν ἑορτῇ.

Ὄλυμπος ὄρος μεταξὺ ὂν Θετταλίας τε καὶ Μακεδονίας, ἐν ᾧ οἰκοῦσιν οἱ θεοί.

ὁμαλός, *flat, level.*

ὁμῆλιξ οἱ ὁμήλικες τὴν αὐτὴν ἡλικίαν ἔχουσιν.

ὁμιλίᾱ σύλλογος, ὄχλος, πομπή.

ὄμμα ὄψις.

ὄμνῡμι, *swear,* ὅρκον προστιθεὶς λέγω.

ὅμοιος, *like.* τὸ δ᾽ ἐναντίον, ἀνόμοιος.

ὁμοίως οὐκ ἄλλως.

ὁμολογῶ σύμφημι, ὑπισχνοῦμαι.

ὁμοῦ, *together,* ἐν ἑνὶ τόπῳ, ἐν τῷ αὐτῷ τόπῳ.

ὁμοφρονῶ οἱ ταὐτὰ φρονοῦντες ὁμοφρονοῦσιν.

ὁμοφώνως ἅμα, ὁμοίως.

ὅμως, *nevertheless, yet.*

ὀνήσιμος, *useful,* χρήσιμος. ἐάν τι ὀνήσῃ, ὀνήσιμον τοῦτο. ὀνίνησι τὰ ὀνήσιμα.

ὀνομάζω, *name, call by name,* λέγων τὸ ὄνομα ὀνομάζω.

ὄνος, *ass.* ὁ ὄνος μεγάλα μὲν ἔχει τὰ ὦτα, μιαρὰν δὲ τὴν φωνήν, καὶ ἀκάνθας ἐσθίει. τὰ μὲν ὅμοιός ἐστί πως τῷ ἵππῳ, τὰ δ᾽ ἀνόμοιος.

ὄνυξ τὸ σκληρὸν τὸ ἐπ᾽ ἄκρων τῶν δακτύλων λέγοις ἂν ὀρθῶς ὄνυχα.

ὀξύς ὀξὺ μὲν τὸ ἄκρον τῆς βελόνης, ὀξεῖα δ᾽ ἡ αἰχμή, καὶ τὰ ξίφη ὀξέα ἐστίν. λέγουσι δὲ καὶ ὀξεῖαν φωνήν, ὥσπερ τὴν τῆς γυναικός.

ὀπή τρῆμα.

ὁπηνίκα ὅτε, ἐν ᾧ.

ὀπίσθιος ὁ ὄπισθεν.

ὀπισθοχειμών ἐὰν χειμῶνες γένωνται ἦρος ἤδη ἀρχομένου, καλοῦνται ὀπισθοχειμῶνες.

ὁπλή χηλή.

ὁπλιταγωγός ἐάν τις ναῦς ὁπλίτας ἄγῃ, ὁπλιταγωγός ἐστιν.

ὁπλίτης στρατιώτης μεθ᾽ ὅπλων.

ὅπλον ὄργανον. οἱ μὲν πολεμοῦντες ὅπλοις χρῶνται, λέγοις δ' ἂν ὅπλα καὶ τὰ ξύλα τε καὶ ἱστία τῆς νεώς.

ὁποσοσδήποτε, ὁποσοσοῦν, *however much it may be.*

ὀπτῶ ὀπτῶσιν οἱ μάγειροι κρέα ἐν πυρὶ πρὶν ἐσθίειν.

ὅρāμα θέα, ὄψις.

ὄργανον, *organ, tool.*

ὀργή, *anger,* χόλος. ὀργίζεται δ' ὁ δύσκολος ῥᾳδίως.

ὀργίζομαι εἰμὶ ἐν ὀργῇ, δι' ὀργῆς εἰμι, χρῶμαι ὀργῇ.

ὀργίλως μετ' ὀργῆς.

ὀργυιά, *fathom.*

ὄρθιος ὀρθός, οὐ κλινόμενος.

ὀρθός, *upright.*

ὁρμίζω τὴν ναῦν, ἐὰν ἄγω εἰς ὅρμον ὁρμίσας δὲ αὐτήν, ὁρμίζεται καὶ ὁρμεῖ.

ὅρμος ἐν τῷ λιμένι ὅρμος ἐστί, τόπος ὢν ἐν ᾧ ἀσφαλῶς κεῖνται αἱ νῆες ἐπ' ἀγκυρῶν.

ὁρμῶ ὁρμεῖ τὰ πλοῖα ἐν ὅρμῳ ὄντα.

ὀρνίθεια, *birds' flesh, fowl.* τὰ ὀρνίθεια κρέα ἐσθίουσιν.

ὀρνίθιον, *bird,* μικρὸς ὄρνις. τὰ ὀρνίθια πτερὰ μὲν ἔχει καὶ πτέρυγας, τίκτει δ' ᾠά.

ὄρνις οἱ ὄρνιθες ἔχουσι πτερά· ὄρνις δὲ μικρός, ὀρνίθιον.

ὄρος τὸ ὄρος ἐστὶ λόφος.

ὀρρωδίā δέος ἢ καὶ φόβος τις.

ὀρύττω σκάπτω, ὄρυγμα ποιοῦμαι.

ὄρχησις τὸ ὀρχεῖσθαι, τὸ χορεύειν.

ὀρχοῦμαι χορεύω.

ὁρῶ, *see,* βλέπω, θεῶμαι, ἀθρῶ. ὁρῶμεν τοῖς ὀφθαλμοῖς τὰ ὁρατά, τὰ δὲ μὴ ὁρατὰ οὐχ ὁρᾷ οὐδείς. τὸ δ' ὁρᾶν ὅμοιόν ἐστι τῷ τε βλέπειν καὶ τῷ θεᾶσθαι καὶ τῷ ἀθρεῖν.

ὀσμή ἐπειδὰν ὄζῃ τι, ὀσμὴ γίγνεται, κἄν τις ὀσφραίνοιτο.

ὄστρακον, *tile; shell.*

ὅτε, *when.*

ὅτι, *that.*

οὐδεπώποτε οὐδέποτε.

οὐδός τὸ ἔδαφος τὸ παρὰ τῇ θύρᾳ.

οὐκ ἔστιν ὅπως οὐδαμῶς, οὐ πάνυ.

οὐκέτι οὐ νῦν ὥσπερ πρίν.

οὔκουν, *not.* **οὐκοῦν,** *therefore.*

οὖν, *therefore.*

οὖον, *sorb-apple.*

οὔπω, *not yet.*

οὐρᾰ́, *tail.*

οὐρανός, *sky, weather.* ὁ οὐρανός ἐστιν ὑπὲρ τῆς γῆς καὶ μεταξὺ γῆς καὶ οὐρανοῦ, ἀήρ.

οὔριος ἄνεμος καλός ἐστι πρὸς τὸν πλοῦν.

οὐσίᾱ κτήματα καὶ χρήματα.

οὕτως, οὕτω, *thus.* ὧδε, τῷδε τῷ τρόπῳ, τούτῳ τῷ τρόπῳ, κατὰ ταῦτα.

ὄφελος βοήθεια.

ὀφθαλμίᾱ νόσος ὀφθαλμῶν, ᾗ ὀφθαλμιῶσιν.

ὀφθαλμός τοῖς ὀφθαλμοῖς ὁρῶμεν.

ὄχημα τοῦτ' ἐφ' οὗ ὀχεῖταί τις, ἅρμα, ἅμαξα, ναῦς.

ὄχλος ὄχλον παρέχω, πράγματα παρέχω ἢ κόπον. ὁ δ' ὄχλος ἐστὶ καὶ σύλλογος ἀνθρώπων συμμεμειγμένων.

ὀψέ τὸ ἐναντίον τοῦ πρωΐ.

παγίς μηχανὴ τοῦ αἱρεῖν ὄρνιθας.

πάθος τὸ γεγενημένον ἡμῖν. ὅπερ ἐπάθομεν, τοῦτο πάθος ἐστίν.

παιανίζω παιᾶνα ᾄδω· ὕμνος ἐστὶν ὁ παιάν.

παιανισμός παιὰν ᾀδόμενος.

παιδαγωγός οὗτος δοῦλός ἐστιν, ὃς ἄγει τὰ παιδία παρὰ τὸν διδάσκαλον.

παιδάριον παιδίον μικρὸν ἢ βρέφος.

παιδεύω διδάσκω, ὥσπερ πατὴρ παῖδας.

παιδιά τὸ παίζειν.

παιδίον, *child, boy or girl,* παῖς μικρός, ἢ παιδίσκος, ἢ παιδάριον, ἢ τέκνον.

παιδίσκος μικρὸν παιδίον, ἀλλ᾽ οὐ κόρη.

παιδοτροφία τροφὴ παιδός, τὸ παῖδα τρέφειν. ὁ τρέφων δὲ παιδοτρόφος.

παίζω, *play.*

παῖς παιδίον.

παίω τύπτω.

παιών ὄνομα τοῦ Ἀσκληπιοῦ καὶ τοῦ Ἀπόλλωνος, ὡς ἰωμένων καὶ θελγόντων τὰ κακά.

παλάθη, *scone.*

παλαιός ἀρχαῖος, οὐ νέος.

πάλη τὸ παλαίειν· παλαίουσι δὲ συμπλέκοντες τὰ σώματα ἵνα ἕτερος ἕτερον καταβάλῃ χαμαί.

παλιρροία γίγνεται ὅταν τὸ ῥεῦμα ῥέῃ πάλιν.

Πάν θεὸς αἰπόλων καὶ νομέων.

Παναθήναια τὰ Παναθήναια ἑορτή ἐστι μεγίστη τῆς Ἀθήνης, πέμπτῳ ἔτει γιγνομένη.

παννύχιος πᾶσαν τὴν νύκτα.

παννυχίς ἑστίασις καὶ χαρὰ τῶν πᾶσαν τὴν νύκτα ἀγρυπνούντων.

παντελῶς τὰ πάντα.

παντοδαπός παντοῖος.

πάνυ, *very,* παντελῶς, μάλιστα.

πάπῡρος, ἡ, papyrus or paper.

παρά τι, *to, along, during; contrary to, compared with.*

παρά τινος, *away from.*

παρά τινι, *beside.*

παραινῶ κελεύω, οὐχ ὡς δεσπότης, ἀλλ᾽ ἐξ ἴσου λέγων.

παρακάθημαι πλησίον κάθημαι.

παραλέγω λέγω ἄνευ νοῦ, ληρῶ.

παραλλάττω παραμείβω, παραπλέω.

παραμύθιον, *consolation.*

παραπλέω παρὰ τὴν γῆν, παρὰ τὸν αἰγιαλόν.

παρασκευάζω, *prepare,* παρασκευὴν ποιοῦμαι παρεσκευασμένων δὲ πάντων πάντα ἕτοιμα.

παραφέρομαι ἐκτὸς ἐμαυτοῦ φέρομαι, οὐκ ἔνδον εἴμ᾽ ἐμαυτοῦ, ἄφρων εἰμί.

παρειά μέρος ἐστὶ τοῦ προσώπου ἑκάτερωθε τῆς ῥινός, οὗπερ καὶ ἐρυθριῶμεν.

πάρειμι οὐκ ἄπειμι· ἐγγύς εἰμι, ἔν τινι τόπῳ. **πάρεστι** δυνατόν ἐστιν, ἔνεστιν, ἔξεστιν.

παρέχω, *provide,* παρασκευάζω.

παρθένος κόρη ἄγαμος.

παροιμία, *proverb.*

πάσχω, *experience.* παθήματα μαθήματα ἰδοὺ παροιμία, ὁ γὰρ παθὼν καὶ ἔμαθεν.

πάταγος ψόφος, κρότος.

πατήρ ὁ μὲν πατήρ ἐστι τῶν τέκνων, ἡ δὲ μήτηρ.

πατρίς πατρία γῆ.

πατριώτης ὁ ἐκ τῆς αὐτῆς πατρίδος.

πάτταλος, *peg, stump.* παροιμία ἐστίν, ὅτι πάτταλος πάτταλον ἐκκρούει.

πατῶ τοῖς ποσὶν ἐμβαίνω.

παύω, *check.* ἐὰν παύσῃ τινά τις, οὗτος παύεται.

πάω, *sprinkle.*

πέδιλον ὑπόδημα ποδὸς λεπτόν.

πεδινός τοῦ πεδίου.

πεδίον, *plain.*

πεζός πορευόμενος ποσίν, οὐχ ἵππῳ ὀχούμενος.

πείθω παράγω λόγοις, ὥστε ποιεῖν ὅ τι ἂν δόξῃ μοι πείθοντος δ᾽ ἐμοῦ, πείθεται ὁ ἕτερος.

πεινῶ πεινῇ ὁ μὴ ἔχων μηδὲν ὥστε φαγεῖν, ἐθέλων δὲ φαγεῖν ὁ ἄσιτός τοι ἂν πεινῴη. τὸ δὲ πεινῆν ἐστιν ἡ πεῖνα. (ἄλλο μὲν τὸ πεινῆν, ἄλλο δὲ τὸ πίνειν.)

Πειραιεύς ἐμπόριον τῶν Ἀθηνῶν παρὰ θαλάττῃ.

πείρω ὠθῶ ὀξύ τι διά τινος, ὥστε περαίνεσθαι.

πειρῶμαι πεῖραν ποιοῦμαι, ἀπάρχομαι.

πεῖσμα κάλως τῆς νεώς.

πελάγιος θαλάττιος.

πέλαγος ἡ ἔξω θάλαττα τὸ πέλαγός ἐστι.

πελάζω, *bring near, or put in.*

πέλανος μέλι καὶ ἔλαιον καὶ ἄλφιτα συμμεμειγμένα καὶ συμπεφυρμένα τοῦτο καθωσίωσαν τοῖς θεοῖς εἰς τὸ πῦρ εἰσβάλλοντες.

πελαργός, *stork.*

πέλας πλησίον.

πέλεκυς ὄργανον σιδηροῦν, ᾧ κατατέμνουσι δένδρα.

Πελίας ὅρα τὸ Νηλεύς.

πέμπω, *send.*

πενία τὸ ἐναντίον τοῦ πλούτου. πενίᾳ πένονται οἱ πένητες ὁ δὲ πένης οὐ πολλὰ μὲν ἔχει, ζῇ δ᾽ ἐὰν ἐργάζηται. οὐκ ἄρ᾽ ἂν εἴη πτωχὸς ὁ πένης.

πεντακότυλος ὃς πέντε κοτύλας ἔχει ἐν ἑαυτῷ ἡ δὲ κοτύλη = half-a-pint.

πεντηκόντορος ναῦς ἔχουσα πεντήκοντα ἐρετμούς.

πεντόζος ἔχων πέντε ὄζους· ἡ γὰρ χεὶρ πέντε δακτύλους ἔχει.

πέπλος ἐσθής τις.

πέποιθα πέπεισμαι, πιστεύω.

περαιτέρω, *further. Superlative* περαιτάτω.

πέρδιξ, *partridge.*

περί τι, *around, near.*

περί τινος, *about, concerning, beyond.*

περί τινι, *rest about.*

περιάγω ἕλκω κύκλῳ.

περιδέραιον κόσμημα τῆς δέρης ἢ τραχήλου.

περιδρύπτω σπαράττω πᾶν τὸ σῶμα.

περίεργος ἐν φροντίδι· μερίμνας ἔχων.

περιέσπασμαι πάντα ἀφήρπασται πάντα μοι ὅρα τὸ περισπῶ.

περιέχω, *surround.* τὸ περιέχον ἔχει ἐν ἑαυτῷ τὸ περιεχόμενον.

περιλείχω περιλείχουσιν οἱ κύνες ταῖς γλώτταις τὴν χεῖρα τοῦ δεσπότου καὶ δὴ καὶ ὠτειλὰς περιλείχοι τις ἂν κύων.

περιμένω μένω μέχρι τινὸς χρόνου.

περίμεστος μεστὸς πανταχόθεν.

πέριξ κύκλῳ.

περιπατῶ, *walk about,* πορεύομαι ἔνθα καὶ ἔνθα.

περισπῶ βίᾳ ἀφέλκω καὶ γυμνῶ, περιαιρῶ.

περισφίγγω περιτείνω εὖ.

περιτρέπω, *overturn.*

περιτρέχω, *run round.*

περιττός, *over and above;* ἀριθμὸς περιττὸς ὁ εἷς καὶ οἱ τρεῖς καὶ οἱ τοιοῦτοι ἄρτιος δ᾽ οἱ δύο καὶ οἱ λοιποί.

περιτυγχάνω ἀπαντῶ, εὑρίσκω, καταλαμβάνω, ἀλλὰ τύχῃ.

Πέρσης Μῆδος· τῆς Ἀσίας ἔθνος.

πέρυσι(ν) τοῦ προτεραίου ἔτους.

πέτασος ἐπὶ κεφαλῆς ἔπεστιν, ἵνα μὴ καίῃ ὁ ἥλιος.

πέτρᾱ, *rock.*

πέτρος, *stone.*

πεύκη, *fir, pine.*

πήγνῡμι, *fix.* γάλα πεπηγμένον γίγνεται παχὺ τοῦτ᾽ οὐκέτι πίνομεν ἀλλ᾽ ἐσθίομεν. ἐὰν δὲ πάνυ πήξῃς καὶ ἐμβάλῃς ὀπόν, τυρὸς ἤδη. πήγνυται δ᾽ αὖ τὸ ὕδωρ τοῦ χειμῶνος, καὶ κρύσταλλος γίγνεται.

πηλός γῆ ὑγρά, κόνις βεβρεγμένη.

πήρᾱ σάκκος.

πηρίδιον πήρα μικρά, σάκκος.

πῆχυς, *cubit.*

πῑαίνω ποιῶ πίονα καὶ παχύν.

πιέζω, *press,* βαρύνω.

πίθηκος ζῷον τοῦτ᾽ ἐστίν, ὅμοιόν πως ἀνθρώπῳ, αἰσχρὸν δέ.

πίθος ἄγγος μέγα πήλινον, ἐν ᾧ οἶνος σῴζεται.

πῖλος, *felt.*

πίμπλημι πλήρη ποιῶ, πληρῶ.

πινάκιον, *tablet, board.*

πίναξ ξυλὸν πλατὺ καὶ λεῖον. πίνακές εἰσι καὶ οἱ τοῖχοι τῶν νεῶν. ἀνετίθεσαν δὲ πίνακας οἱ ὑγιεῖς γενόμενοι ἐκ νόσου ἐν δὲ τῷ πίνακι ἂν εἴη ζωγραφία ἢ ἐπιγραφή.

πίνω, *drink.* πίνομεν ποτά, οἶνόν τε καὶ γάλα καὶ ὕδωρ.

πιστεύω πίστιν ἔχω, πέποιθα· νομίζω ἀληθῆ εἶναι.

Πιττακὸς τύραννος τῆς Μυτιλήνης, καὶ εἷς τῶν ἑπτὰ σοφῶν.

πίων παχύς, πλούσιος.

πλακοῦς, *cake.*

πλανῶμαι ἐκ τῆς ὁδοῦ πορεύομαι, πορεύομαι εἰκῆ, κατὰ τύχην.

Πλαταιαὶ πόλις ἐστὶ τῆς Βοιωτίας, φίλη δὲ ταῖς Ἀθήναις καὶ σύμμαχος.

πλατύς εὐρύς, οὐ στενός.

πλέθρον μέτρον ἀρούρας ἑκατὸν ποδῶν.

πλειάς, *Pleiad.*

πλέκω, *weave.*

πλεονέκτης τοιοῦτός τίς ἐστιν, ἐὰν πλεονεκτῇ τοῦτ᾽ ἐστίν, ἐὰν πειρᾶται αἰεὶ πλέον ἔχειν τῶν ἄλλων. καὶ αὕτη πλεονεξία, κακὸν δὴ πρᾶγμα.

πλέω πλεῖ τὸ πλοῖον κατὰ θάλατταν.

πληγή, *blow.*

πλῆθός ἐστιν ὑδάτων, ὅταν ὕδωρ πολὺ ᾖ λέγοις δ᾽ ἂν καὶ ἀνθρώπων πλῆθος τοὺς πολλούς.

πληθύω πλήρης γίγνομαι.

πλήν τινος, *except.*

πλήρης μεστός· τὸ κενόν ἐστιν ἐναντίον τῷ πλήρει. ὅταν τι πλήσῃς, γίγνεται πλῆρες, καὶ πεπλησμένον ἐστὶν ἤδη.

πληρῶ πλῆρες ποιῶ τι.

πλήρωμα τῆς νεώς οἱ ναῦται οἱ πληροῦντες αὐτήν.

πλοῖον ἄκατος, ἀκάτιον, ναῦς· ὅ τι πλεῖ.

πλοκή συμπλοκὴ σωμάτων, λαβὴ χειρῶν καὶ ποδῶν.

πλοῦς ὅπερ ὁδὸς ἐν τῇ γῇ, τοῦτο πλοῦς ἐν θαλάττῃ. πλέουσι γάρ.

πλούσιος, *rich.*

πλοῦτος, *wealth.* πλούτῳ πλουτοῦσιν οἱ πλούσιοι πλοῦτος τοὺς πλουσίους πλουτίζει.

πλΰνω λούω· καὶ κατὰ μεταφοράν, λοιδορῶ ἢ μέμφομαι λόγοις χαλεποῖς.

πλώιμός ἐστι ποταμός, ἐν ᾧ ἂν πλεῖν δυνώμεθα πλώιμα δ᾽ ἐστὶν ἐὰν πλεῖν δυνώμεθα ὁπουδήποτε.

πνεῦμα ἄνεμος. ἔχουσι πνεῦμα καὶ οἱ ἄνθρωποι πνέοντες.

πνέω φυσῶ. πνεῖ καὶ φυσᾷ ἢ ἄνεμος ἢ ἄνθρωπος.

πνῖγος τὰ πνίγη ἐστὶ καύματα μέγιστα ἄνευ ἀνέμου.

πνίγω πνίγονται τῇ θαλάττῃ οἱ καταδύντες πνίγονται δ᾽ ἐν ἀέρι καὶ οἱ ἰχθύες.

πόα, *grass,* βοτάνη.

ποδώκης πόδας ὠκύς· δεινὸς τρέχειν.

ποιητής, *poet.* οἱ ποιηταὶ ποιοῦσι ποιήματα μετὰ τῶν Μουσῶν.

ποικίλος παντοῖος.

ποιμαίνω ποιμήν εἰμι, νέμω ποίμνην.

ποιμενικός τῶν ποιμένων.

ποιμήν ποιμαίνει τὰ πρόβατα.

ποινή οἱ ἀδικοῦντες ἢ ἁμαρτόντες ποινὴν διδόασιν.

ποῖος, *of what kind?*

ποιῶ, *make, do;* συγγράφω ποιήματα. εὖ ποιῶ, κακῶς ποιῶ τινα.

πολεμικός τοῦ πολέμου.

πολέμιοί εἰσιν οἱ ἐν πολέμῳ ὄντες εἰ δὲ μή, φίλοι.

πόλεμος, *war.* ἐν ἑνὶ πολέμῳ πολλαὶ μάχαι πολεμοῦσι δ' οἱ στρατιῶται.

πολιός λευκός.

πολιτείᾶ τρόπος τοῦ πολιτεύειν οἰκονομία πολιτῶν· κατὰ τὴν πολιτείαν οἰκεῖται ἡ πόλις.

πολλάκις, *often.*

πολυμήχανος ἔχων πολλὰς μηχανὰς καὶ τέχνας, εὔπορος.

πολυτελής ἄξιος πολλῆς τιμῆς.

πομπή, *procession.*

πονηρός κακός.

πόπανον, *cake.*

ποππύζω οὕτω ποππύζομεν· κλήσαντες γὰρ τὸ στόμα, πλὴν ὀλίγης ὀπῆς, ἀφίεμεν τὸ πνεῦμα. τοῦτο δὲ ποιοῦντες καλοῦμεν τοὺς κύνας.

πορεύομαι ὁδὸν ποιοῦμαι, ὁδοιπορῶ, περιπατῶ.

πορθμός ἐστι στένη θάλαττα μεταξὺ νήσου τε καὶ ἠπείρου.

πόρρω, *onwards, further.*

πορφυρεὺς ἁλιεύει τὴν πορφύραν αὕτη δ' ἐστὶν ὥσπερ στρόμβος μικρότατος, ὅμοιος τούτῳ ὅστις ἕρπει ἐπὶ τὴν γῆν, ἔχων τὴν οἰκίαν ἐπὶ νώτου λέγεται δὲ ὁ στρόμβος φερέοικος. ἐκ δὲ τῆς πορφύρας ποιοῦσι χρῶμα πορφύρεον, ᾧ βάπτουσι τὰς ἐσθῆτας.

Ποσειδεών, *December.*

Ποσειδῶν θεὸς τῆς θαλάττης καὶ ἀδελφὸς Διός τε καὶ Ἅιδου.

ποτάμιος τοῦ ποταμοῦ· οἰκῶν ἐν ποταμοῖς.

πότερον ... ἤ, *whether ... or.*

ποτήριον πίνομεν ἐκ ποτηρίων.

πότος τὸ πίνειν.

που, *somewhere, methinks, no doubt.*

πρᾶος ἥμερος.

πράσινος πρασίνη δὴ τὸ χρῶμα ἡ πόα, καὶ τὰ τῶν δένδρων φύλλα.

πράττω εὖ διάκειμαι εὖ, ἀγαθῇ τύχῃ χρῶμαι.

πρέπει, *it fits.*

πρέσβυς, *envoy,* γέρων. πρεσβύτατος γεραίτατος.

πρεσβύτης πρέσβυς, γεραιός, γέρων.

πρίν πρότερον, πρὸ τοῦ.

πρῖών ὄργανον σιδηροῦν ὀδόντας ἔχον, ᾧ πρίουσι ξύλα.

πρό τινος, *before.*

προαποπνῑ́γω φθάνω πνίξας· ὁ ἐν πόντῳ ἀποθανὼν κατεπνίγη προαποπνίγεται δὲ ὁ πρότερον καταδύς.

πρόβατον, *sheep.*

προβοσκίς χεὶρ τοῦ ἐλέφαντος.

πρόγονος πάππος, πρόπαππος· οἱ πρόγονοί εἰσι πατέρες πατέρων.

προδίδωμι ἀπατῶν τις προδίδωσι τοὺς φίλους τοῖς πολεμίοις, ὢν προδότης.

πρόδομος, *verandah, open-roofed space before the house door.*

προερέττω πόρρω ἐρέττω.

πρόθῡμα τὸ πρὸ τῆς κυρίας θυσίας θῦμα διδόμενον.

προθῡμίᾱ, *eagerness.* οἱ πρόθυμοι προθυμοῦνται.

πρόθῡμος ἑκούσιος, καὶ εὔθυμος ὤν, οὐκ ἄθυμος, χρώμενος προθυμίᾳ προθυμούμενος.

προΐημι ἀποβάλλω.

προΐκα δωρεάν, ἄνευ τιμῆς καὶ ὤνου καὶ μισθοῦ.

προκυκλῶ κυλινδῶ ὥσπερ κύκλον.

προκύπτω ἐκκύπτω ἐξωθῶν τὴν κεφαλήν.

προνοία μέριμνα καὶ φροντὶς τοῦ μέλλοντος.

προπέρυσι(ν) τρίτον ἔτος.

προπίνω οἱ συμπίνοντες προπίνουσιν ἀλλήλοις πόλλ' ἀγαθὰ εὐχόμενοι.

πρόπολος οἰκέτης τοῦ ἱεροῦ.

πρός τι, *towards.*

πρός τινος, *from.* πρὸς θεῶν, *in God's name.*

πρός τινι, *near; besides.*

προσάπτω ἐξάπτω, συζεύγνυμι.

προσδακρῦω δακρύω πρὸς τούτοις.

προσδεῖ δεῖ πρὸς τούτοις ἄλλο.

προσερείδω προσκλίνω.

προσκαλῶ προσκαλοίη τις ἂν ἐπὶ δεῖπνον.

προσκυνῶ, *worship, properly a gesture of kissing the hand and then holding it out palm upwards.*

πρόσοδος, ἡ, *income.*

προσορμίζω ναῦν ἄγω ἢ ἐλαύνω πρὸς ὅρμον.

προσπόλος ἀκόλουθος, οἰκέτης.

πρόσωπον, *face.*

πρότονος κάλως τῆς νεώς, ὃς βεβαιοῖ τὸν ἱστόν.

προὔβαινε προέβαινε.

προὔπεμψαν προέπεμψαν.

προχωρῶ βαίνω πρὸς τὸ ἔμπροσθεν.

πρύμνα τὸ ὄπισθε μέρος τῆς νεώς, ἐφ' ἧς ὁ κυβερνήτης.

πρυμνήσιον κάλως τῆς πρύμνης.

πρυτανεῖον, *town-hall;* οἴκημα ἐν ᾧ οἱ πρυτάνεις τε ἐδείπνουν καὶ οἱ δημόσιοι ξένοι.

πρωΐ, *early.*

πρῷρα τὸ πρόσθε μέρος τῆς νεώς

πρῶτος, *first.*

πτελέᾱ, *elm.*

πτερίς, *fern.*

πτερόν, *feather.* οἱ ὄρνιθες φύουσι πτερά.

πτέρυξ πτέρυγας ἔχοντες οἱ ὄρνιθες πέτονται.

πτερωτός πτερὰ ἔχων.

πτύω, *spit.* πτύουσιν οἱ βασκαινόμενοι.

πτῶμα γίγνεται ἐπειδὰν πέσῃς.

πτωχός ὁ μηδὲν μὲν ἔχων, αἰτῶν δὲ ἄλλους οὗτοι πτωχεύουσιν.

πύελος, *trough, tub.* ἐκ τῆς πυέλου τρώγουσιν οἱ χοῖροι.

Πῡθίᾱ ἱέρεια τοῦ ἐν Δελφοῖς Ἀπόλλωνος ἐκαλεῖτο δ' ὁ τόπος καὶ Πυθώ.

πυθμήν τὸ κάτω, τὸ ἔδαφος τοῦ ποτηρίου.

πύκτης πυκτεύει παίων τοῖς κονδύλοις οἱ δὲ κόνδυλοι ἔξω τῆς χειρός.

πύλαι οὗ εἴσοδος τῆς αὐλῆς.

πυνθάνομαι μανθάνω ἀκούσας.

πῦρ, *fire.* καίομεν ἢ ἅπτομεν πῦρ, καίει δὲ τὸ πῦρ ἡμᾶς.

πυρεῖα ξύλα οἷς καίεται τὸ πῦρ καίουσι δὲ ἕτερον ξύλον δινοῦντες ἐν ἑτέρῳ.

πυρέττω πυρετῷ νοσῶ· ὁ δὲ πυρετὸς νόσος ἐστὶ θερμὸς ὡς τὸ πῦρ.

πύρινος πύρνος· τοῖς πυροῖς ποιοῦμεν τὰ πύρινα.

πύρνα, *wheat-cakes.*

πυρσεύειν καίειν πυρὰ ἐπὶ τοῖς ὄρεσιν.

πυρώδης μεστὸς πυρός, ὥσπερ πῦρ.

πώγων αἱ ὑπὸ τοῦ στόματος τρίχες, αἱ ἐπὶ τοῦ γενείου.

πωλῶ, *sell.* πωλεῖ ὁ πωλητὴς ἐν τῇ ἀγορᾷ λέγεται δὲ κάπηλος ὁ κατὰ δήμους πωλῶν.

ῥάβδος βακτηρία, ξύλον.

ῥᾴδιος οὐ χαλεπός, *easy.*

ῥαιβός κυρτός.

ῥάκος, *rag.*

ῥαπίζω παίω.

ῥάπτω, *sew.* ῥάπτουσιν αἱ γυναῖκες λίνον ἔχουσαι καὶ βελόνην.

ῥᾱχίᾱ πετρώδης αἰγιαλός, οὗπερ ῥήγνυται τὰ κύματα τῆς θαλάττης.

ῥαχίζω πείρω διὰ τῆς ῥάχεως.

ῥάχις, *spine.*

ῥαψῳδός οἱ ῥαψῳδοὶ λέγουσι ποιήματα ἀπὸ στόματος, καὶ ἄνευ βιβλίων. οὐκ οἶδα διὰ τί οὕτως ὀνομάζονται.

ῥεῦμα ποταμός, τὸ ῥέον.

ῥέω, *flow.* ῥεῖ πολὺς ὁ ποταμὸς πολλοῦ
ὄντος τοῦ ὕδατος.

ῥήτωρ ὁ λέγων ἐν ἀγορᾷ.

ῥῖγῶ ψυχρός εἰμι νοσῶν καὶ τρέμω τοῦτο
πάσχουσιν οἱ πυρέττοντες.

ῥῑνηλατῶ ὁ κύων ῥινηλατεῖ, ζητῶν τὴν
θήραν τῇ ῥινὶ ὀσφραινόμενος.

ῥίπτω βάλλω.

ῥοθιάς κλύδωνας ἢ ἀφρὸν ποιοῦσα.

ῥόθος ψόφος.

ῥοῦς ῥεῦμα. κατὰ ῥοῦν· μετὰ τοῦ ῥεύματος.

ῥύαξ ὥσπερ ῥεῦμα ἢ ποταμός.

ῥυγχίον, *beak.* ὅπερ τῷ ἀνθρώπῳ τὸ στόμα,
τοῦτο τῷ ὄρνιθι τὸ ῥυγχίον.

ῥύγχος ῥυγχίον.

ῥυθμός τάξις μέλους καὶ ᾠδῆς.

ῥυτήρ ἡνία· ἱμὰς ᾧ ἵππους ἰθύνουσιν.

Σαλαμίς νῆσος πλησίον τῆς Ἀττικῆς.
μεταξὺ δὲ τῆς τ' Ἀττικῆς καὶ τῆς
Σαλαμῖνος ἐγένετο ἡ τοῦ Ξέρξου
ναυμαχία.

σάνδαλα πέδιλα, ὑποδήματα.

Σάρδεις αἱ Σάρδεις ἦσαν πόλις μεγίστη
τῆς Λυδίας ἐν δὲ ταῖς Σάρδεσι Κροῖσος
ἐβασίλευεν.

σαῦλος, *waddling.*

σαύρᾱ ἑρπετὸν ὅμοῖον μὲν κροκοδείλῳ,
μικρὸν δέ.

σάφα σαφῶς.

σβέννῡμι σβεννύασι φῶς μὲν πνέοντες,
δίψαν δὲ πίνοντες. τοῦ μὲν φάους
ἐσβεσμένου σκότος ἐπιγίγνεται τῆς δὲ
δίψης ἐσβεσμένης οὐκέτι διψῇ τις, ἀλλ'
ἅδην ἔχει.

σέβω σέβομεν τοὺς θεούς· οἱ μὲν θεοὺς
σέβοντες εὐσεβεῖς, οἱ δὲ μὴ σέβοντες
ἀσεβεῖς.

Σειληνός ὄνομα ἑνὸς τῶν ἀμφὶ Διόνυσον
ἦν δὲ αἰσχρός τις, σιμὸς ὢν καὶ
φαλακρός, παχύς τε καὶ μεθυστικός τις.

σειραφόρος ἵππος ἕλκων διὰ σειρᾶς, ἥπερ
ἐστὶν ἱμάς.

σείω, *shake.*

σελήνη, *moon.* φέγγει ἡ σελήνη κατὰ
νύκτα.

σέλινον, *parsley.*

σεμνός, *solemn.* σεμνύνεται δ' ὁ σεμνός,
σεμνὸν πλάσας τὸ σχῆμα καὶ τὴν ὄψιν.

σεμνύνομαι σεμνὸς καὶ γαῦρος φαίνομαι.

σηκός σταθμὸς τῶν προβάτων.

σῖγα, *silently (used also as command).*

σῑγῶ σιωπῶ.

σίδηρος, *iron.*

σιδηροῦς, *made of iron.*

σίμβλος οἰκίσκος μελιττῶν, ἐν ᾧ τὸ μέλι
σῴζεται καὶ θησαυρίζεται.

σῑμός ῥῖνα ἔχων ἀνατετραμμένην καὶ ἄνω
βλέπουσαν.

σῑμῶ κυρτῶ.

σῑρός ὄρυγμά τι ἐν ᾧ σῖτος κατατίθεται.

σισύρᾱ χλαῖνα παχεῖα βουκόλου, τριχῶν
αἰγείων πεπλεγμένη.

σῑταγωγός ἐστι ναῦς, ἐὰν σῖτον ἔχῃ καὶ
ἄγῃ, τὸ φορτίον.

σῑτάριον ὀλίγος σῖτος.

σῖτος πυροὶ καὶ κριθαὶ καὶ τὰ τοιαῦτα.

σιωπῶ σιγῶ, οὐδὲν λέγω. σιγᾷ καὶ σιωπᾷ ὁ
σιωπηλός.

σκάπτω, *dig.*

σκάφη ἐν ᾗ λούομεν παιδία.

σκάφος ἡ ναῦς πλὴν ἱστίων καὶ ὅπλων.

σκελίς μέρος τοῦ σκέλους ἡ σκελίς.

σκέλος δύο ἔχομεν ἕκαστος σκέλει, τὸ δ'
ἄκρον τοῦ σκέλους πούς ἐστιν.

σκεπάζω περικαλύπτω.

σκέπη στέγος.

σκεῦος χρῆμα, ἄγγος· πᾶν τὸ
ἐσκευασμένον.

σκῆπτρον ξύλον ἐστὶ καὶ βακτηρία, ᾗ
χρῶνται οἱ ἄνθρωποι ἐν ὁδῷ, γέροντες

δὲ μάλιστα. ὁ γὰρ γέρων τρίπους
λέγεται, ἔχων δύο πόδας καὶ ἓν
σκῆπτρον. σημεῖον δ᾽ ἐστὶ τοῦ βασιλέως
τὸ σκῆπτρον.

σκιᾱ́, *shade.* σκιά ἐστιν ὑπὸ τῶν δένδρων
αἱ δὲ γυναῖκες σκιάδεια φέρουσιν ἵνα
σκιὰν ἔχωσιν.

σκίρτημα σκιρτᾳ ζῷον ὅταν πηδᾷ καὶ
παίζῃ.

σκληρός, *hard,* οὐ μαλακός.

σκόλιον ᾆσμα πινόντων.

σκοπῶ βλέπω, ἐξετάζω.

σκοτεινός μετὰ σκότου, ἄνευ φάους ἡμέρα
μὲν ἀπόντος ἡλίου σκοτεινή, νὺξ δ᾽
ἀπούσης σελήνης.

σκυθρωπός οὐχ ἱλαρὸν πρόσωπον ἔχοντα.

σκῦτος, *thong, strip.*

σκώπτω γελωτοποιῶ, γελῶ καὶ ποιῶ
ἄλλους γελᾶν.

σοβῶ φοβῶ κύνας καὶ μυίας καὶ τοιαῦτα,
συγκροτήσας τὰς χεῖρας καὶ βοῶν.

Σολόεις ἀκρωτήριον Λιβύης.

σοφός, *wise.* σοφίαν ἔχει ὁ σοφός, μωρίαν
δ᾽ ὁ μωρός, καὶ ἀμαθίαν ὁ ἀμαθής.

σπάνιος οὐ πολύς.

σπαράττω, *tear.*

σπάργανα, *swaddlings.* καθελίττουσι τὸ
βρέφος σπαργάνοις.

Σπαρτιᾱ́της πολίτης τῆς Σπάρτης γενναῖος
ὤν.

σπείρω, *sow.* ὁ σπορεὺς σπείρει σπέρματα
ἐν τῇ γῇ.

σπένδω λείβω, σπονδὴν ποιοῦμαι.

σπέρμα ὅπερ σπείρεται.

σπλάγχνα τὰ ἔντερα, τὰ ἔνδον τοῦ
σώματος.

σπορεὺς σπείρει.

σπουδαῖος μέγας.

στάδιον, *furlong.*

σταθμός ὅπου ἵσταται τὰ ζῷα οἰκίσκος ἢ
αὐλή, στέγος.

στασιάζομαι στάσιν ποιοῦμαι. στάσις δὲ
γίγνεται ἐὰν οἱ πολῖται ἄλλοι ἄλλα
φρονῶσι, καὶ μάχωνται διὰ ταῦτα. ἔστι
γὰρ ὥσπερ πόλεμος ἐμφύλιος.

σταφυλή, *cluster (of grapes).*

στάχυς, *ear of corn.*

στέαρ, στέᾱτος τὸ παχὺ τῆς σαρκός δημός.

στέγη, *roof.* ἡ στέγη ἐστὶ τὸ ἄνωθε τῆς
οἰκίας.

στέλεχος, *stump.*

στέλλω, *arrange,* στέλλονται τὰ ἱστία οἱ
ναῦται ὅταν τέλος ᾖ τοῦ πλοῦ.

στενός, *narrow,* οὐκ εὐρύς.

στενοχωρίᾱ στενὴ χώρα.

στένω ἀλγῶν τις στένει, φθόγγον
ποιούμενος ἡ δὲ φάττα ᾄδει οὕτως
οἰκτρῶς.

στεφανίσκος στέφανος μικρός.

στεφανῶ ἐπιτίθημι στέφανον.

στήλη, *pillar.*

στιβάς σάκκος πλήρης καλάμης ἐφ᾽ οὗ
καθεύδουσιν.

στῖγμα σημεῖον ἐν τῷ χρωτί, ἢ μάστιγος
ἢ καύματος. στίγματα εἶχον οἱ δοῦλοι
μαστιγωθέντες.

στίχος, *row.*

στοιχηδόν κατὰ στοῖχον, ἐν τάξει,
τεταγμένοι.

στολή ἐσθής, κόσμος.

στόλος σύλλογος νεῶν· νεὼς δὲ στόλος
ἐστὶν ἡ πρῷρα, τὸ ἔμπροσθε μέρος.

στοχάζομαι τεκμηρίοις χρώμενος λέγω ὅ
τι νομίζω. ὥσπερ γὰρ οἱ τοξόται σκοποῦ
στοχάζονται ἀφιέντες τὰ τόξα, οὕτω καὶ
ἐννοούμενοι τὰ τεκμήρια στοχαζόμεθα
τοῦ ἀληθοῦς.

στράτευμα στρατιά, στρατός.

στρατεύομαι ἔξειμι ἐπὶ στρατιάν,
στρατιώτης ὤν.

στρατιώτης, *soldier.* στρατεύονται οἱ
στρατιῶται ἐν στρατιᾷ ὄντες σύλλογον

δὲ στρατιωτῶν λέγομεν στρατὸν ἢ στρατιάν.

στρατός οἱ στρατιῶται.

στρέφω, *twist.*

στρογγύλος στρογγύλη ἐστὶν ἡ σφαῖρα, στρογγύλος δ' ὁ κύκλος.

στρώννῡμι, στρώσω, ἔστρωσα, *strew.*

στῦλος, *a metal pen for scratching on wax.*

συβώτης φύλαξ συῶν.

συγγνώμη, *pardon, excuse.* συγγνώμην ἔχω, συγγιγνώσκων τινί.

σύγκειμαι ἐὰν συνθῶ πολλά, συντέθηταί τε καὶ σύγκειται.

συγκολλῶ, *glue.* κολλᾷ τις κολλήματι.

συγκροτῶ συγκροτεῖ τις τὰς χεῖρας, συμβάλλων μετὰ ψόφου. ἐπαίνου δὴ σημεῖον τοῦτο.

συγχαίρω τινί, ἐὰν χαίρω μετ' αὐτοῦ χαίροντος.

συζεύγνῡμι συνάπτω, συναρμόζω.

σῡκῆ δένδρον ὃ φέρει σῦκα.

σῦκον, *fig.* φέρει σῦκα ἡ συκῆ.

σῡκοφαντῶ ἀδίκως κατηγορῶ συκοφάντης ὤν.

συλλέγω, *collect,* συναγείρω.

συμβαίνει γίγνεται.

σύμβολον σημεῖον.

συμβουλεύω βουλὴν δίδωμι. συμβουλεύονται δ' ἄνθρωποι αὐτοὶ ἑαυτοῖς, ἐν συλλόγῳ.

σύμμαχος οἱ σύμμαχοι φίλοι εἰσὶν ἐν πολέμῳ, πολεμοῦσι δ' ὁμοῦ συμμαχοῦσι, συμμαχίαν ἔχουσιν.

σύμμεικτος μεμειγμένος· παντοῖοι ὁμοῦ ἐστιν ὄχλος σύμμεικτος.

συμποσίαρχος ἄρχων συμποσίου, ὃς καὶ τίθησι νόμους τοῦ πίνειν ὥσπερ νομοθέτης.

συμπόσιον γίγνεται συμπινόντων τινῶν.

συμπότης ὁ συμπίνων ἐν συμποσίῳ.

συμφορᾰ τὸ γιγνόμενον.

σύν τινι, *with.*

συναρτῶ ζεύγνυμι.

συνέβη ἐγένετο.

συνειργμένον συγκεκλημένον.

συνεμβολὴ κωπῶν ὅταν αἱ κωπαὶ ἅμα ἐμβάλλωνται εἰς τὸ ὕδωρ.

συνεχής οὐδὲν παυόμενος, ἄνευ μεταλλαγῆς.

συνήθης γνώριμος, φίλος.

συνήνεγκε συνέβη.

σύνθημα συμφωνία· συνθήκη· παρασκευή. οἱ μηχανησάμενοί τι ποιοῦσιν ἐκ συνθήματος αὐτό.

συνθραύω θραύω παντελῶς.

συνίημι καταμανθάνω, καταλαμβάνω ἐν νῷ, κάτοιδα.

σύννους ἐν φροντίδι, διαλογιζόμενος.

σύνοιδα ἐάν τις εἰδῇ ὃ μὴ ἴσασιν ἄλλοι, σύνοιδεν ἑαυτῷ ἐὰν δὲ καὶ ἄλλος τις, σύνοιδε καὶ τούτῳ καὶ ἑαυτῷ, ὁ δ' αὐτῷ σύνοιδεν.

συντείνω μένω, διατελῶ μένων.

συντρέχω συντρέχουσι πολλοὶ εἰς ἕνα τόπον.

συνωνοῦμαι ἀγοράζοντες συλλέγουσιν.

συνωρὶς πωλικὴ ζεῦγος πώλων, ἵππων.

σῡριγμα φθόγγος σύριγγος, συριγμός.

σῦριγξ ὄργανον τῆς μουσικῆς· ἔστι δ' ὁμιλία αὐλῶν συνδεδεμένων.

σῡρίζω σύριγγι καὶ καλάμοις φθόγγον φθέγγομαι ὀξύν.

συρράπτω ῥάπτω πολλὰ ὥστε ἓν γενέσθαι.

σῦς χοῖρος· ὗς. ἔστι δὲ καὶ ἄγριος ὁ σῦς.

σύσκιος σκιὰν ἔχων.

συσπῶ συνέλκω· συσπᾷ τις τὰς ὀφρύας ῥυτίδας ποιῶν ἐν τῷ μετώπῳ.

συστρατεύομαι στρατιώτης εἰμὶ μετ' ἄλλων.

συφεός σταθμὸς συῶν.

συχνός πολύς.

σφάζω ἀποκτείνω μαχαίρᾳ.

σφήξ ἐστιν ὁμοῖος τῇ μελίττῃ, ἀλλ' ἐχθρὸς τοῖς ἀνθρώποις.

σφοδρός ἰσχυρός.

σφριγῶ, *swell.*

σχεδόν, *almost, pretty well.*

σχῆμα ὄψις· ὡς διάκεινται τοῖς βλέπουσιν.

σχοινίον λίνου μὲν παχύτερον, κάλω δὲ λεπτότερον.

σχολάζω σχολὴν ἔχω, ὥστε μεταχειρίζω τι χρῆμα.

σχολή ἔργου μὴ παρόντος, σχολὴ ἤδη.

σῴζω, *save, keep.*

ταδί τάδε, ἃ ὁρᾷς.

ταινίᾱ, *ribbon, bandage.*

τάλαντον, *talent.* ἔχει τὸ τάλαντον μνᾶς ἑξήκοντα καὶ ἑξακισχιλίας δραχμάς.

τάλας κακοδαίμων, ταλαίπωρος.

ταμίᾱς, *official, paymaster, steward.* ταμιεύει ὁ ταμίας.

ταμιεύω ὁ ταμίας ταμιεύει.

τάν ὦ τάν, my dear fellow.

ταξίαρχος ἄρχων ἱππέων.

ταπεινός οὐχ ὑψηλός.

ταράττω φοβῶ, εἰς ταραχὴν καθίστημι.

Τάρταρος τόπος ἐστὶν ἐν Ἅιδου, ὑπὸ γῆς, ἐν ᾧ κεῖνται οἱ πονηροί.

ταυρηδόν ὥσπερ ταῦρος.

ταῦτ' ἄρα διὰ ταῦτα οὖν.

ταχέως, *quickly.*

τάχος ταχύτης. λέγομεν δὲ καὶ ταχέως καὶ κατὰ τάχος καὶ σὺν τάχει καὶ διὰ τάχους.

τε ... καί, *both ... and.* Also καὶ ... καί.

τέθριππον ἅρμα ἵππων τεττάρων.

τείνω, *stretch.*

τεῖχος, *wall.* τείχη μὲν πόλις ἔχει, τοίχους δ' οἰκία, καὶ κῆπος ἔχει αἱμασίας.

τέκνον, *child,* παιδίον, παῖς. τέκνα τίκτει μήτηρ.

τεκταίνομαι μηχανῶμαι, ποιῶ.

τέκτων οἱ τέκτονες ποιοῦσι ξύλινα χρήματα, ἔπιπλα καὶ τὰ τοιαῦτα. καὶ δὴ καὶ ναῦς ναυπηγοῦσι καὶ οἰκίας οἰκοδομοῦσιν.

τελευταῖος τελευτᾷ καὶ δὴ τέλος ἐστίν.

τελευτή, *end,* τέλος. τὸ δ' ἐναντίον, ἀρχή.

τελευτῶ τελευτὴν ποιοῦμαι. τελευτᾷ δὲ καὶ ὁ ἀποθανών, τὸν βίον δῆθεν τελευτήσας.

τέλσον ὄγμου τέρμα.

τελῶ τελευτῶ, τέλος ποιῶ. οἱ τελοῦντες τελευτῶσιν. καὶ δὴ καὶ ἀποδίδωμι τέλη τῇ πόλει. τελῶ δ' ἐς ἄνδρας ὅταν ἀνὴρ ὢν τελῶ ἤδη τὰ τέλη.

τέμενος ἱερὸς τόπος ἐν ᾧ θεὸς οἰκεῖ.

τέμνω τέμνοι τις ἂν μαχαίρᾳ ἢ ἄλλῳ τινὶ ὀξεῖ ὀργάνῳ διασχίζων.

τέρας θαύματα δὴ τὰ τέρατα.

τερπνός ὃς ἂν τέρπῃ, τοῦτον τερπνὸν καλοῦμεν.

τέρπω τέρψιν δίδωμι.—τέρπομαι τέρψιν ἔχω.

τεταρτημόριον ἂν εἴη τέταρτον μέρος τοῦ ὀβολοῦ, πάνυ μικρὸν νόμισμα. κέρματα δὲ ὀνομάζεται τὰ μικρά.

τέταται ὅρα τὸ τείνω.

τετράδραχμον νόμισμα τεττάρων δραχμῶν.

τετραίνω, ἐμποιῶ τρῆμα.

τετράπους τέτταρας πόδας ἔχων.

τετράτρυφος ἔχων δύο γραμμὰς ἐγκαρσίας ἀλλήλαιν, ὥσπερ τὰς κύκλου τετρακνήμου κνημῖδας.

τέττιξ, *cicada, a sort of musical locust or grasshopper.*

τεχθείς γενόμενος.

τέχνη, *art or craft.* ὁ τεχνίτης τέχνῃ χρῆται, οὐδ' ἄτεχνός ἐστιν.

τέως μέχρι τούτου.

τῇ μὲν ... τῇ δέ ἑτέρωθεν.

τῇδε ταύτῃ τῇ ὁδῷ.

τηλικοῦτος τοσοῦτος, ταύτης τῆς ἡλικίας ὤν.

τήμερον ταύτῃ τῇ ἡμέρᾳ. τῇ μὲν προτεραίᾳ, χθές τῇ δ᾽ ὑστεραίᾳ, αὔριον.

τηνικαῦτα τότε δή.

τηρῶ φυλάττω.

τῆτες τοῦ παρόντος ἔτους.

τίκτω, *produce, bring forth*. ἡ μήτηρ τίκτει τέκνα, ἡ δ᾽ ὄρνις ᾠά.

τίλλω σπῶ.

τῑμή ὤνος. τίμιον δ᾽ ἐστὶν ἄλλα τε καὶ τὰ μεγάλου ὤνου πιπρασκόμενα.

τῑμωρία τίσις· τὸ τιμωρεῖσθαι, τὸ τίνεσθαι. ὁ δ᾽ ἀδικηθεὶς τιμωρίαν λαμβάνει.

τῑμωρῶ τινα ἁμαρτίας, ὅταν ποινὰς λάβω ἀπ᾽ αὐτοῦ τιμωροῦμαι δέ, ἐὰν ἐμοί τι διαφέρῃ.

τίνω ἐὰν μὲν ἀγοράζωμεν, τίνομεν τὸν ὦνον ἐὰν δὲ ἀδικῶμεν, τίνομεν δίκην ὁ δ᾽ ἀδικηθεὶς τίνεται τὸν ἀδικοῦντα.

τίτθη τροφός.

τιτρώσκω, *wound*.

τοι, *you know (enclitic)*.

τοιόσδε, *what follows, such as follows*.

τοιοῦτος, τοιαύτη, τοιοῦτο, *such*.

τοῖχος, *wall*. ἔχει δ᾽ οἰκία μὲν τοῖχον, πόλις δὲ τεῖχος, καὶ δὴ καὶ κῆπος αἱμασίαν.

τολμηρός τόλμαν ἔχων, τόλμῃ χρώμενος τολμᾷ δ᾽ ὁ τοιοῦτος, ἀνδρεῖος ὤν.

τολμῶ θαρσῶ ὥστε ποιεῖν, καρτερῶ. τολμᾷ τις ὢν τολμηρός.

τομή τὸ τέμνειν.

τόνος ἐὰν ἐντείνωμέν τι, οὗτός ἐστι τόνος.

τόπος, *place*, χώρα, μοῖρα τῆς γῆς, μέρος τῆς γῆς.

τοὔνομα τὸ ὄνομα.

τοὐντεῦθεν τὸ ἐντεῦθεν· ἐξ ἐκείνου τοῦ τόπου.

τοῦτο μὲν ... τοῦτο δέ, *on the one hand and the other*.

τράγειος τοῦ τράγου.

τραγικός ὥσπερ τοῦ τράγου.

τράγος αἴξ ἄρρην.

τράπεζα, *table; hence counter, bank*.

τραπεζίτης οἱ τραπεζῖται τραπέζας καθιστᾶσι πρὸς τὸ δανείζειν χρήματα ἐπὶ τόκῳ.

τραῦμα ὠτειλή, σπάραγμα· τραυματισθεὶς δέ τις τραυματίας ἐστίν.

τραυματίας, *wounded man*. ὁ τραυματισθείς, ὁ τετραυματισμένος.

τρᾱχύς οὐ λεῖος.

τρέπω, *turn*. ὁ μὲν τρέπει τινά, ὁ δὲ τρέπεται.

τρέφω, *feed, rear*, τροφὴν δίδωμι. τρέφομεν καὶ τὰ ζῷα τὰ ἥμερα καὶ δὴ καὶ τοὺς παῖδας καὶ τοὺς οἰκέτας.

τρήσας τρήματα ποιήσας. ὅρα τὸ τετραίνω.

τριᾱκάς ἀριθμὸς τῶν τριάκοντα.

τριβώνιον ἐσθὴς ὥσπερ χλαῖνα, ἀλλ᾽ οὐχ οὕτω παχεῖα οὖσα.

τριήραρχος ἄρχων τῆς τριήρους.

τριήρης, *trireme*.

τρίπους τρεῖς πόδας ἔχων.

τρισκατάρᾱτος, *thrice accursed*.

τρισχῑλιοι, *3000*.

τριταῖος τρίτῃ ἡμέρᾳ.

τριτημόριον νόμισμά ἐστι, τρίτον ὂν μέρος τοῦ ὀβολοῦ.

τρίτος ἐστὶν ὁ μετὰ τὸν δεύτερον.

τριώβολον ἔχει τρεῖς ὀβολούς.

τροπή εἴ τις τρέποιτο, τροπὴ γένοιτ᾽ ἄν. τρέπεται δ᾽ ἥλιος δὶς τοῦ ἐνιαυτοῦ, θέρους τε καὶ χειμῶνος.

τρόπος, *fashion, way, manner*.

τροφεῖα μισθὸς τῆς τροφῆς.

τροφή, *food*. τροφῇ τρέφομεν ὅ τι ἂν τρέφωμεν.

τροφός, *nurse*. ἡ τροφὸς τρέφει τὰ τέκνα ἀντὶ τῆς μητρός. δίδωσι μὲν γάλα καὶ σιτία, θεραπεύει δέ.

τροχαλός τίς ἐστιν ἐὰν τρέχῃ.

τροχός κύκλος· αἱ δ᾽ ἅμαξαι ἐπὶ τροχῶν φέρονται τὰ δὲ παιδία παίζουσι τροχοῖς μηχανὴ ὥσπερ κύκλος, ᾧ καθέλκουσι τοὺς κάλως οἱ ναῦται.

τρύγητός ἐστι βοτρύων καὶ σύκων καὶ ἐλαιῶν, ὥσπερ θέρος κριθῶν καὶ πυρῶν.

τρυγῶ ἐν τῷ τρυγήτῳ τρυγῶσιν.

τρύπανον ὄργανον τεκτόνων, ᾧ τρυπῶσι ξύλον, τρῆμα τετραίνοντες.

τρυφή, *luxury, softness.* ἐκ πλούτου γένοιτ᾽ ἂν τρυφή, ἐκ δὲ τρυφῆς ἀκολασία.

τρυφῶ ἐν τρυφῇ ζῶ.

τρώγλη ὀπή, ἄντρον.

Τρωγλοδύτης ὁ οἰκῶν ἐν τρώγλῃ ἢ ἄντρῳ.

τρώγω ἐσθίω· τρώγει δὲ τὰ ζῷα, ἀλλ᾽ ἐσθίουσιν ἄνθρωποι.

τρωκτός ἐὰν δυνώμεθα ἐσθίειν τι, τρωκτόν ἐστιν.

τυγχάνω (1) καταλαμβάνω, κτῶμαι, ἢ τοὐναντίον τῷ ἁμαρτάνειν τυγχάνοι γὰρ ἄν τις τοξεύων, εἰ μὴ ἁμαρτάνοι τύχοι δ᾽ ἂν τούτων ἃ λάβοι. κυρῶ ὅς ἂν ᾖ, τυγχάνει ὤν.

τυλίττω περικαλύπτω, περισφίγγω.

τύμπανον ὄργανον ξύλινον μετὰ δέρματος, ὅπερ παταγοῦσιν.

τυραννίς ὁ τύραννος ἔχει τυραννίδα καὶ τυραννεύει.

τῑρός, *cheese.* τυρεύουσι τὸ γάλα οἱ ἐν ἀγροῖς, ὥστε τυρὸς γίγνεται.

τυφλός ἐστιν ὁ ἄνευ ὀφθαλμῶν, ὁ μὴ ὀφθαλμοὺς ἔχων, ὁ μὴ ὁρῶν.

τύχη, *chance.*

ὕβρις βία καὶ ἀσέβεια.

ὑγίεια, *health* τὸ δ᾽ ἐναντίον, νόσος. οἱ ὑγιεινοὶ ὑγίειαν ἔχουσι, τοῦτ᾽ ἐστίν, ὑγιαίνουσι οἱ δὲ νόσον ἔχοντες, νοσοῦσιν.

ὑγρός ὑδατώδης.

ὑδατώδης ὕδωρ φέρων.

ὑδρεύομαι κομίζομαι ὕδωρ.

ὕδωρ, *water.*

ὑετός, *rain.* ὕδωρ ἐξ οὐρανοῦ παρὰ Διὸς καταπῖπτον.

υἱός, *son.* τέκνον ἄρρεν ἐστὶν υἱός. τὸ δὲ θῆλυ τέκνον καλεῖται θυγατήρ.

ὑλακή ὅρα τὸ ὑλακτῶ.

ὑλακτῶ ὑλακτεῖ ὁ κύων, ὥσπερ φωνῇ χρώμενος τῇ ὑλακῇ.

ὕλη, *wood.* ὅπου πολλὰ δένδρα ὁμοῦ, ἐνταῦθα ὕλη.

Ὑμηττὸς ὄρος ἐστὶ μέγα τῆς Ἀττικῆς, ἐν ᾧ μέλι ἄριστόν ἐστι τὸ τῶν μελιττῶν.

ὑπακούω παῖε τὴν θύραν, καὶ ὑπακούει τις δοῦλος.

ὑπανθῶ ὑπανθεῖ ἡ γῆ ἐπειδὰν ἄρχηται βλαστάνειν τὰ ἄνθη.

ὑπαντιάζω ἐναντίον ἔρχομαι.

ὑπάρχω, *exist.*

ὑπεκτρέχω τρέχων ἀποφεύγω ἔκ τινος.

ὑπέρ τι, *beyond.*

ὑπέρ τινος, *over, on behalf of.*

ὑπερασπίζω ἀμύνω τινὶ τῇ ἀσπίδι.

ὑπερβάλλομαι ἀναβάλλομαι, μηκύνω τὸν χρόνον, κελεύω ὕστερον ποιεῖν.

ὑπηρέτης διάκονος, οἰκέτης. ὑπηρετοῦσι δ᾽ οἱ ὑπηρέται.

ὑπέρκοπος ὑπερβάλλων.

ὑπερορῶ καταφρονῶ.

ὑπερφυῶς ὡς πάντων μάλιστα, θαυμασιώτατα.

ὑπισχνοῦμαι πίστιν δοὺς ἐπαγγέλλω ποιήσειν τι.

ὕπνος, *sleep.* κοιμώμεθα ἐν ὕπνῳ νυκτός.

ὑπό τι, *towards and under.*

ὑπό τινος, *rest under; from under, by (agent or cause).*

ὑπό τινι, *rest under.*

ὑποδεδέμενος φορῶν ὑποδήματα.

ὑποδέω ὑποδοῦμαι ὑποδήματα.

ὑποδιδάσκαλος, *subordinate instructor.*

ὑπολαμβάνω τοῦτ᾽ εἴη ἂν τὸ λέγειν μεταξὺ λέγοντος ἄλλου.

ὑποτελῶ τελῶ· ἀποδίδωμι τὰ τέλη.

ὑποφθέγγομαι φθόγγον ἢ φωνὴν ποιοῦμαι οὐ μεγάλην.

ὕπτιος, *on the back, face upwards.* ἡ χεὶρ ὑπτία οὖσα ἔχει ἄνω τὸ θέναρ. τὸ δ᾽ ἐναντίον, πρήνης.

ὑπτιῶ καταβάλλω ὕπτιον.

ὗς σῦς.

ὑστεραῖος ὁ ὕστερον. ἡ ὑστεραία ἡμέρα ἡ μετὰ ταύτην ἐστίν.

ὕστερον, *later.*

ὑστερῶ ὕστερον ἔρχομαι. τὸ δ᾽ ἐναντίον, φθάνω.

ὑφαίνω, *weave.* ἱστῷ χρωμένη ὑφαίνει ἡ γυνὴ ὑφάσματα.

ὕφασμα ὑφαίνοι τις ἂν ὕφασμα τοῦτο δ᾽ ὑφαντὸν ἂν εἴη.

ὑφίημι καθίημι, ποιῶ ὥστε καταπεσεῖν.

ὑφίσταμαι ὑπισχνοῦμαι, ἐθέλω λαβεῖν.

ὑψηλός, *high.* τὸ μὴ ταπεινόν ἐστιν ὑψηλόν. καὶ ὑψηλοὶ μὲν οἱ λόφοι, ὑψηλὰ δὲ τὰ ὄρη.

ὕω, *rain.* ὕει ὁ Ζεὺς ὑετὸν καταβάλλων ἐξ οὐρανοῦ ὁ δ᾽ ὑετὸς ὕδωρ οὐράνιον.

φαίνω, *show.*

φάκελος πλῆθος ξύλων συνδεδεμένων.

φάραγξ χαράδραν μεταξὺ ὀρῶν ἂν φάραγγα λέγοις.

φάρμακον οἱ ἰατροὶ φάρμακα διδόασιν, ἵνα ἰῶνται.

φάσκωλος πηρίδιον.

φάτνη πύελος ἐν ᾗ ἡ τροφὴ κεῖται τοῖς βουσίν.

φάττα, *pigeon.*

φέγγω, *shine.* φέγγει ἡ σελήνη φῶς ἢ φέγγος δίδουσα.

φείδομαι ἀπέχειν χεῖρα, ὥστε μὴ χρῆσθαι. αὐτίκα γὰρ φειδόμεθα τῶν πολεμίων μὴ ἀποκτανόντες.

φειδώ τὸ φείδεσθαι. κλίνεται δ᾽ ὥσπερ ἡ πειθώ. (φειδοῦς, φειδοῖ.)

φέρε, *come now!*

φέρω, *carry.* φέρειν ἄγειν λέγονται οἱ ἐν πολέμῳ ἄγουσι μὲν γὰρ τὰ ζῷα, φέρουσι δὲ τἄλλα.

φεῦ *interjection, expresses any shock of feeling, grief or surprise.*

φεύγω ἀποτρέχω.

φηγός, *oak.* βαλάνους φύει ἡ φηγός τὰς δὲ βαλάνους τρώγουσιν νῦν μὲν οἱ χοῖροι, πρότερον δὲ καὶ ἄνθρωποι.

φθάνω σπουδῇ πορεύομαι ὥστε πρῶτος ἀφικέσθαι φθάνω ἀφικόμενος, φθάσας ἀφικόμην.

φθινόπωρον τὸ μετὰ τὸ θέρος, ὅταν γένηται ἡ ὀπώρα φθινούσης τῆς ὀπώρας.

φθοῖς, φθοιός, *cake.*

φθονῶ, *grudge, envy.* φιλεῖ φθονεῖν τις κακοδαίμων ὢν τῷ εὐδαίμονι.

φιάλη μέγα τε καὶ πλατὺ ποτήριον.

φιλάνθρωπος φιλεῖ τοὺς ἀνθρώπους ὁ φιλάνθρωπος.

φιλεργίᾱ ὅταν φιλῇ τις τὰ ἔργα, φιλεργός ἐστιν.

φιλονεικῶ ἐθέλω ἅμιλλαν ποιεῖσθαι ὥστε νικᾶν.

φιλοξενίᾱ οἱ φιλόξενοι εὖ ποιοῦσι τοὺς ξένους, ἀσπαζόμενοί τε καὶ δεχόμενοι φιλίως.

φίλος, *dear.* τὸν φίλον φιλοῦμεν τὸ δ᾽ ἐναντίον ἐχθρός.

φίλτρον φάρμακον μαγευτικόν.

φιλῶ, *love.* φιλεῖ τις ἀγαπῶν καὶ ἐρῶν. φιλεῖ δὲ καὶ συμβάλλων στόμα στόματι καὶ δὴ καὶ φιλεῖ ποιεῖν ὅ τι ἂν ποιῇ κατὰ τὸ εἰωθός.

φλοιός ὥσπερ δέρμα δένδρων.

φλὸξ γίγνεται τοῦ πυρὸς λάμποντος λέγοις δὲ ἂν καὶ φλόγα τὸ πῦρ καιόμενον.

φλυᾱρῶ φλυαρεῖ τις ληρῶν· αὕτη δὲ φλυᾱρίᾱ.

φοβερός τὸ φοβερὸν φόβον ἐμποιεῖ.

φόβος, *fear.*

φοβῶ φόβον ἐμποιῶ.

φοῖνιξ οἱ Φοίνικες ἐκ Φοινικίας εἰσὶν καὶ Συρίας.

φοιτῶ, *visit.*

φολίς ἔχει φολίδας ὁ θώραξ· ἔχει δὲ καὶ δράκων καὶ ἰχθὺς καὶ κροκόδειλος δορὰν φολιδωτήν.

φορτικός ναῦς φορτικὴ φέρει γόμον ἀνὴρ δὲ φορτικὸς φαῦλός ἐστι καὶ ἀμαθής καὶ ἀβέλτερος.

φορῶ φέρω ἀεί. ἐσθῆτας δὲ φοροῦμεν.

φράττω κίνδυνον ἀπαμύνω οἰκοδομῶν ἕρκος ἢ τεῖχος ἢ αἱμασίαν.

φρέαρ ὄρυγμα βαθύ, ἐν ᾧ ὕδωρ ἐστίν. τὸ δ' ὕδωρ τὸ ἐν φρέατι οὐ ῥεῖ ὥσπερ κρήνη.

φρίττω φρίττουσιν αἱ τρίχες παντὸς μὲν τοῦ σώματος ἐπειδὰν ψῦχος ᾖ, τῆς δὲ κόμης ἐὰν φοβώμεθα οἱ δὲ στάχυες φρίττουσιν ἀνέμου πνέοντος, καὶ δὴ καὶ τὰ κύματα τῆς θαλάττης.

φροντίς μέριμνα, κῆδος· τὸ ἐν φρενί, φροντὶς ἂν εἴη.

φροῦδός ἐστιν ὁ μηκέτι παρών.

φρουρῶ φυλάττει ὃς φρουρεῖ φρουρὸς ὤν.

φρῡγανισμός, *wood for firing.*

φυλάττω, *guard.* φυλάττει ὁ φύλαξ φυλακὴν ποιούμενος.

φύλλον, *leaf.* φύεται τὰ φύλλα ἐπὶ τῶν κλάδων, οἱ δὲ κλάδοι ἐπὶ τῶν δένδρων.

φύσις, *nature.*

φῡσῶ, *blow.* φυσᾷ δ' ὁ ἄνεμος λαμπρὸς καὶ λαβρὸς καὶ πολύς.

φυτεύω, *plant.* δένδρα καὶ λάχανα φυτεύεται ἐν κήποις.

φῡ́ω, *grow (transitive), cause to grow.*

φωνή, *voice, sound.*

φώρ κλέπτης.

χαλεπαίνω ὀργίζομαι, χαλεπῶς φέρω.

χαλκήρης χαλκοῦς.

χαλκοῦς, *of bronze.*

χαλῶ τὸ ἐναντίον τοῦ ἐντείνειν. χαλᾷ γάρ τις τὰς ἡνίας ἐὰν δέῃ φέρεσθαι τοὺς ἵππους χαλάσας δὲ τὰς χορδὰς τῆς λύρας βαρὺν ποιεῖ τὸν φθόγγον.

χαμαί ἐπὶ τῆς γῆς.

χαράδρᾱ ὅπου ῥύαξ καταρρεῖ καὶ χείμαρρος.

χαρακτὴρ σημεῖόν ἐστιν ἐπὶ τοῦ νομίσματος κεχαραγμένον τὸ δὲ χαράττειν γράφειν ἂν εἴη.

χαρίζομαι δίδωμι δῶρον.

χάσμα ἐπειδάν τις χάσκῃ, ἀνοίξας τὸ στόμα, ἰδοὺ χάσμα στόματος.

χαυλιόδους ὀδόντας ἔχων προέχοντας.

χεῖλος δύο χείλη ἔχει τὸ στόμα.

χείμαρρος ῥεῦμα χειμερινόν. ῥύαξ.

χειμερινός τοῦ χειμῶνος.

χειμών θύελλα, ἄνεμος μέγας μεθ' ὑετοῦ καὶ βροντῆς ἔστι δὲ καὶ μέρος τοῦ ἐνιαυτοῦ, καὶ γὰρ χειμῶνος ὄντος νίφει ὁ Ζεύς.

χελει-χελώνη, *a humorous doubling of the first syllables of* **χελώνη**.

χελῑδών αὕτη ἡ ὄρνις, τὴν χελιδόνα λέγω, χειμῶνος μὲν ἀποδημεῖ, ἦρος δὲ κατέρχεται.

χελώνη, *tortoise.* ἡ χελώνη ὄστρακον ἔχει, ἐξ οὗ ποιοῦσι λύρας.

χηλή ποὺς βοὸς ἢ τράγου ἢ ἵππου.

χήν, *goose.* ὁ χὴν οὐκ ἀνόμοιος τῇ νήττῃ, τὸν τράχηλον δ' ἔχει μακρότερον.

χθές, *yesterday.* ἡ παριοῦσα ἡμέρα χθές, ἡ δ' ἐπιοῦσα αὔριον.

χθιζός χθές. τὰ γὰρ χθὲς γενόμενα, χθιζά.

χῑλός τροφὴ τῶν τ' ἄλλων καὶ τῶν βοῶν διαφέρει δὲ τῆς πόας ἀπόκειται γὰρ ὁ χιλὸς ἐν σταθμῷ, τὴν δὲ πόαν νέμονται ἐν νομῷ.

χιτών, *tunic.*

χιτώνιον χιτὼν μικρός.

χιών ὅταν νίφῃ ὁ θεός, τότ᾽ ἂν ἴδοις χιόνα. λευκὴ μέν ἐστιν ἡ χιών, καὶ πίπτει ἄνευ ψόφου. ἡ δ᾽ αὖ χάλαζα σκληρά τ᾽ ἐστὶ καὶ στρογγύλη, πίπτει δὲ μετὰ ψόφου.

χλαῖνα, *cloak.*

χλωρός ἡ πόα χλωρά ἐστι τὸ χρῶμα. χλωροὶ δὲ καὶ οἱ διὰ φόβου ὄντες.

χοῖνιξ ἡ χοῖνιξ χωρεῖ τέτταρας κοτύλας.

χοιράς πέτρα.

χοιροκομεῖον σταθμὸς τῶν χοίρων, ἐν ᾧ κομίζονται καὶ φυλάττονται.

χοῖρος, *pig.*

χόλος ὀργή.

χορδή, *gut; string.*

χορεύω, *dance.*

χορός σύλλογος ἀνθρώπων χορευόντων.

χόρτος, *hay.*

χρῆμα πάντ᾽ ἐστὶ χρήματα, τά τ᾽ ἄλλα καὶ τὸ ἀργύριον.

χρήσιμος, *useful.*

χρηστός ἐστιν ὁ μὴ ἀδικῶν μηδένα.

χρίω ἀλείφω ἐλαίῳ.

χρόνος, *time.* ἐν ᾧ χρόνῳ ἐν ᾧ, ὅτε.

χρῡσοῦς, *golden.*

χρῶμαι (1), *use.* χρώμεθα τοῖς χρησίμοις. καὶ δὴ καὶ ὁ ὀργιζόμενος χρῷτο ἂν ὀργῇ, καὶ ὁ εὐτυχὴς ἀγαθῇ τύχῃ ἂν χρῷτο. χρῶνται καὶ φίλοι φίλοις, χρῆται δὲ καὶ πολέμιος πολεμίῳ. ἔστι δὴ ῥῆμα χρήσιμον τὸ χρῆσθαι.

χρῶμαι (2) ἐρωτῶ τὸν θεὸν ἐν μαντείῳ ὁ δὲ χρῇ χρηστήρια ἐρωτώμενος.

χρώς ὅπερ τὸ δέρμα βουσί, τοῦτο τοῖς ἀνθρώποις ὁ χρώς.

χῶμα γῆ ἐξωρυγμένη.

χώρα, *place,* τόπος, γῆ.

χωρίον, *place, farm,* χώρα μικρά, τόπος οὐ μέγας, ἡ μοῖρα τῶν ἀγρῶν ἐν ᾗ γεωργεῖ τις.

χωρίς ἄνευ.

χωρῶ χώραν ἔχω. τὰ κενὰ χωρεῖ.

ψάλλω τοῖς δακτύλοις καὶ τῷ πλήκτρῳ ψάλλομεν λύραν ἢ κιθάραν, ὥστε μέλος γενέσθαι.

ψάμμος ἄμμος. ἐπὶ τοῦ αἰγιαλοῦ εὑρίσκεται ἡ ψάμμος τὸ μὲν χρῶμά ἐστι χρυσοῦν, ὁ δ᾽ ἀριθμὸς ἀναρίθμητος.

ψηφίζομαι ψῆφον καταβάλλω. οἱ γὰρ πολῖται ψηφίζονται ἐν τῇ ἐκκλησίᾳ ὥστε ποιεῖν τι δημοσίᾳ.

ψῑλός γυμνός· οὐδὲν ἄλλο ἤ ...

ψιττακὸς ὄρνις ἐστίν, ὃς φωνῇ χρῆται ὥσπερ ἀνθρωπίνῃ.

ψυχρός οὐ θερμός. ψυχροί ἐσμεν τοῦ χειμῶνος.

ὦ οὗτος, *I say! you!*

ᾠδή ᾄδομεν ᾠδάς.

ὦμος, *shoulder.*

ὦνος μισθός.

ᾠόν τὰ ὀρνίθια τίκτει ᾠά, ἀντὶ τέκνων ἐκ δὲ τῶν ᾠῶν φύεται τὰ νεόττια.

ὥρα μέρος τοῦ ἐνιαυτοῦ ἢ τοῦ βίου.

ὡραῖος ἐν ὥρα~ ὤν, ἕτοιμος.

ὥς τινα, *to (a person).*

ὥσπερ, *as if, like.*

ὥστε, *so that.*

ὦτα τοῖς ὠσὶν ἀκούομεν.

ὠτειλή, *wound,* τραῦμα.

ὤφελον εἰ γάρ, εἴθε γάρ. εὐχή ἐστιν.

ὠφελῶ βοηθῶ, κέρδος ἢ βοήθειαν παρέχω.